COLABORAÇÃO PREMIADA

Cibele Benevides Guedes da Fonseca

COLABORAÇÃO PREMIADA

Del Rey
editora

Belo Horizonte
2017

Impresso no Brasil | Printed in Brazil

EDITORA DEL REY LTDA
www.delreyonline.com.br

Editor: Arnaldo Oliveira

Editor Adjunto: Ricardo A. Malheiros Fiuza

Editora Assistente: Waneska Diniz

Coordenação Editorial: Wendell C. Borges

Diagramação: Alfstudio

Revisão: RESPONSABILIDADE DO AUTOR

Capa: Alfstudio

Editora / MG
Rua dos Goitacases, 71 – Centro
Belo Horizonte-MG – CEP 30190-050
Tel.: (31) 3284-5845 - 3284-3284
editora@delreyonline.com.br

F676c Fonseca, Cibele Benevides Guedes
Colaboração premiada. / Cibele Benevides Guedes da Fonseca.
Belo Horizonte: Del Rey, 2017.

256 p.
ISBN: 978-85-384-0487-3

1. Colaboração premiada. I. Título.

CDU: 343.911

Para Maitê e Marina, minhas filhas amadas, razão maior do meu viver.
Para Raphael, meu grande incentivador.
Sem seu apoio, estímulo e compreensão este trabalho não teria sido possível.
Para Antonio e Anna Martina, meus sobrinhos amados, filhos do coração.
Para meus pais, em especial minha mãe, Vera, amor e dedicação fundamentais em meu caminho.

Agradecimentos

Ao professor doutor Néfi Cordeiro, pela valiosa orientação.

Aos membros das Bancas de Qualificação e de Defesa, professores doutores José Eduardo Sabo Paes, Diaulas Costa Ribeiro e Luiz Alberto Gurgel de Faria, pelas generosas observações.

Aos colegas de Ministério Público Federal Marcelo Alves Dias de Souza e Ronaldo Pinheiro de Queiroz, pelo incentivo desde o início.

A Isabele Benevides e Adone Lasagna, por toda ajuda nas traduções e na pesquisa nas línguas francesa e italiana durante o Mestrado.

Aos Professores Julio César Aguiar e Benjamin Miranda Tabak, por me encorajarem a desbravar as análises econômica e comportamental do Direito.

Aos professores, funcionários e colegas do Curso de Mestrado da Universidade Católica de Brasília, especialmente as amigas Lia de Souza Siqueira, Claudia Regina Lovato Franco e Carmem Elisa Hessel, grandes mulheres que enobrecem o Ministério Público da União.

A todos os colegas da Procuradoria da República no Rio Grande do Norte, aqui representados na figura do então Procurador-Chefe Ronaldo Sérgio Chaves Fernandes, em razão da disposição de me ajudar quando precisei, na árdua tentativa de conciliar o trabalho com o Mestrado.

Aos colegas Procuradores da República Rodrigo Telles de Souza e Clarisier Azevedo Cavalcante de Morais, pela generosa ajuda na revisão da dissertação.

Aos servidores da Procuradoria da República no Rio Grande do Norte, em especial a dois deles: Jano Sérvio, entusiasta das pesquisas sobre temas envolvendo o Ministério Público, sempre solícito na busca de bibliografia especializada; e Maria Eletônia Pereira, pelas orações e torcida, sempre.

Aos servidores do Gabinete do 6º Ofício da PR/RN, Pollyana Santos Queiroga e Inamar Dantas Neto, profissionais dedicados, competentes e comprometidos, que engrandecem os quadros do Ministério Público Federal, cujo apoio foi imprescindível para o êxito desse projeto.

À Professora Maria das Graças Brandão Soares, pelo apoio e torcida, sempre.

À Escola Superior do Ministério Público da União, nas pessoas de seu diretor, Carlos Henrique Martins Lima, e da coordenadora de ensino, Renata Coelho Vieira, por acreditarem que os temas que envolvem o Ministério Público brasileiro merecem ser discutidos no ambiente acadêmico.

Por fim, agradeço ao Ministério Público Federal brasileiro por ter me aceito em seus quadros e por me estimular, cotidianamente, a neles permanecer.

"Deus fez do arrependimento
a virtude dos mortais."

Voltaire

Prefácio

Honrou-me a excelente profissional, dileta amiga, e agora prodígia acadêmica, Cibele Benevides Guedes da Fonseca, com o convite para prefaciar o seu livro, fruto de sua dissertação de mestrado, aprovada com louvor no programa realizado pela Escola Superior do Ministério Público da União em parceria com a Universidade Católica de Brasília.

O tema não poderia ser mais atual, instigante e oportuno, uma vez que a autora resolveu pesquisar, com muita propriedade, sobre o instituto da colaboração premiada, o qual tem sido pauta da maioria dos debates jurídicos, políticos e econômicos do País.

Ainda com relação ao tema, vou me permitir externar um sentimento de culpa, havido de uma forma positiva e até orgulhosa. Devo revelar que, aproveitando-me de nossa amizade e de seu espírito aberto, de quem tem curiosidade acadêmica, demovi Cibele de escrever sobre investigação criminal pelo Ministério Público para falar sobre a colaboração penal premiada.

Desafio aceito, não poderia ter ficado mais feliz com o resultado, pois lendo a sua obra, percebe-se que este livro já desponta como um dos mais criativos sobre o tema, pois além de a autora ter percorrido toda a travessia epistemológica para tratar da colaboração premiada, tendo analisado desde a concepção histórica e dogmática da criminalidade organizada, caminhado com o estudo da colaboração no Brasil e no direito comparado, dissecado todo o seu arcabouço procedimental, abordado os direitos e garantias do colaborador e dos delatados, Cibele inovou com um excelente estudo sobre a análise econômica da colaboração premiada, tornando a sua pesquisa uma fonte obrigatória, a partir de agora, para quem deseja encontrar algo a mais no mercado editorial.

A colaboração premiada é um tema que desperta agudas paixões, sendo repudiada por alguns juristas por estimular a traição, a violação ao código de silêncio que seria uma espécie de núcleo axiológico a ser seguido entre os componentes das organizações criminosas.

E aqui cabe a primeira indagação: quem está traindo quem? Não há dúvida de que o cidadão quando comete uma infração penal trai primeiro a sociedade, os seus semelhantes, porque viola as leis de convivência e ofende bens jurídicos protegidos pelo Estado. O que se espera do infrator não é a traição, com a semântica pejorativa de delator, e sim o arrependimento de quem deseja se redimir dos seus erros, passando a colaborar com o Estado para corrigir ou revelar um mal injusto causado.

Essa é a premissa que a própria autora assenta em sua pesquisa, quando introduz o seu trabalho afirmando que "o arrependimento é algo que se almeja de alguém que desrespeitou as leis de um país democrático. É um comportamento estimulado pelas leis penais, quando atribuem sanções atenuadas a quem confessa o crime (atenuante de confissão), a quem desiste de praticá-lo (desistência voluntária) ou cuida de evitar os danos causados por sua conduta (arrependimento eficaz e arrependimento posterior). A colaboração premiada segue o mesmo caminho: é a forma de o Estado premiar o arrependido que participou de organização ou associação criminosa. Não há como premiá-lo se ele não auxiliar o Estado a desbaratar a associação, e para tanto ele deverá, além de, conforme o caso, reparar o dano e localizar a vítima com vida, dizer às autoridades quem, ao seu lado, praticou o crime."

Muito embora a colaboração premiada seja um vocábulo que já faz parte do senso comum da sociedade, há um sentimento um tanto contraditório entre os cidadãos e a opinião pública sobre o uso desse instrumento, principalmente quanto aos benefícios oferecidos. Às vezes temos a impressão de que a sociedade espera uma equação em que o colaborador revele o máximo de informações e que também sofra o máximo de punição. Isso talvez se explique, no campo da psicologia social, porque com as infrações reveladas, o colaborador receberá um repúdio social, notadamente pela gravidade dos seus crimes confessados. Por outro lado, quanto mais o sujeito tenha se envolvido em crimes e na estrutura da organização criminosa, mais útil será a sua colaboração, pelo seu grau de conhecimento, para entregar o esquema, as pessoas e as provas, devendo receber, em contrapartida, um prêmio condizente com seu auxílio.

Se é válido dizer que, quanto melhor a colaboração, maiores serão os benefícios oferecidos e deferidos ao colaborador, também é certo que disso advirá um ônus argumentativo mais acentuado para o Ministério Público e Poder Judiciário no sentido de convencer a sociedade de que o acordo era necessário, de interesse público e os benefícios para a investigação e persecução em juízo são, no mínimo, proporcionais aos prêmios recebidos pelo colaborador. Há, sem dúvida, uma comutatividade nos acordos de colaboração, já que contemplam uma natureza mista de técnica especial de investigação e técnica de defesa, sendo que cada parte vela para que haja um equilíbrio entre os seus interesses.

A presente obra enfrentou esse tormentoso ponto a partir da análise econômica do direito, buscando verificar, tanto sob a perspectiva da sociedade, se valeria a pena firmar acordo com um infrator, sopesando-se os custos e benefícios de aceitar as palavras de um criminoso, bem como se para este último, sob a visão de um membro de organização criminosa, seria compensador descumprir o pacto de silêncio, com os riscos inerentes a esse rompimento, em troca de um prêmio penal ou processual penal.

Aproximando a Economia e o Direito, o trabalho utiliza o método da escolha racional, que maximize a utilidade de quem decide e que seja compatível com o marco regulatório do acordo de colaboração premiada.

Recorrentemente, o dever de silêncio *(omertà)* estabelecido pela estrutura da organização criminosa coincide com a estratégia processual de defesa, dificultando o trabalho investigativo do Estado. Quando há provas robustas contra o investigado, em que a própria defesa vislumbra uma plausibilidade de condenação, a colaboração com as autoridades consiste numa escolha racional para minimizar os danos da persecução penal.

Por outro lado, quando o Estado dispõe de prova insuficiente para alcançar os demais membros da organização, seu funcionamento, conexões, bens e valores ilicitamente constituídos, o acordo de colaboração maximiza a utilidade e eficiência da investigação, trazendo um efeito multiplicador capaz de desbaratar ou desestruturar todo um esquema criminoso.

Assim, fazendo seu percurso ao lado de autores importantes e necessários para a análise econômica do direito, como Richard Posner, Ronald H. Coase e Guido Calabresi, bem como se valendo de estudos de Nicholas Kaldor e John Hicks, em especial o "Teorema de Kaldor-Hicks", a autora enfrenta o dilema sobre se a colaboração premiada é benéfica ou não para a sociedade.

Para saber a conclusão de Cibele, brilhantemente desenvolvida e fundada em rica bibliografia, é melhor o leitor começar logo a degustar esta obra, de fácil leitura, pois neste prefácio não haverá nenhum *spoiler*.

Brasília, 28 de janeiro de 2017.

RONALDO PINHEIRO DE QUEIROZ

Procurador da República. Integrante do Grupo de Trabalho para acompanhamento das investigações do Caso Lava Jato perante o Supremo Tribunal Federal. Ex-secretário Executivo da 5ª Câmara de Coordenação e Revisão (Combate à Corrupção) do Ministério Público Federal. Doutor e mestre em Direito pela PUC-SP. Professor adjunto do Curso de Direito da UFRN. Professor e orientador pedagógico da ESMPU.

Apresentação

A presente obra trabalha com um tema que, atualmente, é muito caro ao Brasil. Junto com a cooperação jurídica internacional e o trabalho técnico em equipe de procuradores e entre instituições de controle e fiscalização, a colaboração premiada desponta como uma das principais ferramentas para o sucesso do caso Lava Jato, a maior investigação de combate à corrupção já realizada no País.

Como se sabe, o crime organizado é estruturado para não deixar rastros, em qualquer de suas modalidades criminosas, sendo a lei do silêncio uma medida de preservação da própria existência da empresa criminosa. Na Itália, antes da quebra da *omertà*, por Tommaso Buscetta, na década de oitenta, não havia um reconhecimento oficial do Estado sobre a existência de uma máfia italiana. Foi a partir da colaboração desse famoso *pentito* que centenas de mafiosos foram condenados no maxiprocesso e o termo máfia tornou-se conhecido no mundo inteiro.

A corrupção, por exemplo, é um crime bastante difícil de descobrir e de comprovar, e o dinheiro da propina, que passa por um sofisticado processo de lavagem, geralmente não tem aparência suja, ficando fora do radar das autoridades. Praticada entre quatro paredes, a corrupção torna-se invisível e muitos dos atos oficiais são revestidos de aparente legalidade, situação que torna a probabilidade de punição inexpressiva.

Recomendada pelas principais convenções internacionais, a colaboração premiada apresenta-se como um dos instrumentos mais vantajosos para revelar grandes esquemas criminosos e o caminho do dinheiro ilícito desviado. Aumenta a eficiência investigativa e otimiza os recursos financeiros e de pessoal do Estado, que são limitados, direcionando para diligências com maior chance de êxito. A lógica da colaboração é a da multiplicação, em que o colaborador amplia a visão do investigador para novos sujeitos e novos fatos criminosos, até que se desvende todo o arquétipo criminoso e se alcance a integralidade dos recursos públicos desviados. Importante dizer que a colaboração é, também, uma técnica de defesa e que as palavras do infrator, em si, não tem força para gerar condenação de ninguém, uma vez que não é prova e sim um meio de obtenção de provas. As provas originadas do acordo, essas sim podem conduzir a condenações, como temos visto.

Por essa razão, quero parabenizar a Dra. Cibele Benevides Guedes da Fonseca por dedicar sua pesquisa a um instituto relativamente novo no nosso ordenamento jurídico, porém com resultados práticos e ganho de eficiência no combate ao crime organizado já comprovados.

Esta obra é uma importante referência para acadêmicos e profissionais que lidam com instrumentos negociais de combate à macrocriminalidade, razão por que desejo uma excelente leitura a todos.

RODRIGO JANOT MONTEIRO DE BARROS

Procurador-Geral da República

Sumário

INTRODUÇÃO

O arrependimento é algo que se almeja de alguém que desrespeitou as leis de um país democrático. É um comportamento estimulado pelas leis penais, quando atribuem sanções atenuadas a quem confessa o crime (atenuante de confissão), a quem desiste de praticá-lo (desistência voluntária) ou cuida de evitar os danos causados por sua conduta (arrependimento eficaz e arrependimento posterior). A colaboração premiada segue o mesmo caminho: é a forma de o Estado premiar o arrependido que participou de organização ou associação criminosa. Não há como premiá-lo se ele não auxiliar o Estado a desbaratar a associação, e para tanto ele deverá, além de, conforme o caso, reparar o dano e localizar a vítima com vida, dizer às autoridades quem, ao seu lado, praticou o crime.

Popularmente conhecida como "delação premiada", a colaboração premiada é um dos temas jurídicos que mais despertam a atenção dos leigos e mesmo dos operadores do direito. Vários questionamentos vêm à tona a respeito dos reais benefícios para o coautor que colabora com a Justiça e dos riscos para a sociedade, quando o Estado se fia na palavra de um criminoso. Qual a certeza que as autoridades não estão sendo enredadas em uma vindita pessoal? Fere a ética o fato de agentes estatais aceitarem a palavra de membro de organização criminosa? É constitucional? Quais os reais benefícios para o coautor que colabora com a Justiça? Quais os direitos e garantias que tem? Pode, na barganha, renunciar a direitos fundamentais constitucionalmente garantidos? E o delatado? Como poderá refutar as alegações do colaborador? Terá acesso amplo aos termos do acordo e suas provas?

Em síntese, pode-se afirmar que a colaboração premiada é uma técnica especial de investigação que estimula a contribuição feita por um coautor ou partícipe de crime em relação aos demais, mediante o benefício, em regra, de imunidade ou garantia de redução da pena. Esse tipo de colaboração é tida, nos dias atuais, como imprescindível para a investigação de crimes praticados por organizações criminosas, sempre cometidos sob pacto de silêncio (*omertà*).

É, desse modo, um moderno meio de obtenção de prova recomendado por organismos internacionais como ONU (Organização das Nações Unidas) e GAFI/TAFT (Grupo de Ação Financeira contra Lavagem de Dinheiro e o Financiamento do Terrorismo) e é prevista em tratados internacionais, tais quais a Convenção das Nações Unidas contra a Criminalidade Transnacional Organizada (Convenção de Palermo[1]) e a Convenção das Nações Unidas contra a Corrupção (Convenção de Mérida[2]).

---

1 Introduzida no Brasil pelo Decreto nº 5.015/2004, a Convenção de Palermo dispõe, em seu artigo 26, que "Cada Estado Parte tomará as medidas adequadas para encorajar as pessoas que participem ou tenham participado em grupos criminosos organizados: a) a fornecerem informações úteis às autoridades competentes para efeitos de investigação e produção de provas; (...) b) a prestarem ajuda efetiva e concreta às autoridades competentes, susceptível de contribuir para privar os grupos criminosos organizados dos seus recursos ou produto do crime", podendo cada Estado considerar a possibilidade de reduzir a pena ou de conceder imunidade ao coautor ou partícipe que coopere de forma substancial na investigação ou no julgamento dos autores de crime praticado por organização criminosa.

2 Introduzida em nosso país pelo Decreto nº 5.687/2006, a Convenção de Mérida dispõe, em seu artigo 37, que "Cada Estado Parte adotará as medidas apropriadas para restabelecer as pessoas que participem ou que tenham participado na prática dos delitos qualificados de acordo com a presente Convenção que proporcionem às autoridades competentes informação útil com fins investigativos e probatórios e as que lhes prestem ajuda efetiva e concreta que possa contribuir a privar os criminosos do produto do delito,

Os países passaram a adotar o instituto em seus ordenamentos jurídicos partindo da premissa de que, em casos de crimes praticados por organizações criminosas, a lei do silêncio é a garantia de sua impunidade, de maneira que a descoberta e o desbaratamento só são possíveis - ou no mínimo menos difíceis - se alguém "de dentro" falar.

Daí porque tal espécie de Direito Premial é prevista, aceita e mesmo estimulada em países democráticos, como Espanha[3], Alemanha,[4] Itália,[5] Inglaterra[6] e Estados Unidos da América.[7] Na Itália, a partir do acordo de colaboração premiada feito pelo

---

assim como recuperar esse produto." E mais: "Cada Estado parte considerará a possibilidade de prever, em casos apropriados, a mitigação de pena de toda pessoa acusada que preste cooperação substancial à investigação ou ao indiciamento dos delitos qualificados de acordo com presente Convenção", devendo os países considerar a possibilidade de prever, em conformidade com os princípios fundamentais de sua legislação interna, a concessão de imunidade judicial a toda pessoa que preste cooperação substancial na investigação de crimes de corrupção e análogos.

3 Onde se admite a figura do "delincuente arrependido", previsto nos artigos 376 e 579 do Código Penal espanhol.

4 É o chamado "Kronzeugenregelung".

5 Código de Processo Penal italiano de 1988, artigo 192, § 3º.

6 Sobre a adoção da colaboração premiada na Inglaterra, diz Eduardo Araújo da Silva que "Na jurisprudência inglesa, relata Ennio Amodio, a figura do colaborador passou a ser tratada com base em uma decisão proferida no caso Rudd (1775), no qual o juiz declarou admissível o testemunho do acusado (*Crown witness*) contra os cúmplices em troca de sua impunidade depois de sua confissão. Posteriormente, outras decisões semelhantes foram proferidas no campo dos delitos contra a personalidade do Estado (caso Blunt - 1964), na luta contra o terrorismo norte-irlandês (1982), no setor da criminalidade econômica (1972) em relação à criminalidade organizada (caso Smith - 1982)." SILVA, Eduardo Araújo da. **Crime Organizado: procedimento probatório**. São Paulo, Atlas, 2003. P. 67.

7 Nos Estados Unidos, em que vigora a discricionariedade para a acusação, "os acordos entre acusação e acusado (*plea bargaining*) também estão incorporados na cultura jurídica, o que facilita a obtenção de colaboração premiada. Essa sistemática é resultante da tradição calvinista, na qual confessar publicamente a culpa, praticar um ato de contrição revelam uma atitude cristã que deve ser valorizada pelo direito." SILVA, Eduardo Araújo da. Op. cit. P. 67.

1
CRIMINALIDADE ORGANIZADA

1.1 CONCEITO

Em larga ou curta medida todos possuem uma ideia do que seria uma organização criminosa: seja algo inspirado nos filmes sobre máfia, como a trilogia do "Poderoso Chefão" (*The Godfather*) de Francis Ford Coppola, seja algo absorvido dos noticiários relacionados aos atentados terroristas mundo afora. Há um certo consenso de que, ao se falar em crime organizado, vem à mente um grupo de pessoas, um comando, um pacto de silêncio entre os integrantes, um controle territorial e o uso do medo, da ameaça e da violência.

São inúmeras as organizações registradas pelos investigadores no mundo, sendo, de fato, as mais famosas as Máfias Siciliana e Americana (*Cosa Nostra*). A Itália é rica em associações do tipo mafioso, mormente no sul, como a 'Ndrangheta, da Calábria, e a Camorra, de Nápoles[1]. Há, ainda, a Sacra Corona Unita, na Puglia, e a Mala Del Brenta, em Veneza[2]. Mas o crime organizado, por óbvio, não se restringe ao território italiano.

---

1 SOUTHWELL, David. **A história do crime organizado.** Tradução: Ciro Mioranza. São Paulo: Escala, 2013. P. 14-18.

2 SOUTHWELL, David. Op. cit. P. 19/24.

No Japão existe a Yakuza[3], com estimados 150 (cento e cinquenta) mil membros em 2.500 (duas mil e quinhentas) gangues criminosas que a tornam "a maior rede mundial do crime organizado, se os números do Instituto Nacional Japonês de Ciências Policiais forem corretos".[4] Configura-se como organização criminosa antiga, com rígidos rituais e regras ancestrais, principalmente as famosas tatuagens, que chegam a cobrir todo o corpo. Já na China há as Tríades, conhecidas como "a sociedade imortal" uma vez que os governos não conseguem desbaratá-las:

> Verdadeiramente transnacionais, com ramos florescentes em todos os continentes (...), dominam a atividade criminosa nas comunidades chinesas em todo o mundo. (...) estão firmemente na vanguarda dos crimes organizados, como tráfico de drogas e de pessoas.[5]

A *Mafiya* Russa (*Organizatsiya*) mantém rituais dos *vory*[6], com um juramento de lealdade, uma tatuagem e um novo nome impostos aos que nela entram. É atribuída a tal organização a prática de crimes de tráfico de pessoas, entorpecentes, contrabando, corrupção e homicídios, sendo considerada pioneira em sua adaptabilidade a novos crimes:

> A *Organizatsiya* ganhou reputação interna não somente pela brutalidade, mas também pelo pioneirismo. Dos crimes cibernéticos e das drogas sintéticas a novos golpes de lavagem de dinheiro, os criminosos russos estão na dianteira. Mostraram que não têm limites em sua ousadia – roubando mísseis Scud

3 O termo "Yakuza" provém da pior mão no jogo de cartas japonês *oicho-kabu,* correspondente às cartas dos números 8, 9 e 3 (*ya=8, ku=9, za=3*), significando má sorte de quem com seus membros se depare ou mesmo que assim tenham sido chamados inicialmente como forma de insulto, algo como "mãos inúteis", conforme SOUTHWELL, David. Op. cit. P. 78.

4 SOUTHWELL, David. Op. cit. P. 78.

5 SOUTHWELL, David. Op. cit. P. 99.

6 "*Vory-v-zakone*" significa "ladrões com um código de honra", e eram uma Fraternidade Nacional espalhada por todas as prisões da União Soviética.

e até mesmo tentando obter material nuclear para vender aos terroristas.[7]

Muitos grupos de crime organizado surgiram em razão de resistência política (legítima ou não): a *Mafiya* Chechena, as gangues de Glasgow, grupos ligados ao IRA (Exército Republicano Irlandês) e as Forças Armadas Revolucionárias da Colômbia (as FARCs), por exemplo[8]. O tema remete, ainda, à questão dos grupos terroristas, cujos atos certamente consistem no tipo de crime praticado por organizações criminosas que mais atemorizam os Estados nacionais e os mobilizam em sua prevenção. Aqui, importante ressaltar que a diferença entre os dois grupos (organização criminosa e organização terrorista) está, basicamente, no intuito de lucro das organizações criminosas, enquanto que terroristas buscam poder político[9]. Nesse sentido, Wálter Fanganiello Maierovitch:

> Ao contrário das organizações criminais terroristas, também especiais, a ideologia mafiosa resume-se ao lucro. (...) no terrorismo existe uma meta direta, imediata, e outra indireta, mediata. Assim, (...) 'o alvo direto da violência terrorista não é o alvo principal.[10]

Muitas vezes, porém, atentados terroristas são praticados por organizações criminosas clássicas ou mafiosas que, a despeito de visarem precipuamente ao lucro, usam a prática para repreender ou enviar mensagens simbólicas contra o Estado. Durante o combate à Máfia Siciliana, na década de oitenta, a organização criminosa *Cosa Nostra* se utilizou de métodos terroristas para

---

7 SOUTHWELL, David. Op. cit. P. 142.

8 SOUTHWELL, David. Op. cit.P. 170/174, 128/129.

9 BALTAZAR JUNIOR, José Paulo. **Crime Organizado e Proibição de Insuficiência**. Porto Alegre: Livraria do Advogado Editora, 2010. P. 83.

10 MAIEROVITCH, Wálter Fanganiello. Prefácio do livro de DINO, Alessandra; MAIEROVITCH, Wálter Fanganiello (organizadores). Tradução: Doris Cavallari; Letizia Zini. **Novas tendências da criminalidade transnacional mafiosa.** São Paulo: Ed. Unesp, 2010. P. 14/15.

inibir a atuação do Estado, com ataques a bomba que culminaram nos assassinatos dos magistrados[11] Giovanni Falcone e Paolo Borsellino.[12]

Colaboradores da justiça afirmaram que tais condutas, todavia, destoavam das regras habituais da Máfia, que preferiam conviver paralelamente ao Estado, sem com ele guerrear. Sobre esse desvio terrorista, veja-se o depoimento do réu colaborador Massimo Ciancimino, sobre o que dizia seu pai, Vito Ciancimino: "Isso não é mais máfia, e sim terrorismo; a Máfia sempre conviveu com o Estado sem massacres e homicídios de servidores do Estado".[13]

Essa convivência só foi possível, porém, enquanto o Estado era corrupto e conivente com o crime organizado; ao agir institucionalmente contra a Máfia siciliana, por meio do "maxiprocesso" conduzido por Giovanni Falcone, a busca pelo poder paralelo autorizou o uso, pelos "homens de honra", de práticas terroristas.

Além disso, como os *vory* russos, que nasceram nas cadeias, há organizações que se formam no seio das prisões. Este é, inclusive, o caso do Brasil, conforme esclarece Cássio Roberto Conserino:

> Lamentavelmente dentro do sistema penitenciário brasileiro reúnem-se facções criminosas que atuam na prática de toda sorte de crimes, dentro e fora dos presídios. No Estado de São Paulo temos, entre outras, o Primeiro Comando da Capital, o Comando Revolucionário Brasileiro da Criminalidade, Seita Satânica, Serpentes Negras, Terceiro Comando da Capital. Já no Estado do Rio de Janeiro conhece-se o Comando Vermelho, Amigos dos Amigos, o Terceiro Comando etc. E em outros Estados

11 Como já dito, denominam-se "magistrados" porém cumpre esclarecer que a natureza de seus cargos era de membros do Ministério Público.

12 É certo que autoridades foram antes assassinadas pela Máfia, porém sempre com armas de fogo, e não ataques por meio de bombas, típicos de atividades terroristas. Antes dos assassinatos de Falcone e Borsellino, apenas o Magistrado Rocco Chinicci havia sido assassinado, pouco tempo antes, pela Máfia, por meio de ataque à bomba.

13 DINO, Alessandra. **Os últimos chefões: investigação sobre o governo da Cosa Nostra.** São Paulo: Editora Unesp, 2013. P. 80/81.

da Federação também se vê um aumento crescente de facções criminosas organizadas que operam dentro e fora dos estabelecimentos prisionais, por exemplo, no Estado do Rio Grande do Sul temos a facção Os Manos, em Minas Gerais, o Primeiro Comando Mineiro.[14]

Há constatação de organizações criminosas na Índia, na África do Sul e até em países aparentemente tranquilos como Noruega, Canadá, Austrália e Nova Zelândia.[15] O certo é que, com o fenômeno da globalização, aliado à expansão do tráfico internacional de entorpecentes e pessoas, foi possível reconhecer que o crime organizado, atualmente, não é problema típico de três ou quatro países, mas sim uma questão mundial.[16]

Como bem diz Cássio Roberto Conserino:

> Com a quebra das fronteiras físicas pela Internet viu-se que os integrantes de organizações criminosas assimilaram muito bem essas transformações e não titubeiam na utilização dos meios de telecomunicação sofisticados e artefatos de informática que propiciam, por exemplo, a célere movimentação de ativos financeiros em escala mundial.[17]

Pois bem. Com tantas notícias de organizações criminosas espalhadas pelo mundo, com diferentes aspectos culturais, quais suas características comuns? Em última instância, como conceituá-las?

Segundo Néfi Cordeiro, malgrado não haja uma definição estanque e delimitada de organização criminosa, até por consistir em conceito criminológico, é possível encontrar alguns caracteres identificadores, tais quais os mencionados por Winfried

---

14 CONSERINO, Cassio Roberto. **Crime organizado e institutos correlatos.** São Paulo: Atlas, 2011. P. 38.

15 SOUTHWELL, David. **A história do crime organizado.** Tradução: Ciro Mioranza. São Paulo: Escala, 2013. P. 198/199, 202/203, 213/218.

16 BALTAZAR JUNIOR, José Paulo. Op. cit. P. 103.

17 CONSERINO, Cassio Roberto. Op. cit. P. 41.

Hassemer: a) o crime organizado não tem vítimas imediatas ou, quando as tem, são difusas, como tráfico de entorpecentes e corrupção, de maneira que as infrações não são levadas à autoridade policial pelo particular; b) quando as vítimas são individualizadas são claramente intimidadas e forçadas a silenciar; c) a organização criminosa possui uma base territorial, normalmente em seu país de origem; d) dispõe de múltiplos meios de disfarce e simulação.[18]

Para David Southwell as principais características das organizações criminosas são sua relação escusa com a política, uso da violência, uso do medo para ameaçar membros e vítimas, sistema hierárquico e código interno.[19] Já para Eduardo Araújo Silva podem ser citadas como principais características das organizações criminosas a acumulação de poder econômico de seus integrantes com a obtenção de extraordinários lucros, o que é possível em razão do alto poder de corrupção, além de um grande poder de intimidação, com a prevalência da "lei do silêncio". Refere, ainda, como características, a necessidade de legalizar o lucro obtido ilicitamente, com conexões locais e internacionais, bem como a

---

18 CORDEIRO, Néfi. **Tráfico internacional de entorpecentes.** Tese apresentada ao Curso de pós-graduação em Direito Público, do Setor de Ciências Jurídicas e Sociais da Universidade Federal do Paraná, como requisito final à obtenção do grau de doutor. Curitiba, 2000. P. 142.

19 "Embora sua natureza em constante mudança e adaptação possa tornar grupos do crime organizado difíceis de definir legalmente, as características comuns dos grupos antigos e modernos são fáceis de detectar. Ao longo da história, muitos bandos de piratas, bandidos, traficantes de escravos e traficantes de drogas têm desfrutado de patrocínio do Estado. Quando esses grupos perderam a sanção oficial e a proteção, começaram a assegurar o apoio de que necessitavam para realizar suas atividades por meio do suborno. Essa prática estabeleceu uma matriz de influência política e crime, que se tornou uma das qualidades que definem o crime organizado em toda a história. Outras características marcantes dos grupos do crime organizado que surgiram ao longo dos últimos 4.000 anos são as de que eles desafiam o monopólio estatal pela violência; usam o medo como método para controlar tanto seus membros como suas vítimas; e possuem um sistema hierárquico e um código interno". SOUTHWELL, David. Op. cit. P. 6.

estrutura piramidal e, em certos casos, fortes relações com a comunidade.[20]

José Paulo Baltazar Júnior analisou, com profundidade, todas as características, essenciais ou comuns às organizações criminosas, elencando como essenciais as seguintes: a) a pluralidade de agentes; b) a estabilidade (ou permanência); c) a finalidade de lucro; d) a organização de grupo estruturado. Além dessas, entende como características comuns, porém não essenciais: a) a hierarquia (apesar de ser traço comum, não é essencial, como no caso de organizações em rede, ou horizontais, como a Camorra Napolitana); b) a divisão de tarefas; c) a compartimentalização; d) a conexão com o Estado (corrupção, clientelismo e infiltração); e) o uso da violência (há grupos não violentos, que atuam em crimes de astúcia, como estelionato ou falsificações, bem como corrupção e criminalidade de colarinho branco em geral); f) exploração de mercados ilícitos ou exploração ilícita de mercados lícitos; g) monopólio ou cartel; h) controle territorial; i) uso de meios tecnológicos sofisticados; j) transnacionalidade ou internacionalidade; k) obstrução da Justiça.[21]

Nos Estados Unidos, há a previsão do crime chamado *conspiracy* no Título 18, § 371 do *United States Code.* A Lei de Controle do Crime Organizado (*Organized Crime Control Act* - OCCA), de 1970, considera organização criminosa qualquer grupo criminoso estruturado que se une para promover suas atividades ilegais[22], prevendo a norma conhecida como "RICO" (*Racketeer Influenced and Corrupt Organizations Act*), que basicamente "aumentou os poderes de investigação da polícia".[23]

Na Itália, técnicas especiais de combate ao terrorismo, destruição da ordem democrática e crime organizado foram previstas

20 SILVA, Eduardo Araújo da. **Crime Organizado: procedimento probatório.** São Paulo, Atlas, 2003. P. 15/19.

21 BALTAZAR JUNIOR, José Paulo. **Crime Organizado e Proibição de Insuficiência.** Porto Alegre: Livraria do Advogado Editora, 2010. P. 124/145.

22 SOUTHWELL, David. Op. cit. P. 6.

23 BALTAZAR JUNIOR, José Paulo. Op. cit. P. 102.

pela Lei nº 15/1980, que alterava o artigo 340 do Código de Processo Penal de 1930, prevendo a possibilidade de sequestro para fins de investigação de tais crimes. O artigo 416 do Código Penal prevê o crime de Associação para delinquir, tipificando o crime de Associação Mafiosa no artigo 416 *bis* do mesmo diploma.[24]

No Brasil o crime de bando ou quadrilha foi introduzido no artigo 288 do Código Penal de 1940[25], tipificando a conduta de quem se reúne para cometer crimes[26]. Atualmente, após as Leis nº 12.720/2012 e nº 12.850/2013, o Código Penal brasileiro prevê não mais o crime de bando ou quadrilha, mas os delitos de Associação Criminosa[27] e Constituição de Milícia Privada.[28]

A tipificação de organizações criminosas no Brasil, portanto, ou se enquadrava no conceito de quadrilha ou bando, ou ficava sem punição. Do mesmo modo no direito estrangeiro. Alguns países, segundo José Paulo Baltazar Júnior[29], inclusive, expressamente optaram por não criar um tipo penal específico, como Inglaterra e Alemanha, com receio de que alguns fatos não fossem abarcados pela tipificação. Assim, o conceito germânico de organização criminosa, por exemplo, serve para nortear a investigação criminal e

24 Art. 416 bis – Associação de tipo mafioso: Aquele que faz parte de uma associação de tipo mafioso formada por três ou mais pessoas é punido com reclusão de três a seis anos.

25 BALTAZAR JUNIOR, José Paulo. Op. cit. P. 147.

26 Antiga dicção do artigo 288 do Código Penal: "Associarem-se mais de três pessoas, em quadrilha ou bando, para o fim de cometer crimes: Pena – reclusão, de um a três anos. Parágrafo único – A pena aplica-se em dobro, se a quadrilha ou bando é armado".

27 Art. 288. Associarem-se 3 (três) ou mais pessoas, para o fim específico de cometer crimes: Pena – reclusão, de 1 (um) a 3 (três) anos. Parágrafo único. A pena aumenta-se até a metade se a associação é armada ou se houver a participação de criança ou adolescente.

28 Art. 288-A. Constituir, organizar, integrar, manter ou custear organização paramilitar, milícia particular, grupo ou esquadrão com a finalidade de praticar qualquer dos crimes previstos neste Código: Pena – reclusão, de 4 (quatro) a 8 (oito) anos (Incluído pela Lei nº 12.720, de 2012).

29 BALTAZAR JUNIOR, José Paulo. Op. cit. P. 147.

o processo penal, com medidas específicas, mas a tipificação segue sendo a tradicional.

Essa era a situação do Brasil. A primeira menção legislativa às organizações criminosas surgiu em 1995, com a Lei nº 9.034, chamada "Lei do Crime Organizado". Apesar de prever meios operacionais para a prevenção e repressão das ações praticadas por organizações criminosas, não as conceituou ou previu como tipo penal. Em seguida foi promulgada a Lei nº 9.613/1998, que em seu art. 1º, inciso VII, previu como crime antecedente da lavagem de dinheiro o praticado por organização criminosa. A omissão legislativa fez com que se interpretasse que organização criminosa era a tipificada na Convenção de Palermo, como, por exemplo, decidiu a 5ª Turma do STJ no *Habeas Corpus* nº 77.771-SP.[30]

30 EMENTA: *HABEAS CORPUS* . LAVAGEM DE DINHEIRO. INCISO VII DO ART. 1º DA LEI n.º 9.613/98. APLICABILIDADE. ORGANIZAÇAO CRIMINOSA. CONVENÇAO DE PALERMO APROVADA PELO DECRETO LEGISLATIVO n. 231, DE 29 DE MAIO DE 2003 E PROMULGADA PELO DECRETO N.º 5.015, DE 12 DE MARÇO DE 2004. AÇAO PENAL. TRANCAMENTO. IMPOSSIBILIDADE. EXISTÊNCIA DE ELEMENTOS SUFICIENTES PARA A PERSECUÇAO PENAL.

1. Hipótese em que a denúncia descreve a existência de organização criminosa que se valia da estrutura de entidade religiosa e empresas vinculadas, para arrecadar vultosos valores, ludibriando fiéis mediante variadas fraudes mormente estelionatos, desviando os numerários oferecidos para determinadas finalidades ligadas à Igreja em proveito próprio e de terceiros, além de pretensamente lucrar na condução das diversas empresas citadas, algumas por meio de "testas-de-ferro", desvirtuando suas atividades eminentemente assistenciais, aplicando seguidos golpes.

2. Capitulação da conduta no inciso VII do art. 1º da Lei n.º 9.613/98, que não requer nenhum crime antecedente específico para efeito da configuração do crime de lavagem de dinheiro, bastando que seja praticado por organização criminosa, sendo esta disciplinada no art. 1º da Lei n.º 9.034/95, com a redação dada pela Lei n.º 10.217/2001, c.c. o Decreto Legislativo n.º 231, de 29 de maio de 2003, que ratificou a Convenção das Nações Unidas contra o Crime Organizado Transnacional, promulgada pelo Decreto n.º 5.015, de 12 de março de 2004. Precedente.

3. O recebimento da denúncia, que se traduz em mera admissibilidade da acusação diante da existência de sérios indícios de autoria e materialidade, mostra-se adequado, inexistindo a alegada inépcia, porquanto preenchidos todos seus pressupostos legais.

De fato, a Convenção de Palermo (Convenção das Nações Unidas contra o crime organizado transnacional), de 2000, introduzida no Brasil por meio do Decreto nº 5.015/2004, conceituou organização criminosa como sendo o grupo estruturado de três ou mais pessoas, existente há algum tempo e atuando concertadamente com o propósito de cometer uma ou mais infrações graves ou enunciadas na Convenção, com a intenção de obter, direta ou indiretamente, um benefício econômico ou outro benefício material.

Todavia, o Supremo Tribunal Federal entendeu inexistir no ordenamento jurídico a conceituação ou tipificação de organização criminosa, ao julgar o *Habeas Corpus* nº 96.007-SP, confirmando essa tese no julgamento da Ação Penal 470 (Caso "Mensalão").

Outras leis surgiram e perpassaram, de algum modo, o tema, sem, contudo, conceituar organização criminosa ou prever algum tipo penal específico. É o caso da Lei nº 10.217/2001, que complementou a Lei nº 9.034/1995 ao acrescentar novos métodos de investigação do crime organizado, quais sejam: a interceptação ambiental e a infiltração policial. A Lei nº 11.343/2006 previu, em seu artigo 33, § 4º, redução de pena ao agente que não integrasse organização criminosa. Ambas as leis, mantiveram, contudo, o silêncio quanto à conceituação e à tipificação específica.

O conceito de organização criminosa, no Brasil, foi então normativamente inserido pela Lei nº 12.694/2012, que a definiu como a associação de 3 (três) ou mais pessoas, estruturalmente

---

4. Nesta fase inaugural da persecução criminal, não é exigível, tampouco viável dentro do nosso sistema processual penal, a demonstração cabal de provas contundentes pela acusação. Esse grau de certeza é reservado para a prolação do juízo de mérito. Este sim deve estar calcado em bases sólidas, para eventual condenação.

5. Mostra-se, portanto, prematuro e temerário o acolhimento do pedido da defesa de trancamento da ação penal, de maneira sumária, retirando do Estado, de antemão, o direito e, sobretudo, o dever de investigar e processar, quando há elementos mínimos necessários para a persecução criminal.

6. Ordem denegada. (HC 77.771-SP. Rel. Min. Laurita Vaz. Quinta Turma. Data do Julgamento: 30/05/2008).

ordenada e caracterizada pela divisão de tarefas, ainda que informalmente, com objetivo de obter, direta ou indiretamente, vantagem de qualquer natureza, mediante a prática de crimes cuja pena máxima fosse igual ou superior a 4 (quatro) anos ou que fossem de caráter transnacional.

Apesar do avanço legislativo, a nova lei apenas conceituou organização criminosa[31], deixando de tipificar o crime de compor organização criminosa, mas introduziu medidas que reforçam o combate ao crime organizado, como a previsão de formação de colegiado de juízes para a prática de atos processuais (art. 1º), medidas de reforço da segurança dos prédios da Justiça (art. 3º), alargamento do espectro do perdimento de bens (art. 4º), previsão da alienação antecipada de bens (art. 5º), permissão de placas "frias" para os que atuam no combate ao crime organizado (art. 6º), alteração do Estatuto do Desarmamento para ampliar a autorização para porte de arma de fogo (art. 7º), regulamentação da responsabilidade pelo porte funcional de arma de fogo (art. 8º) e proteção pessoal para os agentes que atuam no combate ao crime organizado (art. 9º).[32]

Em seguida, a Lei nº 12.720/2012 tipificou o crime de Milícia Armada, acrescentando o artigo 288-A ao Código Penal, mas não avançou para criminalizar as organizações criminosas em geral. A definição típica veio, tão somente, com o advento da Lei nº 12.850/2013, a chamada "Nova Lei de Combate ao Crime Organizado", que revogou expressamente a Lei nº 9.034/1995 e conceituou organização criminosa como sendo a associação de 4 (quatro) ou mais pessoas estruturalmente ordenada e caracterizada pela divisão de tarefas, ainda que informalmente, com o objetivo de obter, direta ou indiretamente, vantagem de qualquer natureza, mediante a prática de infrações penais cujas penas máximas sejam

31 Possibilitando, assim, a punição de quem lava dinheiro oriundo de organização criminosa, conforme art. 1º, inciso VII da Lei nº 9.613/1998.

32 Ver, a propósito: CUNHA, Rogério Sanches; PINTO, Ronaldo Batista. **Crime Organizado. Comentários à nova lei sobre o Crime Organizado (Lei nº 12.850/13)**. 3ª ed. Salvador: JusPodium, 2014. P. 14/15.

superiores a 4 (quatro) anos, ou que sejam de caráter transnacional (art. 1º, § 1º).

Pela primeira vez uma lei no Brasil tipificou como crime a conduta de fazer parte de uma organização criminosa: "Art. 2º. Promover, constituir, financiar, pessoalmente ou por interposta pessoa, organização criminosa: Pena - reclusão, de 3 (três) a 8 (oito) anos e multa, sem prejuízo das penas correspondentes às demais infrações penais praticadas", punindo ainda quem tenta obstruir a investigação de crimes ou contravenções praticados por membros de organização criminosa ou de algum modo a ela relativos: "§ 1º Nas mesmas penas incorre quem impede ou, de qualquer forma, embaraça a investigação de infração penal que envolva organização criminosa".[33]

A Lei nº 12.850/2013 se aplica, ainda, às infrações penais previstas em tratado ou convenção internacional quando, iniciada a execução no País, o resultado tenha ou devesse ter ocorrido no estrangeiro, ou reciprocamente (art. 1º, § 2º, I), bem como às organizações terroristas (art. 1º, § 2º, II da Lei nº 12.850/2013). A subsequente Lei nº 13.260/2016 conceituou o terrorismo como a "prática por um ou mais indivíduos dos atos previstos neste artigo, por razões de xenofobia, discriminação ou preconceito de raça, cor, etnia e religião, quando cometidos com a finalidade de provocar terror social ou generalizado, expondo a perigo pessoa, patrimônio, a paz pública ou a incolumidade pública" (art. 2º) e tipificou o crime de compor ou até apenas auxiliar a organização

---

33 A Lei nº 12.850/2013 previu, ainda, as seguintes causas de aumento de pena: "§ 2º As penas aumentam-se até a metade se na atuação da organização criminosa houver emprego de arma de fogo. § 3º A pena é agravada para quem exerce o comando, individual ou coletivo, da organização criminosa, ainda que não pratique pessoalmente atos de execução. § 4º A pena é aumentada de 1/6 (um sexto) a 2/3 (dois terços): I - se há participação de criança ou adolescente; II - se há concurso de funcionário público, valendo-se a organização criminosa dessa condição para a prática de infração penal; III - se o produto ou proveito da infração penal destinar-se, no todo ou em parte, ao exterior; IV - se a organização criminosa mantém conexão com outras organizações criminosas independentes; V - se as circunstâncias do fato evidenciarem a transnacionalidade da organização."

terrorista, nos seguintes termos: "Art. 3º Promover, constituir, integrar ou prestar auxílio, pessoalmente ou por interposta pessoa, a organização terrorista: Pena – reclusão, de cinco a oito anos, e multa."[34]

---

34 Além disso, a Lei do Combate ao Terrorismo (Lei nº 13.260/2016) previu como crimes os seguintes atos de terrorismo: "I – usar ou ameaçar usar, transportar, guardar, portar ou trazer consigo explosivos, gases tóxicos, venenos, conteúdos biológicos, químicos, nucleares ou outros meios capazes de causar danos ou promover destruição em massa; (...) IV – sabotar o funcionamento ou apoderar-se, com violência, grave ameaça a pessoa ou servindo-se de mecanismos cibernéticos, do controle total ou parcial, ainda que de modo temporário, de meio de comunicação ou de transporte, de portos, aeroportos, estações ferroviárias ou rodoviárias, hospitais, casas de saúde, escolas, estádios esportivos, instalações públicas ou locais onde funcionem serviços públicos essenciais, instalações de geração ou transmissão de energia, instalações militares, instalações de exploração, refino e processamento de petróleo e gás e instituições bancárias e sua rede de atendimento; V – atentar contra a vida ou a integridade física de pessoa: Pena – reclusão, de doze a trinta anos, além das sanções correspondentes à ameaça ou à violência." (art. 2º, § 1º). Tipificou, ainda, as seguintes condutas: "Art. 5º Realizar atos preparatórios de terrorismo com o propósito inequívoco de consumar tal delito: Pena – a correspondente ao delito consumado, diminuída de um quarto até a metade. § 1º Incorre nas mesmas penas o agente que, com o propósito de praticar atos de terrorismo: I – recrutar, organizar, transportar ou municiar indivíduos que viajem para país distinto daquele de sua residência ou nacionalidade; ou II – fornecer ou receber treinamento em país distinto daquele de sua residência ou nacionalidade.; Art. 6º Receber, prover, oferecer, obter, guardar, manter em depósito, solicitar, investir, de qualquer modo, direta ou indiretamente, recursos, ativos, bens, direitos, valores ou serviços de qualquer natureza, para o planejamento, a preparação ou a execução dos crimes previstos nesta Lei: Pena – reclusão, de quinze a trinta anos. Parágrafo único. Incorre na mesma pena quem oferecer ou receber, obtiver, guardar, mantiver em depósito, solicitar, investir ou de qualquer modo contribuir para a obtenção de ativo, bem ou recurso financeiro, com a finalidade de financiar, total ou parcialmente, pessoa, grupo de pessoas, associação, entidade, organização criminosa que tenha como atividade principal ou secundária, mesmo em caráter eventual, a prática dos crimes previstos nesta Lei; Art. 7º Salvo quando for elementar da prática de qualquer crime previsto nesta Lei, se de algum deles resultar lesão corporal grave, aumenta-se a pena de um terço, se resultar morte, aumenta-se a pena da metade.". A Lei determinou, ainda, a competência federal, em seu artigo 11, para o processamento e julgamento dos crimes nela previstos.

Desse modo, é possível afirmar que o panorama legislativo brasileiro, atualmente, encontra-se apto a respaldar a atuação das autoridades no combate ao crime organizado, eis que, além da tipificação exaustiva, inclusive com relação às organizações terroristas, cuidou o legislador de prever medidas de investigação e meios de obtenção de prova específicos de combate às organizações criminosas, como a colaboração premiada, a captação ambiental de sinais eletromagnéticos, ópticos ou acústicos, a ação controlada, o acesso a registros telefônicos e telemáticos, a interceptação de comunicações telefônicas e telemáticas, o afastamento dos sigilos financeiro, bancário e fiscal, a infiltração policial e a cooperação entre instituições (art. 3º, incisos I a VI da Lei nº 12.850/2013).

Vale ressaltar que parcela considerável da doutrina, com apoio em precedentes do Superior Tribunal de Justiça[35], entende que as técnicas especiais de investigação, dentre as quais se encontra a colaboração premiada, não se restringem apenas aos casos envolvendo organizações criminosas. Para Walter Nunes da Silva Júnior, por exemplo, a colaboração premiada prevista na Lei nº 12.850/2013, por interpretação sistêmica e lógica, deve ser aplicada não só aos crimes praticados por organizações criminosas, mas também ao delito de quadrilha (hoje associação criminosa) previsto no artigo 288 do Código Penal. Na verdade, o autor defende que a nova lei de combate ao crime organizado tem natureza de lei geral sobre a colaboração premiada, incidindo os seus dispositivos, no que não forem incompatíveis, em todas as leis que tratam do tema.[36]

No mesmo sentido é a opinião de Andrey Borges de Mendonça, para quem "a jurisprudência já asseverou que, com base na Lei

35 HC 97509/MG, Rel. Ministro Arnaldo Esteves de Lima, 5ª Turma, julgado em 15/06/2010, DJe 02/08/2010; REsp 1109485/DF, Rel. Min. Maria Thereza de Assis Moura, 6ª Turma, julgado em 12/04/2012, DJe 25/04/2012).

36 SILVA JÚNIOR, Walter Nunes da. **Curso de direito processual penal: teoria (constitucional) do processo penal.** 2ª ed. Natal: OWL Editora Jurídica, 2015. P. 541.

9807, a colaboração premiada é possível de ser aplicada para qualquer tipo penal".[37] Alerta, porém, tal autor, que mesmo sendo possível a aplicação do instituto da colaboração premiada a casos de concurso de agentes em qualquer crime, por se tratar de técnica especial de investigação destinada a casos de macrocriminalidade, não deve ser banalizado, reservando-se para casos de relevância.

A melhor solução parece ser no sentido de que, considerando que as demais leis que preveem a colaboração premiada não foram revogadas, possa se admitir a existência de um microssistema de direito premial, ou "microssistema de estímulo à verdade", nas palavras de Pedro Jorge do Nascimento Costa[38], devendo o procedimento da Lei nº 12.850/2013 servir de norte à aplicação do instituto a todos os crimes cujas leis admitem a colaboração do agente, ainda que não praticados por organização criminosa, como, por exemplo, tráfico de entorpecentes e lavagem de capitais.

Assim, feita a análise inicial sobre as organizações criminosas e seu tratamento legislativo no Brasil, cumpre averiguar um tipo específico de organização criminosa chamada comumente de "Máfia". É o assunto tratado no item a seguir.

1.1.1 Organização criminosa do tipo mafioso

A Máfia, em verdade, corresponde à organização criminosa existente na Sicília, sul da Itália, a *Cosa Nostra*. O termo, contudo, universalizou-se e assim são chamadas hoje todas as associações criminosas com as suas principais características: rituais e ceri-

---

37 MENDONÇA, Andrey Borges de. **A Colaboração Premiada e a nova lei do crime organizado**. Custos Legis: a Revista Eletrônica do Ministério Público Federal. Vol. 4, 2013. <http://www.prrj.mpf.mp.br/sala-de-imprensa/publicacoes/custos-legis/a-colaboracao-premiada-e-a-nova-lei-do-crime-organizado-lei-12.850-2013/view> Acesso em 05/09/2016.

38 COSTA, Pedro Jorge do Nascimento. Silêncio e Mentira como Prova: a Proteção às Organizações Criminosas. **A Prova no Enfrentamento à Macrocriminalidade**. SALGADO, Daniel de Resende; QUEIROZ, Ronaldo Pinheiro de (Organizadores). Salvador: JusPodium, 2015. P. 185.

mônias de iniciação, juramento de eterna lealdade à organização, código de regras e valores, pacto de silêncio e uso da violência.

Na Itália são identificadas, como já dito, além da Máfia siciliana, a 'Ndrangheta (a máfia da Calábria), a Camorra (a máfia de Nápoles), a Sacra Corona Unita (a máfia da Puglia) e a Mala Del Brenta (a máfia de Veneza). A primeira vez que a palavra "Máfia" foi usada oficialmente na Sicília foi em 1863, numa peça de teatro do autor siciliano Giuseppe Rizzotto, baseada no principal presídio de Palermo. O nome da peça era "*I mafiusi di la Vicaria*" (Os mafiosos da Vicária, no dialeto local), cujos personagens eram os bandidos da cidade. O sucesso foi tanto que a produção foi aperfeiçoada e relançada apenas com o título de "*I mafiusi*".[39] Desse modo, já no século XIX o termo "mafioso" era sinônimo de "fora-da-lei".

O termo "Máfia" tem algumas possíveis origens. A maioria dos estudiosos acredita em sua origem árabe: seria uma corruptela do termo "*maha*", que significa "pedreira", no sentido de "refúgio" ou "proteção", referindo-se ao local onde, durante a ocupação sarracena, nos séculos VIII a XI, os resistentes sicilianos se escondiam da perseguição[40]. Alguns autores acreditam que o termo "Máfia" seria acrônimo de "*Morte alla Francia, Italia Anela*" ("*Morte à França, a Itália almeja!*"), grito de guerra dos resistentes à ocupação normanda da Sicília, nos anos de 1072 a 1282.[41]

Há quem defenda, ainda, que a expressão seja originada do dialeto de Palermo, no qual a palavra "mafioso" significa "auto-

39 CAWTHORNE, Nigel. **A História da Máfia.** Tradução: Guilherme Miranda. São Paulo: Madras, 2012. P. 15; SMITH, Jo Durden. **A História da Máfia.** Tradução: Beatriz Medina. São Paulo: M. Books do Brasil Editora, 2015. P. 19.

40 DEL ROIO, José Luiz. **Itália: Operação Mãos Limpas. E no Brasil: quando?** São Paulo: Ícone, 1993. P. 26. Utilizando o mesmo significado, porém atribuindo a origem ao termo "*Mu afah*", também árabe: SOUTHWELL, David. **A história do crime organizado.** Tradução: Ciro Mioranza. São Paulo: Escala, 2013. P. 11.

41 DEL ROIO, José Luiz. Op. cit. P. 26; SOUTHWELL, David. Op. cit. P. 11.

confiante"[42]. Salvatore Lupo reforça essa tese ao citar o autor Pitrè, que defende que o termo "máfia" era utilizado como sinônimo de "beleza" e "excelência", já mesmo antes de 1860, nos bairros populares de Palermo, "de tal sorte que *mafiusu* teria sido um homem de coragem, *mafiusedda*, uma moça bela e orgulhosa".[43]

A palavra pode ter-se originado, ainda, do termo árabe "*mahjas*", cujo significado é "gabar-se".[44] Já a associação criminosa calabresa 'Ndrangheta tem seu nome originado do grego "andragathía", que significa "heroísmo" e "virtude".[45] Tudo isso aponta para essa mística de culto ao vilão/herói que permeia o tema das organizações criminosas italianas.

Roberto Saviano menciona a lenda, segundo ele até hoje repetida aos jovens italianos, de três cavaleiros espanhois do século XV, Osso, Mastrosso e Carcagnosso, que pertenciam a uma associação secreta de Toledo e que teriam ficado 29 (vinte e nove) anos foragidos, se empenhando em definir códigos secretos de sua organização: Osso, o mais preguiçoso, foi para a Sicília e fundou a Máfia; Mastrosso foi para a Calábria e fundou a 'Ndrangheta; e Carcagnosso, o mais empreendedor, foi para Nápoles e lá fundou a Camorra.

Segundo Saviano:

> É só uma lenda, naturalmente, uma fábula fácil de aprender e de recordar, criada especialmente para alimentar conversas nos longos dias de cadeia. (...) A condição de cavaleiro comportava se reconhecer em uma ideologia, obedecer a regras baseadas na coragem, na lealdade, na fidelidade à palavra dada e à pertença. Um conjunto de valores que pode ser resumido em uma só palavra, até hoje usada e abusada: *onore*, honra. O cavaleiro era antes de tudo um *uomo d'onore*.[46]

---

42 SOUTHWELL, David. Op. cit. P. 11.

43 LUPO, Salvatore. **História da Máfia: das origens aos nossos dias.** Tradução: Álvaro Lorencini. São Paulo: Unesp, 2002. P. 19.

44 SMITH, Jo Durden. Op. cit. P. 19.

45 SOUTHWELL, David. Op. cit. P. 11.

46 SAVIANO, Roberto. **A Máquina da Lama: Histórias da Itália de hoje.**

Tais organizações criminosas se formaram como refúgio contra um poder dominante, uma forma de proteção aos seus associados. Por serem apartadas do Estado, tinham que ser secretas e, para tanto, um rigoroso ritual era (e é ainda) imposto aos candidatos ao posto de "homens de honra".

Sobre a origem dos seus característicos rituais, historiadores ainda não chegaram a um consenso, porém "alguns acreditam que os rituais foram importados da maçonaria francesa e adaptados por grupos políticos opostos ao regime dos Bourbon, baseado em Nápoles, por volta de 1820."[47] Outros divergem, afirmando que desde 1760 tais rituais já existiam, eis que Giuseppe Balsamo, o Conde Caliostro, ao visitar Palermo no século XVIII, colheu de lá tais rituais e afirmava que eles "provinham dos Cavaleiros de Malta, que os tinham recebido dos Cavaleiros Templários."[48]

Apesar de terem sido alvo de processos exitosos e intensos monitoramento e investigação estatal, o fato é que as organizações mafiosas ainda existem e atuam se adaptando ao mundo tecnológico e globalizado. Dados da *Direzione Investigativa Antimafia* (o principal órgão estatal de combate ao crime organizado na Itália) apontam que existem cerca de 200 (duzentos) membros da 'Ndrangheta na Itália, com mais de 6.000 (seis mil) membros espalhados pelo mundo, estimando "seu volume anual de negócios em mais de 23 bilhões de euros e admite que 'a 'Ndrangheta é hoje uma das mais poderosas organizações criminosas do mundo".[49]

A Mala Del Brenta, de Veneza, tem a quinta maior renda de qualquer organização criminosa na Itália, gerando bilhões de euros por ano, ainda segundo a *Direzione Investigativa Antimafia.*[50]

Tradução: Joana Angélica d'Avila Melo. 1ª ed. São Paulo: Companhia das Letras, 2012. P. 52.

47 SOUTHWELL, David. Op. cit. P. 10.

48 SOUTHWELL, David. Op. cit. P. 10/11.

49 SOUTHWELL, David. **A história do crime organizado.** Tradução: Ciro Mioranza. São Paulo: Escala, 2013. P. 18.

50 SOUTHWELL, David. Op. cit. P. 20.

A Sacra Corona Unita, da Puglia, tem atualmente 47 (quarenta e sete) clãs, ainda de acordo com os dados do órgão estatal italiano, cuidando de tráfico de imigrantes ilegais em parceria com *Mafyia* Albanesa, tendo "maciço império da prostituição na Itália, na Áustria e na Alemanha", configurando-se em "uma crescente ameaça italiana e global."[51]

Na Itália, a legislação penal clássica não era suficiente para o combate e a punição do fenômeno mafioso. A tipificação da conduta de se associar à máfia ocorreu na Itália apenas em 1982, por meio de projeto de lei do Deputado siciliano Pio La Torre, do Partido Comunista. Após emendas, o projeto recebeu o nome "La Torre-Rognoni" e, depois de aprovado, modificou o Código Penal, mantendo no artigo 416 a tipificação das organizações criminosas comuns e criando, no artigo 416 *bis* a tipificação das organizações do tipo mafioso.

A propósito, ensina Walter Fanganiello Maierovitch que:

> O artigo 416, bis, cuidou de organizações complexas, verticalizadas e notadas pela existência de um órgão de cúpula-governo *(Cosa Nostra)*, ou horizontalizadas *(Camorra)*, muitas vezes como uma 'confederação criminal', quando sentem necessidade de unir forças contra o Estado.[52]

O endurecimento do combate ao crime organizado na Itália, com a tipificação do crime de associação mafiosa, não ficou sem resposta da Máfia siciliana. O *Capo dei Capi*[53] Salvatore "Totó" Riina mandou assassinar o Deputado Pio La Torre pouco tempo depois da promulgação da lei: "Duas potentes motocicletas aproximaram-se do automóvel Fiat 132 de La Torre, prestes a estacionar

51 SOUTHWELL, David. Op. cit. P. 23.

52 MAIEROVITCH, Wálter Fanganiello. Prefácio do livro de DINO, Alessandra; MAIEROVITCH, Wálter Fanganiello (organizadores). Tradução: Doris Cavallari; Letizia Zini. **Novas tendências da criminalidade transnacional mafiosa.** São Paulo: Ed. Unesp, 2010. P. 12.

53 "Chefe dos Chefes".

próximo à sede palermitana do Partido Comunista. O ocupante do banco de passageiro da motocicleta o metralhou".[54]

O assassinato de autoridades que se opunham à Máfia não era novidade:

> Boris Giuliano, o Chefe de Polícia que havia descoberto a conexão da heroína entre a Sicília e os Estados Unidos, tinha sofrido quatro disparos nas costas enquanto tomava seu capuccino na manhã de 21 de julho de 1979.[55]

Ainda no mesmo ano foi assassinado, em Palermo, o Juiz Cesare Terranova. Também foram vítimas da Máfia o capitão dos carabineiros, Emmanuele Basile, e o general Carlo Alberto Dalla Chiesa. Este último foi assassinado a tiros, juntamente a sua esposa, disparados de um veículo em movimento, em 3 de setembro de 1982. O chefe de Giovanni Falcone e Paolo Borsellino, Rocco Chinnici, foi assassinado, assim como seu guarda-costas e o porteiro do seu prédio, vítimas de um ataque a bomba.

Com esse método terrorista também a Máfia assassinou Giovanni Falcone:

> Em 23 de Maio de 1992, Falcone e sua mulher estavam visitando sua casa de campo em Palermo. Eles viajaram em segredo em um avião do governo e foram recebidos no aeroporto por uma escolta policial, mas, enquanto o comboio seguia pela autoestrada em direção a Capaci, uma bomba no aqueduto sob a via expressa explodiu. A explosão foi forte o bastante para matar os policiais no primeiro carro e Falcone e sua esposa no segundo.[56]

Menos de dois meses depois, em 19 de julho de 1992, foi assassinado seu amigo e colega, Paolo Borsellino, que conduzia agora as investigações contra a Máfia:

---

54 MAIEROVITCH, Wálter Fanganiello. Op. cit. P. 13.

55 CAWTHORNE, Nigel. **A História da Máfia.** Tradução: Guilherme Miranda. São Paulo: Madras, 2012. P. 229.

56 CAWTHORNE, Nigel. Op. cit. P. 235.

> Sabia-se que ele iria visitar sua mãe em Palermo naquele dia, então um carro-bomba foi estacionado à frente da casa dela. Quando o carro explodiu, Borsellino e seus seis guarda-costas foram mortos.[57]

A ameaça de punição e morte também é feita internamente aos membros da organização mafiosa que rompem o pacto de silêncio denominado *omertà*. A seguir, examinam-se alguns de seus aspectos particulares.

1.1.2 Omertà

Talvez a principal característica das organizações criminosas de *stampo mafioso* seja a *omertà*, isto é, o pacto de silêncio firmado pelos que são aceitos no grupo. Segundo Walter Fanganiello Maierovitch, as máfias "difundem, interna e externamente, o medo, de modo a gerar a chamada cultura da *omertà*, conhecida por ′lei do silêncio′"[58] e a define do mesmo modo que o escritor siciliano Leonardo Siascia como "solidariedade pelo medo". Ressalta, ainda, que "Nesse ambiente de coação, onde vale a 'lei' da organização criminosa, verifica-se, por parte do cidadão, um sepulcral silêncio sobre fatos testemunhados".[59] Se o medo intimida quem não faz parte da associação, ele é ampliado quando há um juramento de lealdade por parte de quem se associa.

Sobre a origem do termo, sabe-se que o então chefe da Guarda Nacional de Palermo, Niccolò Turrisi Colonna, em 1864, relatou que uma "seita de ladrões" existia há cerca de 20 (vinte) anos em toda a Sicília, e que seus membros tinham sinais especiais que possibilitava seu reconhecimento mútuo, bem como um código

---

57 CAWTHORNE, Nigel. Op. cit. P. 235.

58 MAIEROVITCH, Wálter Fanganiello. Prefácio do livro de DINO, Alessandra; MAIEROVITCH, Wálter Fanganiello (organizadores). Tradução: Doris Cavallari; Letizia Zini. **Novas tendências da criminalidade transnacional mafiosa.** São Paulo: Ed. Unesp, 2010. P. 12/13.

59 MAIEROVITCH, Wálter Fanganiello. Op. cit. P. 13.

de lealdade que ele chamou de *"umirtà"*, ou seja "humildade". E explicou:

> Essa seita perversa vê todo cidadão que se aproxime de um carabineiro (policial militar) e fale com ele, ou mesmo troque uma palavra ou cumprimento, como um patife punível com morte. Tal homem deve ser punido por um crime hediondo contra a 'humildade' (...). A humildade envolve o respeito e a devoção à seita. Ninguém deve cometer qualquer ato que possa, direta ou indiretamente, prejudicar os interesses de outros membros. Ninguém deve fornecer à polícia ou ao poder judiciário fatos que ajudem a expor um crime de qualquer espécie.[60]

Assim, segundo Nigel Cawthorne, a *"umirtà"* referida por Niccolò Turrisi Colonna é a origem da *omertá*,

> um brutal código de honra que fazia com que mafiosos nunca, em hipótese alguma, se dirigissem às autoridades para prestar queixa. As vítimas e suas famílias tinham o direito de se vingar de qualquer ofensa, mas todo aquele que quebrasse o código de silêncio seria julgado pela própria Máfia.[61]

Já Salvatore Lupo explica que a palavra *omertà* "deriva da raiz *uomo*", significando "homem, que virilmente responde por si mesmo às ofensas sem recorrer à justiça estatal".[62] Para reforçar o dever de silêncio, rituais de iniciação com juramento sempre foram impostos nas organizações criminosas italianas. Segundo Roberto Saviano:

> Quando se entra para uma organização criminosa, o acesso é feito mediante ritos simbólicos, batismos, porque as estruturas

---

60 CAWTHORNE, Nigel. Op. cit. P. 16/17.

61 CAWTHORNE, Nigel. Op. cit. P. 17.

62 LUPO, Salvatore. **História da Máfia: das origens aos nossos dias.** Tradução: Álvaro Lorencini. São Paulo: Unesp, 2002. P. 19.

> criminosas são verdadeiras organizações hierárquicas com cargos, rituais, salários, responsabilidades.[63]

Em regra, as cerimônias se iniciam com o candidato assassinando alguém, a mando do grupo, para provar seu valor e sua coragem. A isso se denomina "produzir ossos".[64] Sobre os rituais de iniciação da máfia siciliana e a *omertà*, ensina David Southwell:

> O candidato a membro sofre uma morte simbólica e um renascimento. Eles 'morrem' pra sua antiga vida e 'renascem' para a organização, e prestam um juramento de sempre obedecer às regras de sua nova família, cientes de que a desobediência significará a morte. (...) O ritual envolve o ato de segurar a imagem ardente de um santo e proferir um juramento de sigilo total e obediência. Em seguida, seu chefe direto como soldado da máfia, seu 'capo', vai tomar uma faca e fazer um corte em sua mão. A queima simboliza a morte de sua antiga vida e o sangue significa o nascimento em sua nova família mafiosa.[65]

Na 'Ndrangueta, a solenidade de batismo é longa e ritualizada, findando com o juramento pelo qual o iniciado "assume a responsabilidade de fazer parte de uma organização que em seu código será superior à família, aos filhos, ao seu próprio sangue".[66] Ao novo 'ndranghetista, chamado de *"contrasto onorato"*, é dito que:

> Antes da família, dos pais, das irmãs, dos irmãos, vem o interesse ou a honra da sociedade. A partir deste momento ela é tua família e, se cometeres infâmia, serás punido com a morte. Assim como serás fiel à sociedade, de igual modo a sociedade

63 SAVIANO, Roberto. **A Máquina da Lama: Histórias da Itália de hoje.** Tradução: Joana Angélica d'Avila Melo. 1ª ed. São Paulo: Companhia das Letras, 2012. P. 52.

64 SOUTHWELL, David. **A história do crime organizado.** Tradução: Ciro Mioranza. São Paulo: Escala, 2013. P. 12.

65 SOUTHWELL, David. Op. cit. P. 12.

66 SAVIANO, Roberto. Op. cit. P. 53.

> será fiel contigo e te assistirá na necessidade. Este juramento só pode ser quebrado com a morte.[67]

E então lhe é perguntado: "Estás disposto a isso? Juras?"[68] Com a palma da mão voltada para a ponta de uma faca, o iniciado faz o juramento e passa a ser considerado um "homem de honra" a partir de então[69].

Sobre os ritos de iniciação da Camorra, mais uma vez David Southwell esclarece: "Na Camorra, o sangue na mão provém do ato de o iniciado tentar apanhar uma moeda no chão enquanto seus companheiros golpeiam sua mão com facas".[70] E cita ainda os ritos em Veneza: "Nos grupos venezianos do crime organizado que antecedem a atual Mala Del Brenta da cidade, a morte costumava ser simbolizada pelo beijo a um crânio".[71]

Todos esses ritos de iniciação, com formalidades, sacrifício e pompa, altamente secretos, servem para reforçar o peso da *omertà*, esse pacto de silêncio imprescindível ao funcionamento da empresa criminosa:

> Um novo iniciado deve seguir as regras até o dia de sua morte, a menos que queira convidar a morte; tudo gira em torno da honra, obediência e *omertà* (silêncio). Os membros aprendem que sua família criminosa vem antes de sua antiga família, antes de Deus ou do Estado.[72]

É possível afirmar que o crescimento e êxito da Máfia siciliana se devem, em grande parte, à *omertà*. Segundo Nigel Cawthorne:

> Um agressivo código de honra, a *omertà*, possibilitou que os assuntos disciplinares fossem tratados dentro da associação, e não

67 SAVIANO, Roberto. Op. cit. P. 54.
68 SAVIANO, Roberto. Op. cit. P. 54.
69 SAVIANO, Roberto. Op. cit. P. 5/55.
70 SOUTHWELL, David. Op. cit. P. 12.
71 SOUTHWELL, David. Op. cit. P. 12.
72 SOUTHWELL, David. Op. cit. P. 12.

> pelas autoridades. Também se exigia dos membros que obedecessem a um código de silêncio rigoroso. Qualquer violação dessas regras era punida com a morte.[73]

De fato, a Máfia italiana sempre foi implacável com relação aos que romperam a *omertà*. O caso mais famoso e brutal talvez tenha sido o sequestro e assassinato da criança Giuseppe Di Matteo, filho de 11 (onze) anos do réu colaborador Mario Santo "Santino" Di Matteo. Sobre o caso, diz Alessandra Dino:

> A reunião de urgência fora convocada a fim de criar uma estratégia útil para atacar o novo arrependido, intimidá-lo, induzi-lo à retratação e transmitir dentro e fora da Cosa Nostra uma mensagem de força persistente e de vitalidade da organização. Os quatro[74] decidem raptar o filho do colaborador, o pequeno Giuseppe, de 11 anos.[75]

O sequestro aconteceu na escola do garoto, no dia 23 de novembro de 1993, induzindo-o a acreditar que iria encontrar-se com o pai. Após quase 03 (três) anos em cativeiro, sem que o pai desse sinais de que voltaria atrás na decisão de colaborar com a Justiça, a criança foi brutalmente assassinada, no dia 11 de janeiro de 1996 "com o estrangulamento do garoto e a dissolução do seu corpo em ácido sulfúrico".[76]

A *omertà* é característica das organizações mafiosas, porém pactos de silêncio, em geral, estão presentes em todas as organizações criminosas. Ora, se são ilegais as organizações, se praticam crimes inconfessáveis, se o conhecimento dos fatos pelas autoridades certamente prejudica ou aniquila o alcance dos objetivos da associação, é certo que o acordo de silêncio é pressuposto para a admissão do novo membro e permanência dos demais. Nos rituais de

73 CAWTHORNE, Nigel. Op. cit. P. 06.

74 "Os quatro" são, segundo a própria Alessandra Dino, os mafiosos Messina Denaro, Giuseppe Graviano, Leoluca Bagarella e Giovanni Brusca.

75 DINO, Alessandra. **Os últimos chefões: investigação sobre o governo da Cosa Nostra.** São Paulo: Editora Unesp, 2013. P. 218/219.

76 DINO, Alessandra. Op. cit. P. 222.

iniciação da Yakuza, *Mafiya* Russa e Tríades chinesas, por exemplo, o juramento de silêncio sob pena de morte é parte imprescindível.

As Tríades chinesas, a propósito, possuem rituais de iniciação com fogo, sangue, espadas e água, bem como um rígido compromisso consistente em 36 (trinta e seis) juramentos, dentre os quais o de silêncio: "Não vou revelar os segredos da Sociedade Hung (...) se eu o fizer, vou ser morto por uma miríade de espadas". David Southwell explica:

> Os juramentos não são mera fachada. A morte por uma miríade de espadas é mais comumente conhecida como 'a morte de milhares de cortes' e é uma forma de punição da Tríade usada até hoje. Todo aquele que for considerado um traidor enfrenta morte lenta, tendo cada músculo cortado por um cutelo de açougueiro até morrer lentamente pela perda de sangue.[77]

Esse silêncio prometido é a maior dificuldade das autoridades em descobrir e penetrar nas organizações criminosas, e um dos meios de fazer isso é incentivando, premiando e oferecendo proteção ao membro de organização criminosa que decida romper o juramento. A isso se dá o nome, no Brasil, de *colaboração premiada*, uma das chamadas técnicas especiais de investigação, tema que será abordado a seguir.

1.2 INSTRUMENTOS DE COMBATE À CRIMINALIDADE ORGANIZADA: AS TÉCNICAS ESPECIAIS DE INVESTIGAÇÃO

Os clássicos modelos investigatórios e de obtenção de provas, como oitiva de testemunhas, apreensão de documentos, coleta de digitais e realização de perícias são insuficientes para combater as organizações criminosas. Estas despontam hoje com o uso de avançados meios tecnológicos para o planejamento secreto dos

77 SOUTHWELL, David. Op. cit. P. 103.

crimes e para o branqueamento das divisas ilegalmente obtidas, tudo protegido pelo manto do silêncio dos seus componentes.

Se ninguém fala, não haverá testemunhas. Se ninguém fala, interceptações telefônicas ou gravações ambientais, sozinhas, não alcançarão resultados. É preciso que o Estado sofistique os métodos de investigação, utilizando instrumentos de combate ao crime organizado que deram certo em países democráticos. Como bem diz José Paulo Baltazar Junior, "o modo como são perpetrados os delitos no âmbito das organizações criminosas faz com que, em especial no campo da prova, parte do instrumental processual penal, concebido para a criminalidade tradicional, se revele insuficiente."[78] No mesmo sentido é a lição de Rogério Sanches Cunha e Ronaldo Batista Pinto: "a criminalidade organizada, face às suas peculiaridades, reclama uma nova visão sobre os meios de prova a serem utilizados para fazer frente a seu poderio."[79]

Essa é a tendência no ambiente internacional: sofisticar - sempre respeitando direitos e garantias individuais - as medidas de investigação quando se trata de organizações criminosas. Assim é que a ONU - Organização das Nações Unidas prevê o uso do que chamou de "contramedidas adequadas", por meio das Normas e Princípios sobre Prevenção ao Crime e Justiça Criminal, ao declarar que:

> Nós devemos assegurar que para qualquer aumento na capacidade e na habilidade dos perpetradores do crime também haja aumentos similares na capacidade e na habilidade das autoridades de aplicação da lei e da justiça criminal. Juntando nossos conhecimentos e desenvolvendo contramedidas adequadas, o sucesso na prevenção ao crime e na redução do número de vítimas pode ser maximizado.[80]

---

78 BALTAZAR JUNIOR, José Paulo. **Crime Organizado e Proibição de Insuficiência.** Porto Alegre: Livraria do Advogado Editora, 2010. P. 170.

79 CUNHA, Rogério Sanches; PINTO, Ronaldo Batista. Op. cit. P. 40.

80 ONU - Organização das Nações Unidas. Normas e Princípios das Nações Unidas sobre Prevenção ao Crime e Justiça Criminal. <https://www.unodc.org/documents/justice-and-prison-reform/projects/UN_Standards_and_Norms_CPCJ_-_Portuguese1.pdf>Acesso em 12/07/2016.

Como ensina Néfi Cordeiro, "o maior potencial lesivo da criminalidade organizada tem politicamente autorizado o uso dos meios investigatórios e punitivos mais gravosos"[81], argumentando que no combate ao crime organizado é necessário o uso de técnicas investigativas especiais:

> Deve o Estado arcar com a responsabilidade da persecução criminal, a ele delegada no Estado Democrático de Direito, e para isso necessita tomar medidas drásticas de investigação, apenamento e colaboração social - seja pela sedução de vantagens, seja mesmo pela intimidação de sanções aos colaboradores.[82]

No mesmo sentido é o pensamento de Fausto Martin De Sanctis, para quem:

> As chamadas técnicas especiais de investigação são consideradas indispensáveis para o enfrentamento da criminalidade organizada e estão em consonância com as obrigações assumidas pelo Brasil, no campo internacional, por meio da Convenção Contra o Tráfico Ilícito de Entorpecentes e Substâncias Psicotrópicas (Convenção de Viena de 1988, artigo 11, itens 1, 2 e 3), da Convenção das Nações Unidas contra o Crime Organizado Transnacional (Convenção da ONU de 2000, artigo 20) e da Convenção das Nações Unidas contra a Corrupção (Convenção da ONU contra a corrupção de Mérida de 2003, artigo 50).[83]

Dentre as medidas especiais de investigação, utilizadas especificamente para desvendar e combater as organizações criminosas, estão a captação ambiental de sinais eletromagnéticos, ópticos ou acústicos, a ação controlada, o acesso a registros telefônicos e telemáticos, a interceptação de comunicações telefônicas e tele-

81 CORDEIRO, Néfi. Op. cit. P. 150.

82 CORDEIRO, Néfi. Op. cit. P. 147.

83 DE SANCTIS, Fausto Martin. **Crime Organizado e Lavagem de Dinheiro: destinação de bens apreendidos, delação premiada e responsabilidade social.** 2ª ed. São Paulo: Saraiva, 2015. P. 30.

máticas, o afastamento dos sigilos financeiro, bancário e fiscal, a infiltração policial, a cooperação entre instituições e a colaboração premiada.[84]

Esta última é considerada, dentre todas essas técnicas especiais, uma das mais eficazes formas de combate à macrocriminalidade, em razão de, se por um lado é capaz de obter a confissão do réu colaborador, por outro atua preventivamente, evitando a atuação futura da organização, já que as novas provas tendem a desbaratá-la.

Como já mencionado, a técnica da colaboração premiada é utilizada em vários países democráticos, dentre os quais os Estados Unidos da América e a Itália, cujas experiências merecem ser estudadas diante do êxito obtido no combate ao crime organizado. Eis o que se passa a fazer adiante.

1.3 COLABORAÇÃO PREMIADA NO MUNDO OCIDENTAL: ESTADOS UNIDOS E ITÁLIA

Países do *Common Law,* como os Estados Unidos e a Inglaterra, e do *Civil Law,* como Itália, Portugal e Espanha, adotam, dentre outras, a colaboração premiada como técnica especial de combate ao crime organizado.

As experiências dos Estados Unidos e da Itália, por seu turno, são diversas, porém retratam casos de sucesso, ainda que parcial em algumas situações, de maneira que se tornam assuntos obrigatórios para o estudioso do tema.

1.3.1 Colaboração Premiada nos Estados Unidos: *plea bargaining*

Nos Estados Unidos e nos países que adotam o chamado *Common Law,* de uma forma geral, a colaboração premiada é uma

84 Art. 3º, incisos I a VI da Lei nº 12.850/2013.

consequência natural da liberdade que é conferida à acusação para realizar acordos com a defesa.

De fato, os Promotores de Justiça e Procuradores da República nos Estados Unidos têm ampla discricionariedade para escolherem os casos cujo custo-benefício na apuração e processamento compensem para a sociedade e para o Estado. Nesse sentido, Wrobleski e Hess:

> The prosecutor chooses the cases to be prosecuted, selects the charges that are to be brought into the courtroom, recommends the bail amount required for pretrial release, approves any negotiated agreements made with the defendant and urges judges to impose particular sentences.[85]

A concessão de ampla discricionariedade acusatória ao membro do Ministério Público estadunidense, tanto na seara federal quanto no âmbito dos Estados, decorre em muito da postura do próprio Poder Judiciário, que a respaldou desde cedo. Ensina Yue Ma que:

> Os promotores norte-americanos, contudo, são praticamente os únicos a contar com uma discrição demasiadamente ampla e em grande parte livre de controle. (...) A autoridade do promotor norte-americano para tomar decisões quanto à acusação, por outro lado, não está sujeita nem ao reexame judicial, nem à contestação da vítima. O judiciário norte-americano adotou uma abordagem extremamente deferencial em relação à tomada de decisão acusatória.[86]

---

85 WROBLESKI, Henry M.; HESS, Kären M. **Introduction to Law Enforcement and Criminal Justice.** 8 ed. Belmont, CA: Wadsworth Publishing, 2005. P. 457. Tradução livre da autora: "O membro do Ministério Público escolhe os casos a serem julgados, seleciona as acusações que devem ser levadas para o tribunal, recomenda o valor da fiança exigida para a liberdade provisória, aprova quaisquer acordos negociados com o réu e insta os juízes a impor determinadas sentenças".

86 MA, Yue. Explorando as origens da ação penal pública na Europa e nos Estados Unidos. Tradução: Adauto Villela. Revisão e Adaptação: Bruno Amaral Machado. **MODELOS DE MINISTÉRIO PÚBLICO.** Revista do CNMP, nº 1. Brasília, CNMP, 2011. P. 34.

Tal postura do Poder Judiciário dos Estados Unidos tem origem no Mandado de *Nolle Prosequi*, um instituto do *Common Law* utilizado pelo Attorney General inglês que lhe conferia o poder absoluto de extinguir uma ação penal sem necessidade de fundamentação.[87] Ensina, a propósito, Yue Ma:

> A origem dessa abordagem deferencial pode remontar à segunda metade do século XIX, quando os promotores públicos ganharam proeminência. A autoridade do promotor de não mover ações ou de desistir daquelas já iniciadas derivava do poder do procurador-geral inglês de apresentar o mandado de *nolle prosequi* (...). O poder do promotor de exercer essa autoridade foi apoiado pelos tribunais desde o começo da existência da nação norte-americana. (...) os juízes julgaram de maneira consistente que o judiciário não poderia compelir os promotores a apresentarem acusações quando estes estivessem decididos a não fazê-lo.[88]

Dessa maneira, há inúmeros precedentes judiciais referendando a discricionariedade absoluta do Ministério Público americano, com ampla possibilidade de realizar acordos de colaboração com o réu. Um tribunal de Massachusetts, por exemplo, no caso *Commonwealth v. Wheeler*, em decisão de 1806, já deixava claro que "o poder de apresentar um *nolle prosequi* deve ser exercido conforme a discrição do promotor que inicia a ação em nome do governo, e por esse exercício apenas ele é o responsável."[89]

---

87 MA, Yue. Op. cit. A discricionariedade do Promotor de Justiça e a transação penal nos Estados Unidos, França, Alemanha e Itália: uma perspectiva comparada. Tradução: Adauto Villela. Revisão e Adaptação: Bruno Amaral Machado. **MODELOS DE MINISTÉRIO PÚBLICO**. Revista do CNMP, nº 1. Brasília, CNMP. 2011. P. 195.

88 MA, Yue. Explorando as origens da ação penal pública na Europa e nos Estados Unidos. Tradução: Adauto Villela. Revisão e Adaptação: Bruno Amaral Machado. **MODELOS DE MINISTÉRIO PÚBLICO.** Revista do CNMP, nº 1. Brasília, CNMP, 2011. P. 34.

89 MA, Yue. Op. cit. P. 34.

O Tribunal de Recursos do Estado de Illinois decidiu, no caso *People v. Tabash,* de 1882, que:

> o promotor está dotado por lei de uma ampla discrição para processar infratores da lei. Ele tem autoridade para promover ações penais públicas, conforme as informações de que dispuser, e de descontinuá-las quando, de acordo com seu próprio julgamento, os fins da justiça houverem sido alcançados.[90]

A própria Suprema Corte norte-americana tem referendado continuamente a discricionariedade dos membros do Ministério Público Federal, como nos casos *United States v. Chemical Foundation* (1926), *United States v. Goodwin* (1982) e *Wayne v. United States* (1985). Basicamente a Corte Suprema decidiu que os tribunais não devem interferir nas tomadas de decisão dos membros do Ministério Público, chegando a firmar o entendimento de que:

> Desde que o promotor tenha motivos plausíveis para acreditar que o acusado cometeu um crime definido em lei, a decisão de promover ou não a ação penal, bem como a decisão de qual acusação formular ou levar ao júri de acusação, em geral, cabe inteiramente à sua discrição.[91]

No caso *Santobello v. New York* (1971), a Suprema Corte considerou o *plea bargaining* um componente essencial da administração da justiça e que, bem utilizado, deve ser encorajado, tanto por razões econômicas quanto por se tratar de um justo processo de concessões mútuas.[92]

No caso *Bordenkircher v. Hayes* (1978) a Suprema Corte americana reiterou o reconhecimento da legalidade da pena negocia-

---

90 MA, Yue. Op. cit. P. 34.

91 MA, Yue. MA, Yue. Explorando as origens da ação penal pública na Europa e nos Estados Unidos. Tradução: Adauto Villela. Revisão e Adaptação: Bruno Amaral Machado. **MODELOS DE MINISTÉRIO PÚBLICO.** Revista do CNMP, nº 1. Brasília, CNMP, 2011. P. 35.

92 MOREIRA, José Carlos Barbosa. O processo penal norte-americano e sua influência. **Revista de Processo**, vol. 103, julho-setembro 2001. P. 96.

da entre acusação e defesa, ressaltando que o réu, representado por advogado e protegido pelas salvaguardas processuais, seria capaz de "fazer uma escolha inteligente em resposta à persuasão da promotoria."[93]

De acordo com Yue Ma, "A expansão dos poderes do Ministério Público, somada ao relaxamento da supervisão judicial, fez do promotor de justiça a figura verdadeiramente mais importante da administração da Justiça Penal nos Estados Unidos"[94], tanto que mais de 90% (noventa por cento) dos processos criminais são encerrados por meio de confissões resultantes de acordos de *plea bargaining*, o que retrata a predominância do papel do membro do Ministério Público na resposta do Estado com relação à aplicação da pena.

A colaboração premiada, assim, nada mais é, nos Estados Unidos, do que o acordo realizado entre o *Prosecutor* e o acusado de compor organização criminosa (*conspiracy*), em que, dentre as concessões negociadas, está a de revelar os nomes de seus comparsas e a estrutura da organização. Stephen Trott cita vários casos em que a utilização do depoimento de um réu colaborador foi crucial para o êxito do processo nos Estados Unidos:

> Jimmy, o Doninha Frattiano, pode ser usado para derrubar a Máfia da Costa Oeste; Sammy, o Touro Gravano, para remover o chefe John Gott; e Michael Fortier para proporcionar um depoimento destruidor e explosivo para Timothy McVeigh no caso da bomba no Prédio Federal em Oklahoma.[95]

---

93 MA, Yue. A discricionariedade do Promotor de Justiça e a transação penal nos Estados Unidos, França, Alemanha e Itália: uma perspectiva comparada. Tradução: Adauto Villela. Revisão e Adaptação: Bruno Amaral Machado. **MODELOS DE MINISTÉRIO PÚBLICO**. Revista do CNMP, nº 1. Brasília, CNMP. 2011. P. 196.

94 MA, Yue. Op. cit. P. 193.

95 TROTT, Stephen. O uso de um criminoso como testemunha: um problema especial. Tradução: Sergio Fernando Moro. **Revista CEJ**. Centro de Estudos Judiciários do Conselho da Justiça Federal. V. 11, n. 37, abr/jun 2007. P. 69

Stephen Trott cita, ainda, o caso do Promotor Vincent Bugliosi, do caso Tate-LaBianca, que "usou destramente membros da Família Manson para derrubar seu confiante líder, o próprio Charles Manson[96]. Lembra, também, o referido autor, que "Até mesmo o Presidente Nixon foi retirado do mais elevado posto da nação com a ajuda do depoimento de seus mais próximos confidentes".[97]

Para Trott, "A lista de sucessos é comprida e impressionante", citando inclusive precedente da Suprema Corte americana, em *Kastigar v. United States,* que decidiu que as leis que preveem imunidade aos colaboradores "refletem a importância da prova testemunhal e o fato de que muitos crimes são do tipo de que as únicas pessoas aptas a dar depoimentos úteis são aquelas nele implicadas".[98]

Nesse mesmo sentido decidiu o juiz federal Learned Hand, em *United States v. Dennis:*

> As cortes tem apoiado o uso de informantes desde tempos imemoriais; em casos de conspiração ou em casos nos quais o crime consiste em preparar para outro crime, é usualmente necessário confiar neles ou em cúmplices porque os criminosos irão quase certamente agir às escondidas.[99]

A negociação entre acusador e acusado em troca de mútuos benefícios foi registrada, por exemplo, quando o mafioso Charles "Lucky" Luciano, preso em Nova York e condenado a quarenta anos de prisão, aceitou colaborar com o serviço secreto americano durante a segunda guerra mundial. Segundo David Southwell, "Um acordo firmado entre o líder da gangue americana de origem siciliana "Lucky" Luciano e os militares dos EUA viu a máfia ajudar na invasão aliada da Sicília em 1943".[100] Os soldados da *Cosa*

96 TROTT, Stephen. Op. cit. P. 69

97 TROTT, Stephen. Op. cit. P. 69

98 TROTT, Stephen. Op. cit. 69.

99 TROTT, Stephen. Op. cit. P. 74.

100 SOUTHWELL, David. **A história do crime organizado.** Tradução: Ciro Mioranza. São Paulo: Escala, 2013. P. 34/36.

Nostra guiaram as tropas acenando lenços em que estava marcada a letra "L", que para os soldados americanos significava "liberdade" (*Liberty*) mas, no fundo, o "L" era de "Lucky Luciano"[101].

Foi através da colaboração premiada do mafioso Joe Valachi, na década de cinquenta, que se pôde descobrir a estrutura e os nomes dos membros das "Cinco Famílias" da Máfia de Nova Iorque. No caso "Apalachin", quase 100 (cem) membros da Máfia americana se reuniram no citado local, ao norte de Nova Iorque, em 1957, e foram flagrados pela polícia do Estado, 58 (cinquenta e oito) foram presos e colaboraram: "Os homens capturados declinaram quem era quem da máfia, incluindo expoentes como Joe Profaci, Vito Genovese, Santo Trafficante Jr. e Carlo Gambino."[102] No cinema, a história do colaborador de Justiça e ex-mafioso Henry Hill foi mostrada no filme de Martin Scorsese intitulado "Os bons companheiros" (*The Goodfellas*).

A colaboração premiada nos Estados Unidos é uma das técnicas mais eficazes de combate ao crime organizado, muito em razão do êxito do seu Programa de Proteção a Vítimas e Testemunhas (*Witsec*). Referido país não só tem o melhor e mais eficiente programa de proteção a testemunhas do mundo, mas foi o primeiro país a criar um programa oficial desse gênero.[103] Segundo José Braz da Silveira:

> O Serviço Marshall foi criado nos Estados Unidos, em 1789, visando reforçar as Leis Federais, proteger Juízes Federais, Jurados e, em determinadas ocasiões, também o Presidente da República, até a criação do serviço secreto com essa finalidade específica. Em 1970, entretanto, o Congresso dos Estados Unidos aprovou a chamada Lei do Crime Organizado, dando missão específica ao Marshall, criando o Programa de Segurança da Testemunha ou simplesmente Programa Witsec que passou a

101 MAIEROVITCH, Wálter Fanganiello. Op. cit. P. 13/14.

102 SOUTHWELL, David. Op. cit. P. 51.

103 SILVEIRA, José Braz da. **Proteção à testemunha e o crime organizado no Brasil.** Curitiba: Juruá, 2010. P. 31.

operar em 1971. Adota até hoje o lema "Testemunho: Proteção para o Resto da Vida.[104]

Analisada a colaboração premiada nos Estados Unidos da América, cumpre investigar como a Itália, país de tradição jurídica diversa, adotou o instituto. É o que se verá a seguir.

1.3.2 Colaboração Premiada na Itália: o *"Pentitismo"* e os *"Collaboratori di Giustizia"*

O uso da colaboração premiada nos Estados Unidos da América é, sem sombra de dúvidas, uma das técnicas exitosas de combate ao crime organizado, e certamente serviu de inspiração ao Magistrado italiano Giovanni Falcone quando, na década de oitenta, anteviu a possibilidade de extrair de Tommaso Buscetta os segredos da Máfia Siciliana.

De fato, Falcone defendia arduamente o uso da colaboração premiada na Itália, como bem anota Walter Fanganiello Maierovitch, lembrando que referido magistrado:

> Frisou não bastar a previsão legal do instituto do pentimento[105], mas garantir, até com a remoção para outro país, a vida e a subsistência do delator arrependido. Em abono à tese da premiação ao arrependido, invocou o secular ensinamento do jurista alemão Ihering: 'como dizia Ihering, um dia os juristas tornarão a ocupar-se do direito premial e o farão quando pressionados pela necessidade prática..., não tanto no interesse do aspirante ao prêmio, mas no superior interesse da coletividade.[106]

---

104 SILVEIRA, José Braz da. Op. cit. P. 32.

105 "Arrependimento", como forma de colaboração premiada do criminoso arrependido. A expressão surgiu da imprensa, ao cobrir o fenômeno das sucessivas colaborações premiadas na Itália.

106 MAIEROVITCH, Walter Fanganiello. A matriz terrorista do crime organizado. **Justiça Penal, críticas e sugestões. O crime organizado (Itália e Brasil): a modernização da lei penal**. Coordenador: Jaques de Camargo Penteado. São Paulo: Editora Revista dos Tribunais, 1995. P. 95/96.

Mesmo sem a previsão expressa do instituto do *plea bargaining* anglo-saxão no direito italiano, há registros de arrependidos na máfia, ainda que antes da década de oitenta. Em 1911 um membro da Camorra quebrou o código de silêncio e delatou os comparsas investigados por um homicídio, o que ensejou o "processo contra os Camorristas", quando 35 (trinta e cinco) importantes membros da organização foram presos e condenados.

Todavia, o processo penal italiano, além de não tipificar, à época, especificamente o crime de associação mafiosa, não trazia a figura da colaboração premiada (*pattegiamento*) como incentivo à quebra da *omertà*. A impossibilidade de realização de acordos vantajosos para a defesa não estimulava mafiosos presos a delatar seus chefes e delitos, de modo que não se combatiam, efetivamente, as organizações criminosas na Itália. Ousasse algum ex-membro de organização criminosa falar, além de correr risco de vida - ele e seus familiares - obtinha apenas a simples atenuante da confissão, sem qualquer garantia de proteção efetiva do Estado, eis que sequer um Programa de Proteção a Vítimas e Testemunhas existia.

Sem técnicas especiais de investigação por parte do Estado, o crime organizado floresceu na Itália no século XX. Com efeito, após a Segunda Guerra Mundial as máfias italianas viveram clara ascensão, mormente após a suposta aliança da Máfia da Sicília com representantes do Partido Democrata Cristão, o mais importante partido da Itália nas quatro décadas seguintes à grande guerra. Há quem diga que a 'Ndrangheta Calabresa também se aliou ao partido e, "com sua ajuda a 'Ndrangheta roubou milhões de dólares de projetos do governo e conseguiu assumir o controle da maior parte do trabalho de construção da região".[107]

Também há registros de que a Camorra napolitana utilizou-se do braço governamental para cometer crimes: "A Camorra usou milhões de dólares de fundos governamentais roubados, destina-

107 SOUTHWELL, David. **A história do crime organizado.** Tradução: Ciro Mioranza. São Paulo: Escala, 2013. P. 17.

dos a reconstruir Nápoles após o terremoto da Irpínia, em 1980, para investir pesadamente em empresas legítimas em toda Europa".[108]

Contudo, até o início dos anos oitenta, malgrado algumas investigações e processos pontuais contra membros de organizações criminosas na Itália, o certo é que nem sequer se admitia oficialmente a existência da Máfia na Sicília ou de qualquer organização criminosa no país. Ninguém "de dentro" falava e ninguém de fora investigava com profundidade; se investigava, era assassinado.

Foi com a colaboração premiada de Tommaso Buscetta, na década de oitenta, que tudo veio à tona. Segundo David Southwell:

> Até a década de 1980 e a quebra do código de *omertà* por Tommaso Buscetta, a posição oficial do Ministério do Interior e de outras autoridades italianas responsáveis pelo combate ao crime organizado era de que não havia tal coisa como uma "máfia italiana".[109]

Sem dúvidas essa negação oficial permitiu que as organizações criminosas atuassem na Itália sem maiores perturbações desde a perseguição contra eles, durante a Segunda Guerra Mundial, por parte de Mussolini.[110]

É certo que a colaboração premiada de Tommaso Buscetta foi possível em razão de alguma previsão legislativa. Os atentados terroristas ocorridos na Itália na década de 1960 estimularam a elaboração de leis prevendo prêmios a réus colaboradores, a

---

108 SOUTHWELL, David. Op. cit. P. 16/17.

109 SOUTHWELL, David. Op. cit. P. 29.

110 De fato, Benito Mussolini declarou guerra contra a Máfia Siciliana, referindo que tinha "o poder para resolver o problema do Mezzogiorno (sul da Itália)" e para tanto nomeou Cesare Mori como Prefeito de Palermo, que ficou conhecido como "Prefeito de Ferro", tendo iniciado uma série de prisões em massa para combater os criminosos da cidade. Ele deixou a Sicília em 1929, com 11 (onze) mil homens presos e a afirmação de que havia erradicado dali o crime organizado. Com a guerra, porém, a Máfia encontrou, na desorganização e escassez, terreno fértil para renascer. A propósito, ver SMITH, Jo Durden. Op. cit. P. 131/135.

partir do consenso de que ouvir alguém "de dentro" da organização criminosa seria a melhor forma de obter provas contra ela. A primeira norma a tratar do assunto foi a Lei nº 497/1974, que estabeleceu uma atenuante ao partícipe do crime de extorsão mediante sequestro que auxiliasse a vítima a fugir sem o pagamento do resgate.

Em seguida, adveio o Decreto-lei nº 625/1979, convertido posteriormente na Lei nº 15/1980 (*Legge Cossiga*), que estabeleceu a possibilidade de colaboração premiada para os crimes de terrorismo e eversão da ordem democrática. Os benefícios consistiam na substituição da prisão perpétua pela reclusão de 12 (doze) a 20 (vinte) anos e a possibilidade de diminuição das demais penas de um terço à metade.[111]

A Lei nº 689/1981, por seu turno, previu a figura da *"Applicazione della pena su richiesta delle parti"* (uma espécie de aplicação direta de pena a partir de um acordo entre as partes). Em 1982 surgiu a Lei nº 304, que aumentou o *quantum* das atenuantes ao *collaboratore* (colaborador), além de beneficiar também a mera dissociação da organização criminosa[112] (confissão e declaração do afastamento do grupo, casos em que o réu era considerado "dissociado").[113]

---

111 BITTAR, Walter Barbosa. Delação Premiada no Brasil e na Itália: Uma análise comparativa. **Revista Brasileira de Ciências Criminais.** Vol. 88/2011. P. 225-269. Jan-Fev/2011. DTR/2011/1098. P. 229.

112 BITTAR, Walter Barbosa. Op. cit. P. 229. Posteriormente, em 1987, adveio a Lei nº 34, de 18 de fevereiro, que redefiniu a "dissociação", sempre em busca da recuperação dos jovens envolvidos no terrorismo relacionado à luta política.

113 Segundo Ada Pellegrini Grinover, o "dissociado" é o coautor nos casos de terrorismo "que, antes da sentença condenatória, se empenha com eficácia para elidir ou diminuir as consequências danosas ou perigosas do crime ou para impedir a prática de crimes conexos e confessa todos os crimes cometidos: obtém como benefício a diminuição especial da pena de um terço (não podendo superar os quinze anos) e substituição da pena de prisão perpétua pela de reclusão de quinze a vinte e um anos". GRINOVER, Ada Pellegrini. O crime organizado no sistema italiano. **Revista Brasileira de Ciências Criminais.** Vol. 12/1995. P. 76/86. Out – Dez /1995. P. 78.

Além das leis prevendo benefícios a réus colaboradores, o panorama de combate ao crime organizado na Itália ganhou, em 1982, a lei conhecida como "*Rognoni-La Torre*", que tipificou o crime específico de associação mafiosa[114]. Pela primeira vez a lei falava expressamente em "Máfia". A tipificação trazida pela Lei "*Rognoni-La Torre*", aliada a novas técnicas de investigação e a previsão da colaboração premiada e, por que não dizer, à vontade individual e ao talento do magistrado Giovanni Falcone e de seu amigo de infância e colega Paolo Borsellino, permitiram o início de uma investigação concreta contra a Máfia siciliana.

Segundo Cawthorne:

> A lei antimáfia foi motivo para otimismo para dois magistrados. Giovanni Falcone e Paolo Borsellino haviam nascido em Palermo e trabalhado nos redutos da Máfia de Monreale, Agrigento e Trapani antes de serem transferidos de volta à sua cidade natal. Lá, Falcone assumiu um cargo na seção de falência, na qual se tornou especialista em contabilidade forense.[115]

Alessandra Dino, em abordagem sobre o trabalho de Giovanni Falcone e Paolo Borsellino, explica que:

> Os magistrados – graças às novas técnicas de investigação bancária e às novas modalidades criminais introduzidas em setembro de 1982 pela lei conhecida como Rognoni-La Torre – finalmente têm condições de reconstruir a rede de conexões e de associações que envolvem centenas de afiliados e de adeptos, responsabilizados por condutas penalmente relevantes que vão

114 Associação formada por três ou mais pessoas em que os que a integram se valem da força de intimidação do vínculo associativo e da condição de sujeição e silêncio que dela deriva para cometer crimes, para adquirir de modo direto ou indireto a gestão ou o controle de atividades econômicas, de concessões, autorizações, empreitadas e serviços públicos, ou para auferir proveitos ou vantagens justas para si ou para outrem, conforme GRINOVER, Ada Pellegrini. Op. cit. P. 81.

115 CAWTHORNE, Nigel. Op. cit. P. 229.

> da simples associação mafiosa ao homicídio, à lavagem de dinheiro, ao narcotráfico e assim por diante.[116]

A figura do "magistrado incorruptível" associada a Giovanni Falcone certamente inspirou gerações de policiais, membros do Ministério Público e Juízes a combater a corrupção e o crime organizado, não só na Itália como no mundo todo. Afinal, "a bravura de certos indivíduos tem sido muitas vezes tudo o que tem protegido a sociedade contra a crescente onda de criminalidade".[117]

De fato, a confiança que especialmente Giovanni Falcone inspirava, por suas seriedade e correição, permitiu a colaboração premiada de Tommaso Buscetta. Ambos eram sicilianos, falavam o mesmo dialeto, sabiam o que era, realmente, conviver com a Máfia, ainda que em lados diametralmente opostos.

Segundo Jo Durden Smith:

> Falcone era um homem sério; Buscetta também. Quando finalmente se encontraram no presídio de Rebibia, em Roma, devem ter-se reconhecido. Buscetta começou a falar e continuou falando durante quase dois meses – e o que disse abalaria a Máfia até os alicerces, nos dois lados do Atlântico.[118]

O que Tommaso Buscetta falou abalou, de fato, os dois lados do Atlântico. Ele, que era conhecido como "o senhor de dois mundos", era o representante da Máfia Siciliana na América, e o conteúdo de sua colaboração premiada serviu tanto ao "maxiprocesso" de Palermo, na Sicília, como à ação que combateu à Máfia em Nova York.

Não restam dúvidas de que a colaboração premiada do *pentito* Tommaso Buscetta foi de extrema importância, tanto por ter sido o primeiro membro da Máfia Siciliana a confessar espontane-

---

116 DINO, Alessandra. **Os últimos chefões: investigação sobre o governo da Cosa Nostra**. São Paulo: Editora Unesp, 2013. P. 67.

117 SOUTHWELL, David. Op. cit. P. 247.

118 SMITH, Jo Durden. SMITH, Jo Durden. **A História da Máfia**. Tradução: Beatriz Medina. São Paulo: M. Books do Brasil Editora, 2015. P. 162.

amente, como por ter exposto todas as estruturas da *Cosa Nostra* na Itália e na América. A cooperação iniciada por Falcone com as autoridades americanas possibilitou a proteção de Buscetta nos Estados Unidos, tendo seu depoimento ocasionado inúmeras prisões de chefes mafiosos em Nova York e na Sicília.[119]

Por tudo isso, foi a partir da colaboração premiada de Tommaso Buscetta, seguida de outros colaboradores, que a Máfia Siciliana começou a ser reconhecida e combatida. Segundo Alessandra Dino:

> As declarações dos primeiros colaboradores de justiça começam a elucidar o universo mafioso, contribuindo para revelar suas tramas mais ocultas e os protagonistas que até aquele momento haviam permanecido nas sombras. A diligência do Estado parece despertar de repente em Palermo, Nápoles, Messina, Agrigento, assim como em Milão, Gênova e Turim; as prisões por associação mafiosa atingem não só o proletariado criminoso, mas também os setores da classe dirigente e do mundo profissional, até quase tocar os palácios da política e das instituições.[120]

As investigações de Giovanni Falcone deram ensejo ao famoso "maxiprocesso" de Palermo, Sicília, em que mais de 400 (quatrocentas) pessoas foram acusadas[121]:

> Em 10 de fevereiro de 1986, diante da 1ª Sessão do Tribunal Criminal de Palermo, presidida por Alfonso Giordano, começa

119 SMITH, Jo Durden. Op. cit. P. 21/22.

120 DINO, Alessandra. **Os últimos chefões: investigação sobre o governo da Cosa Nostra**. São Paulo: Editora Unesp, 2013. P. 67.

121 "Um tribunal subterrâneo especial do tamanho de um pequeno estádio desportivo foi construido perto da prisão de Ucciadorne, em Palermo. A fortaleza de concreto reforçado foi então cercada por arame farpado e protegida por 3 mil soldados e um tanque. Trinta celas, cada uma grande o bastante para abrigar 20 réus, foram montadas dentro dos muros da fortaleza e uma dúzia de mesas foi instalada para os advogados e as testemunhas. Observando todo o espetáculo havia uma galeria pública, onde mil espectadores se sentavam por trás de um vidro à prova de balas e assistiam aos procedimentos". CAWTHORNE, Nigel. Op. cit. P. 231/232.

> o processo de julgamento contra Giovanni Abbate + 474, que passará à história como o 'maxiprocesso' contra a Máfia.[122]

A denúncia do "maxiprocesso" contava com mais de oito mil páginas e incluía, além do depoimento de Tommaso Buscetta e farta documentação, "o depoimento de vários *pentiti*, entre eles um aliado e amigo íntimo de Tommaso Buscetta".[123] O "maxiprocesso" tornou usual, assim, a expressão "*pentitismo*", já existente desde a década de 1970, em razão dos dissociados do terrorismo, para definir o comportamento dos ex-mafiosos que decidiam por colaborar com as investigações, quebrando o pacto de silêncio e lealdade firmado com a entidade criminosa.

Salvatore Lupo afirma que:

> A novidade do maxiprocesso é que os mafiosos falam no tribunal: portanto estamos diante não de um progressivo embrutecimento do direito, como se vem afirmando, mas diante do ingresso no mecanismo da garantia processual de um fenômeno anteriormente deixado à relação pessoal e necessariamente ambígua entre mafioso e policial.[124]

Ou seja, mafiosos já falavam informalmente com a polícia, ainda que pela via de cartas anônimas ou em conversas *in off*, visando a prejudicar inimigos, mas o rompimento oficial da *omertà* ocorreu, de fato, com o depoimento de Tommaso Buscetta e outros *pentiti* no "maxiprocesso".

Pois bem. As posteriores condenações, nesse caso, somente foram possíveis em razão, principalmente, dos depoimentos dos colaboradores de justiça, cujos testemunhos foram confirmados pelas provas de corroboração (*corroborative evidence)*. Novamente Alessandra Dino esclarece:

---

122 DINO, Alessandra. Op. cit. P. 68.

123 SMITH, Jo Durden. Op. cit. P. 168.

124 LUPO, Salvatore. **História da Máfia: das origens aos nossos dias.** Tradução: Álvaro Lorencini. São Paulo: Unesp, 2002. P. 390/391.

> A reconstrução do organograma mafioso e a identificação dos papéis e funções atribuídos aos diversos níveis de comando de sua pirâmide hierárquica foram possíveis graças à contribuição dos colaboradores de justiça e alicerçadas pela abundante quantidade de investigações patrimoniais e bancárias. Surge naqueles dias aquilo que, na simplificação jornalística, será conhecido como o teorema Buscetta.[125]

Segundo Walter Barbosa Bittar,

> o resultado de alguns processos, entre eles o 'maxiprocesso' e a repetição de gravíssimos fatos sangrentos começam a fazer com que políticos acreditem que uma normatividade premial possa trazer benefícios, também, na luta contra o fenômeno mafioso.[126]

Desse modo, novas leis surgiram ampliando benefícios aos réus colaboradores, além das já existentes. Nesse contexto surgiu o "*Testo Unico sulla droga*", a Lei Antitóxicos italiana (DPR[127] nº 309/1990), que trouxe a previsão expressa de atenuantes para colaboradores envolvidos na produção e no tráfico ilícito de entorpecentes (parágrafo 7 do artigo 73) e no crime de associação para o tráfico ilícito de drogas (parágrafo 7 do artigo 74).

Após o assassinato do juiz Rosário Livatino[128] pela Máfia e a pressão dos magistrados sicilianos, adveio a Lei de Proteção a colaboradores e testemunhas (Decreto-Lei nº 8/1991, convertido na Lei nº 82, de 15 de março do mesmo ano), em muito influenciada por Giovanni Falcone, que sempre argumentava em favor da total proteção aos réus colaboradores, como ocorre nos Estados Unidos.

---

125 DINO, Alessandra. Op. cit. P. 58.

126 BITTAR, Walter Barbosa. BITTAR, Walter Barbosa. Delação Premiada no Brasil e na Itália: Uma análise comparativa. **Revista Brasileira de Ciências Criminais.** Vol. 88/2011. P. 225-269. Jan-Fev/2011. DTR/2011/1098. P. 230.

127 Decreto Del Presidente Della Repubblica.

128 A Igreja Católica encontra-se em processo de beatificação do juiz italiano Rosário Livatino. A propósito, ver o Discurso do Papa Francisco ao Conselho da Magistratura Italiana, em 17 de junho de 2014, em que exaltou as qualidades do magistrado.

Referida lei, pela primeira vez utilizou a expressão "*collaboratore di Giustizia*" (colaborador de Justiça), enquanto que as normas anteriores falavam apenas em "*collaboratore*". Na mesma época foi publicado o Decreto-Lei nº 152/1991, convertido na Lei nº 203/1991, que estabeleceu no artigo 8º mais benefícios para os réus colaboradores, além de prever aumento de pena para quem facilita a associação mafiosa ou se vale de sua condição intimidativa (art. 7º).[129]

Tudo isso aumentou o número de réus colaboradores protegidos pelo Programa de Proteção a vítimas e testemunhas, principalmente após a posterior Operação Mãos Limpas (*Mani Pulite*): "Os casos de admissão ao programa e às medidas especiais de proteção passam de 17 unidades, em 1992, a 98 unidades em 1993, aumentando ainda em 1994 (282 unidades) e em 1995 (397 unidades)".[130]

Os acordos de colaboração premiada incluíam também, ao menos em parte, a recuperação do produto do crime, como no caso do tesouro do *Capo* Salvatore Totó Riina, que foi encontrado graças à colaboração de seu joalheiro e ex-homem de honra, o *pentito* Francesco Geraci, tendo sido apreendidos, em 27 de setembro de 1996:

> Colares, brincos, uma dezena de relógios *Cartier* de ouro (um deles cravejado de diamantes, no valor de 80 milhões de liras), 1.500 dólares, 400 libras esterlinas de ouro, quatro medalhas comemorativas dos Mundiais de futebol de 1990, também de ouro, com gravações dos nomes dos quatro filhos, um grande crucifixo de ouro com mais de quinze incrustações de diamantes, libras, 5 quilos de ouro em lingotes e outros objetos preciosos, num valor total de mais de 2 bilhões de liras, à época.[131]

---

129 BITTAR, Walter Barbosa. Op. cit. P. 230.

130 DINO, Alessandra. **Os últimos chefões: investigação sobre o governo da Cosa Nostra**. São Paulo: Editora Unesp, 2013. P. 79.

131 DINO, Alessandra. Op. cit. P. 58.

No final de 1991 e início de 1992 duas normas fortaleceram os órgãos de investigação e acusação contra o crime organizado na Itália: o Decreto-Lei nº 345/1991, convertido na Lei nº 410/1991, que tratou da coordenação de atividades informativas e investigativas, criando o Conselho Geral para a luta contra o crime organizado; e o Decreto-Lei nº 367/1991, convertido na Lei nº 08/1992, que instituiu a chamada "Super Procuradoria" para a coordenação das investigações nos casos envolvendo crime organizado e a figura do "Procurador Nacional Anti-Máfia".[132]

Enquanto isso, a reprimenda aos que romperam a *omertà*, quando não foi executada de fato, foi tentada e planejada em diversos níveis. O caso mais famoso, como já dito, foi o seqüestro e assassinato da criança Giuseppe Di Matteo, filho de 11 (onze) anos do réu colaborador Mario Santo "Santino" Di Matteo, que, após quase 03 (três) anos em cativeiro, sem que o pai desse sinais de que iria se retratar do que disse em seu acordo de colaboração premiada, foi cruelmente assassinado.

No "maxiprocesso" foram idealizadas, pelos mafiosos, procrastinações processuais que visavam, de alguma forma, soltar os réus presos e atrasar suas condenações. Quando os advogados não obtiveram êxito, os mafiosos iniciaram um plano de assassinar um dos advogados como forma de recado:

> Da cúpula da *Cosa Nostra*, portanto, parte a proposta de assassinar um ou dois entre aqueles mais destacadamente envolvidos no processo, para dar uma advertência clara e inequívoca ao foro de Palermo como um todo. O projeto, no entanto, é abandonado, pois – como contam os colaboradores – não se estabeleceu um acordo quanto ao profissional a ser assassinado, já que cada um se opunha à supressão de seu próprio advogado por temer prejudicar ainda mais sua posição no processo, acabando

132 GRINOVER, Ada Pellegrini. GRINOVER, Ada Pellegrini. O crime organizado no sistema italiano. **Revista Brasileira de Ciências Criminais.** Vol. 12/1995. P. 76/86. Out – Dez /1995. P. 82.

por propor a eliminação do defensor de outros, suscitando assim análogas reações em cadeia.[133]

Enfim, em 16 de setembro de 1987 foi proferida pelo Tribunal Criminal de Palermo, presidida pelo juiz Alfonso Giordano, a histórica sentença do "maxiprocesso", por meio da qual o Poder Judiciário reconheceu oficialmente, pela primeira vez, a organização criminosa *Cosa Nostra* na Sicília, com toda a sua estrutura hierárquica.

Os acordos de colaboração premiada foram considerados legítimos, como bem lembra Alessandra Dino:

> É plenamente confirmada a contribuição fornecida pelos colaboradores de justiça e é sancionada a plena aplicabilidade da Lei Rognoni-La Torre e do artigo 416-bis. Um substancial equilíbrio das penas impostas (338 condenações, 19 prisões pertétuas, 2.665 anos e 6 meses de reclusão, 114 absolvições) confirma também que as declarações dos colaboradores foram utilizadas apenas quando plenamente confirmadas pelos resultados das investigações judiciárias.[134]

O maior recado dado pela Máfia Siciliana às autoridades, em reprimenda ao "maxiprocesso", foram os assassinatos, por meio de explosão de bombas, de Giovanni Falcone, em 23 de maio de 1992, e de Paolo Borsellino, em 19 de julho do mesmo ano, ambos em Palermo. Não morreram, porém, sem antes ver a semente plantada: o início da Operação Mãos Limpas (*Mani Pulite*).[135]

---

133 DINO, Alessandra. Op. cit. P. 69/70.

134 DINO, Alessandra. Op. cit. P. 75.

135 Em verdade, Giovanni Falcone, já trabalhando no Ministério da Justiça em Roma, chegou a auxiliar os colegas da Mãos Limpas, poucos dias antes de ser assassinado: "Para reconstruir o percurso das propinas no exterior, em 15 de maio o *pool* de Milão envia à procuradora de Canton Ticino, Carla Del Ponte, uma lista de 42 nomes para verificar se existem contas deles nos bancos suíços (...). É a primeira carta rogatória da Mãos Limpas ao exterior. E está incompleta: Giovanni Falcone, que se uniu ao Ministério da Justiça como diretor geral de Assuntos Criminais, ajudará os colegas de Milão a aperfeiçoar a técnica. Falcone e Di Pietro falam-se e encontram-

Com efeito, em 17 de fevereiro de 1992 teve início, na Itália, a chamada Operação Mãos Limpas, com a prisão em flagrante por crime de corrupção de Mario Chiesa, político do Partido Socialista Italiano e Presidente do Asilo Pio Alberto Trivulzio, em Milão. Ele havia cobrado 10% (dez por cento) do valor do contrato de renovação de prestação de serviços de uma pequena empresa de limpeza industrial, cujo proprietário se chamava Luca Magni.

Tal empresário, cansado da extorsão, procurou o então Procurador da República Antonio Di Pietro. Conseguiu-se, assim, prender Mario Chiesa em flagrante na ocasião em que recebia o dinheiro. Ele pediu para ir ao banheiro tentando livrar-se de mais cédulas que portava, fruto da propina cobrada momentos antes de outro empresário, entupindo o vaso e reforçando o forte acervo probatório contra si.[136]

Abandonado pelo Partido Socialista, uma vez que seu líder, Bettino Craxi, concedeu entrevista chamando-o de "*mariuolo*" (expressão que significa algo como "ladrãozinho sem importância"), Mario Chiesa decidiu, com o apoio de seu advogado, Nerio Diodá, entrar em contato com o Procurador da República Antonio Di Pietro com a proposta de *pattegiamento* (acordo de colaboração premiada). Foram tantas informações fornecidas que a imprensa chamou Chiesa de "*il Pavarotti dei pentiti*" (o "Pavarotti dos arrependidos").[137]

-se." E, ainda: "Na verdade, os magistrados da Mãos Limpas tinham boas relações com Falcone. Colombo era seu amigo de longa data. Di Pietro o havia encontrado poucas semanas antes de sua morte para trocar informações sobre o sistema de propinas da Sicília (...)". BARBACETTO, Gianni; GOMEZ, Peter; TRAVAGLIO, Marco. **Operação Mãos Limpas: a verdade sobre a Operação italiana que inspirou a Lava Jato.** Porto Alegre: CDG, 2016. P. 51 e 69.

136 GUIMARÃES, Rodrigo Régnier Chemim. **Déjà vu: diálogos possíveis entre a Operação "Mãos Limpas" italiana e a realidade brasileira**. Disponível em http://www.mpf.mp.br/regiao3/sala-de-imprensa/docs/2016/artigo-rodrigochemim-maoslimpaserealidadebrasileira.pdf Acesso em 05/07/2016.

137 GUIMARÃES, Rodrigo Régnier Chemim. Op. cit. Acesso em 05/07/2016.

Nesse ponto, fundamental perceber que foram os investigados Tommaso Buscetta e Mario Chiesa que procuraram, respectivamente, Falcone e Di Pietro, e não o contrário. Em nenhum momento as autoridades forçaram os acordos, que partiram das defesas, após a ponderação dos custos e benefícios de tal atitude.

Essa colaboração de Mario Chiesa desatou um novelo de fatos e, em consequência, novos atingidos e novas colaborações, de maneira que o que parecia de início ser um pequeno caso isolado de corrupção num abrigo de idosos revelou-se um enorme esquema de corrupção envolvendo os dois maiores partidos da Itália: Democrata-Cristão e Socialista, e espraiando-se ainda pelos demais partidos (Sociais Democratas, Liberais e Republicanos).

Como ensina José Luiz Del Roio,

> As confissões de Chiesa se revelam um fio que, sendo puxado, desmonta todo um tecido. Um encarceramento leva a outros. A cidade[138] vive dias surrealistas, quando pelas manhãs, bem cedo, ouvem-se sirenes dos carros policiais que se dirigem aos melhores quarteirões, e toda a população fica diante da televisão ou escuta nos radinhos os boletins da guerra.[139]

Formada a Força-Tarefa *Mani Pulite*[140], o *pool* de Procuradores integrado pelo Procurador-Geral Francesco Saverio Borrelli, seu vice, Gerardo D´Ambrosio e os Procuradores da República Antonio Di Pietro, Gherardo Colombo e Piercamillo Davigo, atuou firmemente, com maciço apoio da população, no combate

---

138 Milão.

139 DEL ROIO, José Luiz. DEL ROIO, José Luiz. **Itália: Operação Mãos Limpas. E no Brasil: quando?** São Paulo: Ícone, 1993. P. 80/81.

140 "A expressão "mãos limpas" (*mani pulite*), por sua vez, nasce no escritório de Di Pietro a partir das iniciais M e P (Mike e Papa), do alfabeto internacional (também usado pelos militares)com as quais o promotor (Papa) e o Capitão Zuliani (Mike) comunicam-se em código via rádio durante as primeiras operações, da prisão de Chiesa em diante." *In* BARBACETTO, Gianni; GOMEZ, Peter; TRAVAGLIO, Marco. **Operação Mãos Limpas: a verdade sobre a Operação italiana que inspirou a Lava Jato.** Porto Alegre: CDG, 2016. P. 39.

ao crime organizado ligado à corrupção na Itália.

O sucesso inicial da Operação Mãos Limpas se deve, sem sombra de dúvidas, aos inúmeros acordos de colaboração premiada ali firmados:

> Seguem-se vereadores, secretários municipais e regionais: médios, grandes e enormes empresários privados, dirigentes de empresas municipais e estatais. (...) E todos falam, alguns imediatamente, outros depois de semanas, mas falam.[141]

As colaborações, corroboradas por provas documentais e testemunhais, fazem com que a Operação atinja muitas outras cidades italianas:

> A tempestade transborda os limites milaneses e devasta toda a Lombardia. Investe as médias e pequenas cidades; governos municipais são encarcerados em bloco. O sistema de *tangentopoli* demonstra-se um fenômeno muito mais enraizado e capilar do que poderia imaginar o mais ardoroso opositor.[142]

As novas provas decorrentes das colaborações alcançam finalmente toda a Itália: "A tempestade se transforma em vendaval e castiga dos Alpes à Sicília. As comunicações judiciais passam de centenas a milhares".[143] Tanto políticos como empresários foram tendo suas prisões preventivas decretadas e, diante do enorme número de provas, decidiram colaborar com a Justiça, como o maior construtor da Itália, Salvatore Ligreste, ou Silvano Larini, homem de confiança do Primeiro-Ministro Bettino Craxi.

Quanto a Craxi, investigado, após confessar nacionalmente que o esquema de financiamento ilícito de partidos de fato existia e que todos estavam envolvidos (*"se così fan tutti, salviamo tutti"*, ou seja, "se assim fazem todos, salvemo-nos todos"), fugiu para a Tunísia onde faleceu em 19 de janeiro de 2000, não antes de ser

141 DEL ROIO, José Luiz. Op. cit. P. 81.

142 DEL ROIO, José Luiz. Op. cit. P. 82.

143 DEL ROIO, José Luiz. Op. cit. P. 83.

condenado, à revelia, a 25 (vinte e cinco) anos de reclusão, pela prática de corrupção[144].

Inobstante o imenso apoio popular, as reações de alguns setores contra a Operação Mãos Limpas foram imediatas. Poucas não foram as críticas de advogados e investigados à intensidade com que trabalhavam os Procuradores, que logo sofreram insinuações de que atuavam com motivações políticas, tendo sido alvo de inúmeras ofensas pessoais e até ameaças de morte. Foi essa, inclusive, a estratégia usada por Bettino Craxi em sua cruzada contra a *Mani Pulite:* "Começou a dizer que possuía um dossiê contra os Procuradores da República que o investigavam e informava que quando ele viesse a público 'contará horrores'".[145]

Advogados e investigados reclamavam de supostos excessos nas decretações de prisões preventivas, bem como que seu objetivo era forçar as confissões. Com efeito, setores da imprensa e da política diziam que os réus eram presos para confessar. Tal afirmação era rebatida a partir da constatação de que muitos investigados soltos, "temerosos de que pudessem ser os próximos a sofrer mandados de prisão cautelar, acabaram se apresentando espontaneamente aos investigadores para depor e delatar outros casos".[146] Foi o que ocorreu com o já citado Silvano Larini, bem como dos empresários Cesare Romitti (da Fiat), Calisto Tanzi (da Parmalat), De Benedetti (da Olivetti), dentre inúmeros outros.

Como disse o Procurador Gherardo Colombo:

> As confissões ocorriam ou porque a pessoa submetida à investigação já havia se decidido por sua conta de fazê-las, ou por respeito ao princípio de não contradição, por exigência de respeitar

---

144 SMITH, Jo Durden. SMITH, Jo Durden. **A História da Máfia**. Tradução: Beatriz Medina. São Paulo: M. Books do Brasil Editora, 2015. P. 186.

145 GUIMARÃES, Rodrigo Régnier Chemim. Op. cit. Acesso em 05/07/2016.

146 GUIMARÃES, Rodrigo Régnier Chemim. **Déjà vu: diálogos possíveis entre a Operação "Mãos Limpas" italiana e a realidade brasileira**. Disponível em http://www.mpf.mp.br/regiao3/sala-de-imprensa/docs/2016/artigo-rodrigochemim-maoslimpaserealidadebrasileira.pdf. Acesso em 05/07/2016.

a lógica: diante de tantas evidências não poderiam fazer outra coisa senão confessar.[147]

O apoio da população, com o tempo, foi diminuindo, em razão, certamente, dos 31 (trinta e um) suicídios, dentro de dois anos, ocorridos entre os investigados. Apesar de apenas um investigado ter cometido suicídio na prisão, estando os demais soltos quando ceifaram suas vidas, a tese de que as prisões eram usadas para obter confissões, reforçada por setores da imprensa, ganhou campo. O fato é que as mortes chocaram a população e, de alguma forma, diminuíram o entusiasmo dos cidadãos a favor da ação dos Procuradores.

A esse respeito ensina a professora Ada Pellegrini Grinover que:

> A *Operazione Mani Pulite*, encabeçada pelo Ministério Público, foi, de início, incondicionalmente aplaudida pela população italiana, ansiosa por ver presos e punidos os corruptos. Com o tempo, porém, o entusiasmo da sociedade foi abrindo espaço para as críticas aos métodos do Ministério Público e dos juízes das *indagini preliminari*, sobretudo pelos exageros apontados nos encarceramentos preventivos, tanto que a operação passou a ser apelidada pela imprensa de "operação algemas fáceis", sobretudo após a ocorrência de diversos suicídios de pessoas objeto de investigação, na prisão ou fora dela.[148]

A reação mais concreta contra a Operação Mãos Limpas veio com as leis. Em 05 de março de 1993 foi publicado o "*Decreto Conso*"[149], que despenalizava o crime de financiamento ilícito dos partidos, bem como introduzia novamente a exigência de sigilo das investigações, que havia sido abolida pelo Código de Processo Penal de 1988.

---

147 GUIMARÃES, Rodrigo Régnier Chemim. Op. cit. Acesso em 05/07/2016.

148 GRINOVER, Ada Pellegrini. GRINOVER, Ada Pellegrini. O crime organizado no sistema italiano. **Revista Brasileira de Ciências Criminais.** Vol. 12/1995. P. 76/86. Out – Dez /1995. P. 84.

149 Levou esse nome por ter sido proposto pelo então Ministro da Justiça Giovanni Conso.

Em 13 de julho de 1994 – dia da semifinal da Copa do Mundo, com Itália e Bulgária na disputa, ou seja, pouca ou nenhuma atenção por parte dos cidadãos ao que ocorria no Executivo – foi aprovado o "*Decreto Biondi*"[150], conhecido como "*Salvaladri*" ("salva ladrões"), por proibir a prisão preventiva para crimes contra a Administração Pública e Sistema Financeiro, admitindo-se apenas a prisão domiciliar. A reação contrária da população foi tanta que o Parlamento não aprovou o Decreto.[151]

Outras leis vieram: a Lei nº 267/1997 ocasionou a nulidade de provas colhidas unilateralmente nas investigações Ministeriais, gerando a prescrição em vários processos da Operação Mãos Limpas; a Lei nº 234/1997 atenuou o crime de abuso de ofício, exigindo a comprovação de um elemento subjetivo específico.

O ano de 2001 trouxe muitas reformas legislativas que repercutiram no êxito dos resultados da Operação Mãos Limpas, bem como no tema da colaboração premiada. A Lei nº 367/2001 previu a anulação de todas as provas obtidas mediante rogatórias, exigindo a intermediação do Ministério da Justiça. Foi ainda revogada, em 2001, a norma que tipificava o crime de contabilidade falsa (*falso in bilancio*).

Além disso, a Lei nº 45/2001 impôs um prazo de 180 (cento e oitenta) dias para a finalização do acordo de colaboração premiada, contado a partir do instante em que o investigado/réu manifestasse a vontade de colaborar, proibindo tal lei, ainda, que dois colaboradores de justiça que acusassem uma mesma pessoa tivessem o mesmo advogado.

A Lei nº 63/2001 previu a utilização apenas indireta da declaração prestada pelo colaborador antes da instrução processual,

150 De autoria do Ministro da Justiça Alfredo Biondi.

151 Veja-se, a propósito, o excelente relato da reação legislativa à Operação Mãos Limpas no artigo de GUIMARÃES, Rodrigo Régnier Chemim. ***Déjà vu*: diálogos possíveis entre a Operação "Mãos Limpas" italiana e a realidade brasileira.** Disponível em http://www.mpf.mp.br/regiao3/sala-de-imprensa/docs/2016/artigo-rodrigochemim-maoslimpaserealidadebrasileira.pdf Acesso em 05/07/2016.

sendo ele obrigado a responder a todas as perguntas, sem o direito ao silêncio, para que se confirmasse a prova colhida sem contraditório, anteriormente, no chamado *verballe ilustrativo.*[152]

A atuação legislativa não parou por aí: a Lei nº 140, de 2003, determinou a suspensão de todos os processos contra Presidentes da República e outras autoridades. Em 2005 veio a previsão de prescrição etária e prisão domiciliar para maiores de 70 anos, norma que ficou conhecida como *"Legge salvacorrotti"* (Lei "salva corruptos"). A Lei nº 46/2006 ("*Lei Pecorella*")[153] proibiu a interposição de recursos do Ministério Público contra decisões de primeiro grau que absolvessem ou decretassem a prescrição. No mesmo ano de 2006 veio o "*Indulto Mastella*", prevendo o desconto de 03 (três) anos na pena de quem houvesse praticado crimes (inclusive contra a Administração Pública) antes de 02 de maio de 2006.

Em 2008 foi aprovada a Lei nº 124, mais uma vez suspendendo todos os processos contra o Presidente da República e outras autoridades. Foi aprovada, ainda, a Lei nº 51, de 10 de março de 2010, que dispensava o comparecimento a atos processuais, o que gerou atrasos em processos criminais. Por fim, em 2014 adveio a Lei nº 67, de 24 de dezembro de 2014, que despenalizou os crimes de sonegação fiscal.[154]

O saldo da Operação *Mani Pulite*, além da investigação de mais de 6.000 (seis mil) pessoas, com a prisão de 2.993 (duas mil, novecentos e noventa e três), foi a constatação da corrupção endêmica em toda a Itália. Nas palavras do Procurador Gerardo D'Ambrosio:

---

152 Além disso, conforme Rodrigo Régnier Chemim Guimarães, em 2001 a Itália foi o único país a votar contra o Mandado de Prisão Europeu (*mandatto de cattura europeo*), que somente foi acatado pelo país em 2005. Ver GUIMARÃES, Rodrigo Régnier Chemim. Op. cit. Acesso em 05/07/2016.

153 Em alusão ao advogado de Silvio Berlusconi, Gaetano Pecorella.

154 GUIMARÃES, Rodrigo Régnier Chemim. Op. cit. Acesso em 05/07/2016.

> A magistratura fez o seu dever tirando a coberta da ilegalidade que sufocava o país. O cenário é nítido, D.C e P.S.I, os dois partidos da maioria de governo, financiavam-se através de mecanismos ilícitos, baseados na corrupção. Para ativar estes mecanismos tinham ocupado os postos-chave do poder, as estatais, os organismos públicos, aparatos burocráticos etc. Este sistema envolveu, por motivos diversos, também outros partidos, inclusive oposições. Os resultados são visíveis a todos; a economia e a democracia foram poluídas e colocadas em perigo.[155]

A colaboração premiada ainda é assunto que gera polêmica na Itália, conforme ensina Ada Pellegrini Grinover:

> Quanto à luta contra o terrorismo, certamente o estabelecimento de um direito premial, favorecendo os "arrependidos", os "dissociados" e os "colaboradores" foi extremamente útil para debelar o gravíssimo fenômeno da atividade terrorista e subversiva, que tantas vítimas fez na Itália. Houve, é certo, muitas críticas ao sistema que instituiu a delação premiada. Mas acabou estabelecendo-se o consenso em torno da necessidade de medidas extremas, que representavam a resposta a um estado de verdadeira guerra contra as instituições democráticas e à segurança dos cidadãos.[156]

Essas são as linhas gerais da colaboração premiada na Itália. Impende, em seguida, tratar do instituto no direito brasileiro.

155 DEL ROIO, José Luiz. DEL ROIO, José Luiz. **Itália: Operação Mãos Limpas. E no Brasil: quando?** São Paulo: Ícone, 1993. P. 89.

156 GRINOVER, Ada Pellegrini. O crime organizado no sistema italiano. **Revista Brasileira de Ciências Criminais.** Vol. 12/1995. P. 76/86. Out – Dez /1995. P. 84.

2
COLABORAÇÃO PREMIADA NO BRASIL

2.1 EVOLUÇÃO HISTÓRICA

Desde as Ordenações Filipinas há notícia de institutos de natureza premial no Brasil, como se vê do caso do Coronel Joaquim Silvério dos Reis, que recebeu da Coroa Portuguesa a anistia de suas dívidas por ter delatado seus companheiros na Inconfidência Mineira. Assim também, na época da ditadura militar, entre as décadas de setenta e oitenta, sabe-se que a delação dos opositores ao governo era estimulada. Todavia, a colaboração premiada objeto do presente trabalho somente se faz possível em países democráticos, nos quais há mecanismos eficientes de controle judicial e, sob esse ponto de vista, é possível dizer que é instituto recente no Brasil.

Incentivos legais ao arrependimento do agente sempre houve na nossa legislação penal, como por exemplo a atenuante da confissão espontânea, prevista no artigo 65, III, d, do Código Penal, bem como as figuras da desistência voluntária e arrependimento eficaz, conforme artigo 15 do mesmo diploma, além da causa geral de diminuição da pena prevista no artigo 16 também do Código Penal (arrependimento posterior).

Ocorre que, com o aumento da criminalidade praticada por organizações criminosas, a legislação brasileira, em compasso com os demais países democráticos, evoluiu da previsão da mera atenuante de pena decorrente da confissão espontânea, passando a premiar o coautor que colabore com as investigações.

Desse modo, há previsão de prêmios aos colaboradores nas Leis nºs 7.492/1986 (Lei do Colarinho Branco ou dos crimes contra o Sistema Financeiro, art. 25), 8.072/1990 (Lei dos Crimes Hediondos, art. 8º[1]), 8.137/1990 (Lei dos Crimes contra a Ordem Tributária, art. 16), 9.034/1995 (Primeira Lei do combate ao Crime Organizado, art. 6º), 9.613/1998 (Lei dos crimes de Lavagem de dinheiro, art. 1º, § 5º), 9.807/1999 (Lei de Proteção a Vítimas e Testemunhas, art. 13), 10.409/2002 (revogada Lei de Tóxicos, art. 32, § 2º), 11.343/2006 (atual Lei de Tóxicos, art. 41), 12.529/2011 (nova Lei Antitruste, art. 86), 12.846/2013 (Lei Anticorrupção, art. 16[2]) e, agora, na Lei nº 12.850/2013 (nova Lei de combate ao Crime Organizado).

De acordo com o artigo 3º da Lei nº 12.850, a colaboração premiada é um dos meios de obtenção de prova admitidos no combate ao crime organizado, permitindo ao juiz, a partir de requerimento das partes, conceder o perdão judicial, reduzir em até 2/3 (dois terços) a pena privativa de liberdade ou substituí-la por pena restritiva de direitos daquele que tenha colaborado efetiva e voluntariamente com a investigação e com o processo criminal, desde que dessa colaboração advenha um ou mais dos seguintes resultados: a identificação dos demais coautores e partícipes da organização criminosa e das infrações penais por eles praticadas; a revelação da estrutura hierárquica e da divisão de tarefas da organização criminosa; a prevenção de infrações penais decorrentes

---

1 A Lei dos Crimes Hediondos também inseriu o § 4º ao artigo 159 do Código Penal, prevendo que se o crime de extorsão mediante sequestro fosse cometido por quadrilha ou bando, o coautor o denunciasse à autoridade, facilitando a libertação do sequestrado, teria sua pena reduzida de um a dois terços.

2 Tanto a Lei Antitruste como a Lei Anticorrupção fizeram previsão de "Acordos de Leniência", cuja natureza é similar ao instituto da colaboração premiada, diferenciando-se ambos porque, nesse caso, se trata de avença formulada entre o Estado e pessoa jurídica.

das atividades da organização criminosa; a recuperação total ou parcial do produto ou do proveito das infrações penais praticadas pela organização criminosa; e a localização de eventual vítima com a sua integridade física preservada.

Em qualquer caso, conforme a previsão legal, a concessão do benefício levará em conta a personalidade do colaborador, a natureza, as circunstâncias, a gravidade e a repercussão social do fato criminoso e a eficácia da colaboração. Ademais, a depender da relevância da colaboração prestada, o Ministério Público poderá deixar de denunciar o colaborador, solicitando o arquivamento do Inquérito Policial com pedido de perdão judicial, ou mesmo requerer a aplicação do perdão ainda que não tenha sido objeto da proposta inicial de acordo.

A lei permite, ainda, que o Ministério Público deixe de oferecer denúncia se o colaborador não for o líder da organização criminosa ou se for o primeiro a prestar efetiva colaboração. Essa é, inclusive, uma inovação da lei de combate ao crime organizado: a imunidade ao primeiro que falar. Se a colaboração for posterior à sentença, a pena poderá ser reduzida até a metade ou será admitida a progressão do regime, ainda que ausentes os requisitos objetivos.

Dessa maneira, no Direito brasileiro, é possível que o coautor ou partícipe de crime, ao fornecer informações relevantes à Polícia e ao Ministério Público, mediante acordo escrito, com assessoria de advogado, obtenha benefícios que variam do perdão judicial à redução de pena ou cumprimento de pena em regime mais benéfico, desde que tudo seja homologado judicialmente.

Foi no caso conhecido como "Banestado"[3] que a técnica de realização de acordos de colaboração premiada por escrito e com cunho reparatório foi utilizada pela primeira vez no Brasil, no ano de 2003, a partir de iniciativa do Ministério Público Federal no

3 Ação Penal nº 2003.70.00.056661-8, proposta pelo Ministério Público Federal perante a 2ª Vara Federal Criminal de Curitiba/PR, em face do doleiro Alberto Youssef. O acordo de colaboração premiada foi homologado pelo Juiz Federal Sérgio Fernando Moro.

Estado do Paraná. Pelo êxito da experiência, a Estratégia Nacional de Combate à Corrupção e à Lavagem de Ativos (ENCCLA), do Ministério da Justiça, encampou a ideia de "réu colaborador", tendo sido, por fim, promulgada a referida Lei nº 12.850/2013 (nova Lei do Crime Organizado), que disciplina o instituto utilizando-se dos parâmetros que guiaram o citado caso.

Também na denominada "Operação Lava Jato", em trâmite na Justiça Federal do Estado do Paraná e no Supremo Tribunal Federal (com relação a réus com prerrogativa de foro), o modelo de acordo de colaboração escrito tem sido utilizado pelo Ministério Público Federal e aceito pelo Poder Judiciário. Há notícias, ainda, de tal prática nos Estados do Rio Grande do Norte[4] e do Mato Grosso[5], com avenças firmadas entre Ministério Público e investigado, mediante cláusulas claras e benefícios expressos, tudo sujeito à homologação judicial, seguindo o modelo instituído na lei.

Analisada a evolução histórica do instituto da colaboração premiada no Brasil, há que se formular o seu conceito. É o que se fará a seguir.

2.2 CONCEITO DE COLABORAÇÃO PREMIADA

A colaboração premiada é uma técnica especial de investigação que estimula a contribuição feita por um coautor ou partícipe de crime em relação aos demais, mediante o benefício, em regra, de imunidade ou garantia de redução da pena. Esse tipo de colaboração é por demais importante na investigação de algumas espécies de crimes, como os praticados por organizações criminosas, lavagem de dinheiro e corrupção, sempre cometidos sob pacto de silêncio (*omertà*).

4 Processo nº 0133513-15.2012.8.20.0001, em trâmite perante a 4ª Vara Criminal da Comarca de Natal e Processo nº 0007296-34.2011.4.05.8400, que tramita na 2ª Vara Federal da Seção Judiciária do Rio Grande do Norte.

5 Caso que ficou conhecido como Operação "Ararath".

Há grande discussão sobre a natureza da colaboração, ou seja, se constitui meio de prova por si só, independentemente de outras provas de corroboração do depoimento do colaborador. Tanto na Inglaterra como nos Estados Unidos da América, em razão do reconhecimento de que a valoração das provas é matéria de competência exclusiva dos jurados, é possível a condenação com base apenas na palavra do colaborador, malgrado haja, em praticamente todos os julgamentos, a advertência feita pelo juiz (*warning*) dos perigos de uma condenação baseada apenas na fala do corréu.[6]

Já na Itália, o Código de Processo Penal de 1988 previu a *chiamata de correo* "vestida", ou seja, o depoimento do réu colaborador é admitido como:

> Elemento probatório, no entanto não é suficiente por si só para superar a presunção de não-culpabilidade do acusado pelo reconhecimento da sua natureza suspeitosa; exigindo o legislador a corroboração por outros elementos externos que atribuam credibilidade às informações dos arrependidos.[7]

No Brasil a colaboração premiada é considerada *meio de obtenção de prova*, e não *meio de prova*. Esse é o entendimento do Supremo Tribunal Federal externado no Acórdão do *Habeas Corpus* nº 127.483/PR. Em seu voto, o Relator Ministro Dias Toffoli foi enfático ao dizer que:

> A colaboração premiada, por expressa determinação legal (art. 3º, I, da Lei nº 12.850/2013), é um meio de obtenção de prova, assim como o são a captação ambiental de sinais eletromagnéticos, ópticos ou acústicos, a interceptação de comunicações telefônicas e telemáticas ou o afastamento dos sigilos financeiro, bancário e fiscal (incisos IV a VI do referido dispositivo legal).[8]

---

6 TROTT, Stephen. Op. cit. P. 80.

7 PEREIRA, Frederido Valdez. Valor Probatório da Colaboração Processual (Delação Premiada). **Revista Brasileira de Ciências Criminais.** Vol. 77/2009. P. 175-201. Mar - Abr/2009. P. 06.

8 STF, Tribunal Pleno, HC 127.483/PR, Rel. Min. DIAS TOFFOLI. Julgamento: 27/08/2015. Publicação: DJe-021 DIVULG. 03/02/2016 PUBLIC 04/02/2016.

Do mesmo modo o Ministro Celso de Mello, que durante o referido julgamento expressamente externou que:

> O instituto da colaboração premiada, especialmente nos termos em que disciplinado pela Lei nº 12.850/2013 (arts. 4º a 7º), vem sendo reconhecido, por esta Suprema Corte, com apoio no magistério doutrinário (...) como importante instrumento de obtenção de prova, e não como meio de prova, refletindo, em seu tratamento normativo, o que se delineou, no plano das relações internacionais, na Convenção de Palermo (Artigo 26) e na Convenção de Mérida (Artigo 37), ambas subscritas pelo Brasil e formalmente já incorporadas ao sistema de direito positivo interno de nosso País em virtude da promulgação, respectivamente, do Decreto nº 5.015/2004 e do Decreto nº 5.687/2006.[9]

Para Tiago Cintra Essado, considerar a colaboração premiada como meio de obtenção de prova "parece ser o enquadramento que melhor coaduna com os fins a que ela se destina, vale dizer, instrumento de repressão à criminalidade organizada".[10] Além de ser meio de obtenção de prova, pode-se dizer que a colaboração premiada é um modo de ampliar as opções de defesa do acusado, coadunando-se perfeitamente com o princípio constitucional da ampla defesa.

De fato, da forma como regulamentada, é certo dizer que a colaboração premiada é mais uma possibilidade de exercício da ampla defesa do acusado. Nesse sentido é a lição de Walter Nunes da Silva Junior, quando argumenta que os incentivos legais à confissão são "instrumentos hábeis à expansão do direito à ampla defesa no ambiente criminal".[11] Para ele, "a delação ou colaboração

---

9 STF, Tribunal Pleno, HC 127.483/PR, Rel. Min. DIAS TOFFOLI. Julgamento: 27/08/2015. Publicação: DJe-021 DIVULG. 03/02/2016 PUBLIC 04/02/2016.

10 ESSADO, Tiago Cintra. Delação Premiada e idoneidade probatória. **Revista Brasileira de Ciências Criminais**. Vol. 101/2013. P. 203-227. mar – Abr/2013. DTR/2013/2653. P. 6.

11 SILVA JÚNIOR, Walter Nunes da. **Curso de direito processual penal: teoria (constitucional) do processo penal.** 2 ed. Natal: OWL Editora Jurídica, 2015. P. 537.

premiada confere ao agente colaborador benefícios legais, forma de premiação que, por via reflexa, serve, ainda que mediatamente, para o exercício efetivo do direito à ampla defesa".[12]

Importante reforçar o aspecto de Justiça Negociada, através do qual acusação e defesa barganham ganhos e perdas em prol de um ponto ótimo consistente no acordo escrito de colaboração. É conduta tradicional do direito americano, por meio do *plea bargaining*, mas com alguma resistência nos países de tradição jurídica romano-germânica. Aos poucos, especialmente nos casos de combate à criminalidade organizada, a técnica de negociação vem sendo adotada pelos países do *civil law* como Itália, Espanha e Brasil.

Como bem ensina Nicolao Dino:

> A colaboração premiada consiste, basicamente, na negociação entre agentes do Estado, em especial o acusador público, de um lado, e o infrator, de outro, com vistas à obtenção de elementos úteis para a plena elucidação de fatos criminosos e a participação de outros indivíduos. Na colaboração premiada, de um modo geral, negocia-se a assunção de culpa mediante compensação, a qual, a seu turno, consiste na mitigação da resposta estatal à conduta infracional objeto da persecução.[13]

No voto proferido no já referido *Habeas Corpus* nº 127.483/PR, o Relator, Ministro Dias Toffoli, enfatizou o caráter de negócio jurídico processual da colaboração premiada: "Além de meio de obtenção de prova, o acordo de colaboração premiada enquadra-se na categoria negócio jurídico processual", afirmando que:

> seu objeto é a cooperação do imputado para a investigação e para o processo criminal, atividade de natureza processual, ain-

12 SILVA JÚNIOR, Walter Nunes da. Op. cit. P. 537.

13 DINO, Nicolao. A Colaboração Premiada na Improbidade Administrativa: Possibilidade e Repercussão Probatória. **A Prova no Enfrentamento à Macrocriminalidade**. SALGADO, Daniel de Resende; QUEIROZ, Ronaldo Pinheiro de (Organizadores). Salvador: Juspodium, 2015. P. 440.

da que se agregue a esse negócio jurídico o efeito substancial (de direito material) concernente à sanção premial a ser atribuída a essa colaboração.[14]

Para Walter Barbosa Bittar, a figura dos colaboradores ou, no direito italiano, dos arrependidos (*pentiti*), estaria ligada à conduta de efetuar "a admissão da própria responsabilidade por um ou mais delitos, acompanhada da ajuda proporcionada aos investigadores para o conhecimento do mundo criminal a que pertencia".[15]

Alguns autores distinguem "colaboração premiada" de "delação premiada", como Luiz Flávio Gomes, que enfatiza que a colaboração por vezes se dá sem que se delatem terceiros, enquanto que a delação pressupõe que se apontem os comparsas do crime.[16] Também Tiago Cintra Essado diferencia as figuras do "chamamento de corréu, delação, delação premiada e a colaboração premiada *stricto sensu*".[17]

Tal distinção perdeu um pouco o sentido após o advento da Lei nº 12.850/2013, que expressamente denominou de colaboração premiada a conduta do réu que auxilia as autoridades nos casos de crimes praticados por organizações criminosas, regulamentando todo o procedimento de colaboração.

Firmado o conceito do instituto da colaboração premiada, cumpre abordar se sua adoção no ordenamento jurídico representa, de alguma forma, uma atuação antiética por parte do Estado. É o que se fará no item seguinte.

---

14 STF, Tribunal Pleno, HC 127.483/PR, Rel. Min. DIAS TOFFOLI. Julgamento: 27/08/2015. Publicação: DJe-021 DIVULG. 03/02/2016 PUBLIC 04/02/2016.

15 BITTAR, Water Barbosa. BITTAR, Walter Barbosa. Delação Premiada no Brasil e na Itália: Uma análise comparativa. **Revista Brasileira de Ciências Criminais.** Vol. 88/2011. P. 225-269. Jan-Fev/2011. DTR/2011/1098. P. 2.

16 GOMES, Luiz Flávio. Corrupção Política e Delação Premiada. **Revista Síntese de Direito Penal e Processual Penal**, v. 6, n. 34, nov/2005. P. 18.

17 ESSADO, Tiago Cintra. Op. cit. P. 5.

2.3 A DISCUSSÃO SOBRE O ASPECTO ÉTICO OU NÃO DA COLABORAÇÃO PREMIADA

Com o advento da Lei nº 12.850/2013 o legislador modificou a nomenclatura do instituto, que sempre foi chamado de "delação premiada", às vezes utilizado de forma crítica para reforçar um caráter de traição e deslealdade, para denominá-lo "colaboração premiada". Ressaltou, assim, o fato positivo de que o réu, neste caso, se arrependeu e decidiu ajudar as autoridades, não importando que motivos o levaram a tanto, se reaproximando, assim, do Estado e da sociedade, com ela colaborando para a preservação das leis.

Para Walter Nunes da Silva Júnior:

> Ao preferir a expressão colaboração, o legislador expressa preocupação ética, pois dá destaque aos benefícios que o agente traz para a sociedade com a sua ajuda na persecução criminal, não à traição aos companheiros da empresa ilícita. Em outras palavras, incentiva, por meio da premiação, a consciência da pessoa quanto a sua responsabilidade pela preservação da segurança pública, nos termos do art. 144, caput, da Constituição.[18]

A nova nomenclatura, portanto, consiste em resposta do legislador à parcela da doutrina que critica a colaboração do ponto de vista ético. Ensina ainda Walter Nunes da Silva Júnior que:

> O prêmio à colaboração é assunto de ordem ética que enseja contundente divergência entre colaboradores. (...) Note-se que a palavra delação, no seu sentido técnico, refere-se às afirmações feitas por um dos envolvidos no crime, com a propriedade de identificar a participação de outras pessoas, fornecendo detalhes sobre o ilícito, de modo que, na arena das relações pessoais, a delação pode ser vista como uma traição, o que,

---

18 SILVA JÚNIOR, Walter Nunes da. **Curso de direito processual penal: teoria (constitucional) do processo penal.** 2 ed. Natal: OWL Editora Jurídica, 2015. P. 541.

> em rigor, seria reprovável mesmo quanto a companheiros da empresa criminosa.[19]

A discussão não é de hoje. Já no século XVIII Cesare Bonesana, o Marquês de Beccaria, em seu *Dos delitos e das Penas*, ponderava sobre o aspecto ético da colaboração premiada, nos seguintes termos:

> Alguns tribunais oferecem a impunidade ao cúmplice de grave delito que delatasse os companheiros. Tal expediente tem inconvenientes e vantagens. Os inconvenientes são que a nação estaria autorizando a delação, detestável mesmo entre criminosos, porque são menos fatais a uma nação os delitos de coragem que os de vilania: porque o primeiro não é frequente, já que só espera uma força benéfica e motriz que o faça conspirar contra o bem público, enquanto que a segunda é mais comum e contagiosa, e sempre se concentra mais em si mesma. Além disso, o tribunal mostra a própria incerteza, a fraqueza da lei, que implora ajuda de quem a infringe.[20]

Ressonando as mesmas iniciais preocupações do Marquês de Beccaria, alguns doutrinadores se opõem, ainda nos dias atuais, ao instituto da colaboração premiada[21]. Todavia, Beccaria concluiu que há mais vantagens que desvantagens, para a sociedade, ao prever a colaboração premiada em suas leis, sobretudo no que diz respeito ao caráter preventivo de delitos de base associativa:

> As vantagens consistem na prevenção dos delitos relevantes, que, por terem efeitos evidentes e autores ocultos, atemorizam o povo. Além disso, contribui para mostrar que quem não tem

---

19 SILVA JÚNIOR, Walter Nunes da. Op. cit. P. 538.

20 BECCARIA, Cesare. **Dos delitos e das penas**. Tradução de J. Cretella Jr. e Agnes Cretella. 4 ed. São Paulo: Revista dos Tribunais, 2010. P. 128/129.

21 Podem ser citados Luiz Flávio Gomes, Natália Oliveira de Carvalho, Jacinto Nelson de Miranda Coutinho, Edward Carvalho Rocha, Salo de Carvalho e Camile Eltz de Lima, cujas obras constam das referências bibliográficas ao final do trabalho, além das menções pontuais feitas nos rodapés ao longo do texto.

> fé nas leis, isto é, no poder público, é provável que também não confie no particular. Parece-me que lei geral, que prometesse impunidade ao cúmplice delator de qualquer delito, seria preferível a uma declaração especial em caso particular, porque assim preveniria as uniões pelo temor recíproco que cada cúmplice teria de expor-se e o tribunal não tornaria audaciosos os criminosos chamados a prestar socorro num caso particular.[22]

Explicitamente contrária ao instituto, Natália Oliveira de Carvalho considera a colaboração premiada, que chama de "delação", um "instrumento de desintegração social", "um desvalor que se choca com a concepção de Estado fundado na dignidade da pessoa humana"[23] e, para tanto, parte da premissa de que a traição, ainda que entre criminosos, é tida, desde os tempos mais remotos, como ato moralmente abominável, citando os casos de "Judas Iscariotes, que vendeu Cristo pelas célebres trinta moedas; Joaquim Silvério dos Reis, que denunciou Tiradentes, levando-o à forca; Calabar, que delatou os brasileiros, entregando-os aos holandeses".[24] A autora alega que "o Código Penal pátrio, em evidente repúdio à perfídia, expressamente a categorizou como uma circunstância agravante[25] ou qualificadora[26] de crime".[27]

Tal raciocínio não leva em consideração, porém, o fato de que quando o legislador brasileiro quis punir de forma mais grave o crime cometido mediante traição, previu a situação em que o agente se vale da "quebra de confiança depositada pela vítima no agente"[28], ou seja, trata-se da reprovabilidade da conduta de quem,

---

22 BECCARIA, Cesare. Op. cit. P. 129.

23 CARVALHO, Natália Oliveira de. **A delação premiada no Brasil.** Rio de Janeiro: Lumen Juris, 2009. P. 128.

24 CARVALHO, Natália Oliveira de. Op. cit. P. 123.

25 Art. 61. São circunstâncias que sempre agravam a pena, quando não constituem ou qualificam o crime: II – ter o agente cometido o crime: c) à traição (...).

26 Art. 121. Matar alguém: § 2º Se o homicídio é cometido: IV – à traição (...).

27 CARVALHO, Natália de. Op. cit. P. 123.

28 MIRABETE, Julio Fabbrini; FABBRINI, Renato N. **Código Penal Inter-**

valendo-se da boa-fé de pessoa inocente, a trai. Reprova-se a traição de pessoa de boa-fé, não a traição de pessoa de má-fé, como o comparsa.

Não é correto, desse modo, concluir-se que o Código Penal brasileiro repudia a conduta do réu que se arrepende e procura auxiliar o Estado no combate ao crime. Se assim fosse, não haveria nele a previsão de premiar o agente que desiste voluntariamente da prática delituosa ou do que eficazmente se arrepende[29]. Isso porque muitas vezes o arrependimento eficaz, no afã de evitar que o resultado do crime se produza, passa necessariamente por informar às autoridades os nomes dos coautores que não desistiram da execução do crime. Ou seja, desde o longínquo ano de 1940[30] há a previsão, ainda que não tão detalhada como na atual lei de combate às organizações criminosas, de prêmios ao réu colaborador.

Seguindo a mesma linha de raciocínio, qual a razão da previsão do artigo 188, inciso VI e do artigo 190, ambos do Código de Processo Penal, senão a de estimular a delação dos comparsas? De acordo com o primeiro dispositivo, no interrogatório do acusado o juiz deverá perguntar-lhe se ele "conhece a pessoa ou pessoas a que se deva ser imputada a prática do crime, e quais sejam, e se com elas esteve antes da prática da infração ou depois dela".

Já conforme o artigo 190 do Código de Processo Penal, "Se o réu confessar a autoria, será especialmente perguntado sobre os motivos e circunstâncias da ação e se outras pessoas concorreram para a infração e quais sejam". A confissão de corréu incriminando o outro, portanto, não é novidade na legislação brasileira.

Os contrários ao instituto defendem, ainda, que ao realizar acordo de colaboração premiada, o Estado está confessando a ineficiência de sua investigação. Nesse sentido, Jacinto Nelson

---

pretado. 8ª ed. São Paulo: Atlas, 2013. P. 756.

29 Artigo 15 do Código Penal brasileiro: O agente que, voluntariamente, desiste de prosseguir na execução ou impede que o resultado se produza, só responde pelos atos já praticados.

30 Decreto-Lei nº 2.848/1940 (Código Penal brasileiro).

de Miranda Coutinho e Edward Rocha de Carvalho, ao dizerem que o instituto se funda "na premissa de uma investigação deficiente".[31]

Ocorre que, nos casos de crimes praticados por organizações criminosas, vigorando a lei do silêncio (*omertà*), como sói ocorrer, a voz de alguém "de dentro" da organização por vezes é o único modo que o Estado tem de desbaratar a associação e impedir a prática de novos crimes.

Como ensina Alfredo Carlos Gonzaga Falcão Júnior, "é uma meia verdade dizer que, ao defender a delação, o Estado assume a sua incapacidade de investigar, pois a administração persecutória detém o monopólio da força".[32]

José Braz da Silveira relata posição de Gerald Shur, uma das maiores autoridades em proteção à testemunha nos Estados Unidos, quando ressalta que "O grande crime organizado, que envolve tráfico e terrorismo, dificilmente pode ser desbaratado sem a colaboração de criminosos arrependidos que tragam informações de dentro da organização."[33] Também assim pensa o renomado juiz norte-americano Stephen Trott: "De fato, uma das mais úteis, importantes e, de certo, indispensáveis armas na constante luta da civilização contra criminosos, foras-da-lei e terroristas é a informação que vem dos associados deles."[34]

No mesmo sentido pontua Nicolao Dino, sobre o tema:

---

31 COUTINHO, Jacinto Nelson de Miranda; CARVALHO, Edward Rocha. Acordos de delação premiada e o conteúdo ético mínimo do Estado. SCHMIDT, Andrei Zekner (organizador). **Novos rumos do Direito Penal contemporâneo.** Rio de Janeiro, Lumen Iuris: 2006. P. 304.

32 FALCÃO JUNIOR, Alfredo Carlos Gonzaga. O perfil constitucional: material da delação premiada como meio de prova. Organizador: Robério Nunes dos Anjos Filho. **Capacitar**, VII Curso de Ingresso e Vitaliciamento para Procuradores da República. Brasília: ESMPU, 2011. P. 21.

33 SILVEIRA, José Braz da. **Proteção à testemunha e o crime organizado no Brasil.** Curitiba: Juruá, 2010. P. 144.

34 TROTT, Stephen. O uso de um criminoso como testemunha: um problema especial. **Revista CEJ**. Centro de Estudos Judiciários do Conselho da Justiça Federal, tradução de Sérgio Fernando Moro, v. 11, n. 37, abr/jun 2007. P. 69.

> No universo do crime, a lógica do jogo é diferenciada, e o silêncio é um importante escudo de proteção. Além disso, a criminalidade organizada tem acompanhado de perto o desenvolvimento tecnológico-científico. Cada vez mais, sofisticam-se as práticas de corrupção e os mecanismos de ocultação da sonegação, da lavagem de dinheiro, de evasão de divisas, de fraudes em mercados de capitais, dentre outras práticas ilícitas. E quanto mais complexa for a empreitada criminosa, mais difícil será a obtenção da prova. Por tudo isso, é necessário incentivar o criminoso a contribuir com o Estado, ainda que em troca de um benefício proporcional à colaboração levada a cabo.[35]

Como bem lembra Stephen Trott, a própria Suprema Corte dos Estados Unidos da América, em *Kastigar v. United States,* deixou claro que as leis de imunidade aos colaboradores "refletem a importância da prova testemunhal e o fato de que muitos crimes são do tipo de que as únicas pessoas aptas a dar depoimentos úteis são aquelas neles implicadas".[36]

O próprio Stephen Trott reforça o argumento da Suprema Corte americana:

> É um fato singelo que, frequentemente, as únicas pessoas que se qualificam como testemunhas para crimes sérios são os próprios criminosos. Células de terroristas e de clãs são difíceis de penetrar. Líderes da Máfia usam subordinados para fazer seu trabalho sujo (...). É necessário fazer com que os subordinados se virem contra os do topo. Sem isso, o peixe grande permanece livre e só o que você consegue são bagrinhos.[37]

A natureza do crime, desse modo, impele o Estado a empregar novas técnicas de investigação, como ação controlada, infiltração de agentes, interceptações telefônicas e colaboração premiada, que longe de serem ilegais, estão respaldadas pela Constituição

35 DINO, Nicolao. Op. cit. P. 444.

36 TROTT. Stephen. Op. Cit. P. 69.

37 TROTT, Stephen. Op. cit. P. 74.

Federal, inúmeros Tratados Internacionais e albergadas em ordenamentos jurídicos de países de tradição democrática como Estados Unidos e Itália.

Socorrer-se o país de leis que admitem e regulam a colaboração premiada, ao contrário de revelar ineficiência investigativa, aponta para a modernização das suas técnicas de investigação. Não se trata, portanto, de uma confissão de incompetência, mas simplesmente da admissão de que os crimes complexos como os praticados pela criminalidade organizada não conseguem ser esclarecidos pelos meios probatórios tradicionais.

Interessante quadro é traçado por Frederico Valdez Pereira, ao tratar das "emergências investigativas" referidas na doutrina alemã. De acordo com tal autor, determinadas investigações são tão complexas que chegam a um determinado ponto e travam, denominando os alemães tal momento de *Ermittlungsnotstand*, algo que pode ser traduzido como "estado de necessidade da investigação" ou "emergência investigativa".

Ocorreria verdadeiro impasse na busca de provas apenas com base nos procedimentos penais clássicos, que seriam incompatíveis com a busca da verdade real no caso de organizações criminosas. Os resultados positivos dependeriam da adoção de métodos especiais de inteligência investigativa.[38]

Para Pereira, a colaboração premiada é uma das únicas medidas eficazes de combate aos crimes de maior lesividade:

> Atualmente convive-se em uma sociedade pós-industrial, de ampla produção econômica empresarial e financeira, com técnicas avançadas de comunicação e de informação, que de algum modo trouxe também repercussão sobre os fenômenos delituosos, seu aperfeiçoamento, e a forma de enfrentá-los. Trata-se de reconhecer as consequências de novo fenômeno, assentindo com a existência de prejuízos no âmbito das relações privadas

38 PEREIRA, Frederico Valdez. Compatibilização constitucional da colaboração premiada. **Revista dos Tribunais**. Vol. 929/2013. Mar/2013. DTR/2013/585. P. 14.

e públicas, dentre os quais a necessidade de lidar com recentes instrumentos apuratórios como resposta a modernas manifestações da criminalidade.[39]

É como pensa Walter Nunes da Silva Júnior:

> Ao contrário de revelar fraqueza perante aquele que pratica o crime, a colaboração premiada se manifesta como importante instrumento de política criminal não apenas para fins punitivos, mas, igualmente, para a prevenção à prática de crimes por meio da associação de pessoas, sem falar que, conforme acentuado, trata-se de incentivo para que o agente, em sinal de arrependimento pelo seu comportamento, colabore com a sociedade na responsabilização de todos os que tiveram participação no crime.[40]

E conclui o citado autor:

> Por isso mesmo, em que pese a crítica de parte da doutrina, nada obsta, pelo contrário, tudo recomenda que o Estado, por meio de lei, ofereça vantagens para quem queira colaborar com a justiça, até porque, para todos os efeitos, a disciplina legal, ao tempo em que fortalece o combate à criminalidade, oferece mais uma alternativa de defesa, a par de fomentar o arrependimento por parte do agente e, de outra banda, desestimular a atuação criminosa em parceria. Sem falar que, consoante asseverado acima, essa colaboração encontra esteio no caput do art. 144 da Constituição.[41]

Como diz Stephen Trott, "A sociedade não pode dar-se ao luxo de jogar fora a prova produzida pelos decaídos, ciumentos e dissidentes daqueles que vivem da violação da lei".[42] Assim, a crítica ao

---

39 PEREIRA, Frederico Valdez. Op. cit. P. 24.

40 SILVA JÚNIOR, Walter Nunes da. **Curso de direito processual penal: teoria (constitucional) do processo penal.** 2 ed. Natal: OWL Editora Jurídica, 2015. P. 539.

41 SILVA JÚNIOR, Walter Nunes da. Op. cit. P. 539.

42 TROTT, Stephen. Op. cit. P. 74.

caráter supostamente antiético da colaboração premiada é inconsistente, na medida em que o Estado não pode renunciar o acesso à prova de crimes graves como os praticados por organizações criminosas apenas para preservar um pacto de lealdade entre criminosos.

Longe de reforçar um traço negativo de deslealdade, o comportamento colaborador enfatiza arrependimento da prática de erro e retorno à vida lícita. Walter Nunes da Silva Júnior novamente ilumina a questão quando diz que:

> A delação pode representar o comprometimento de lealdade que um dos envolvidos no crime tem para com o Estado e a sociedade em si, no sentido de dizer a verdade e esclarecer um fato que é de interesse de toda a comunidade, ademais de ser um instrumento que permite ao agente manifestar o seu arrependimento pelo agir ilícito. Pode-se dizer ainda que é uma forma de colaboração com a sociedade em si, na dimensão do art. 144, caput, da Constituição, que preceitua ser da responsabilidade de todos a preservação da ordem pública e da incolumidade das pessoas e do patrimônio.[43]

Como bem afirmou Sergio Fernando Moro, sobre a colaboração premiada:

> Não se está traindo a pátria ou alguma espécie de resistência francesa. Um criminoso que confessa um crime e revela a participação de outros, embora movido por interesses próprios, colabora com a Justiça e com a aplicação das leis de um país. Se as leis forem justas e democráticas, não há como condenar moralmente a delação; é condenado nesse caso o silêncio.[44]

Do mesmo modo Davi Teixeira de Azevedo defende que:

> O agente que se dispõe a colaborar com as investigações assume uma diferenciada postura ética de marcado respeito aos

---

43 SILVA JÚNIOR, Walter Nunes da. Op. cit. P. 538.

44 MORO, Sergio Fernando. Considerações sobre a Operação Mani Pulite. **Revista CEJ**. Brasília, n. 26, jul./set. 2004. P. 58/59.

> valores sociais imperantes, pondo-se debaixo da constelação axiológica que ilumina o ordenamento jurídico e o meio social. Mostra o agente uma personalidade mais capaz de ser permeada pelos valores imantados das normas jurídicas e imperantes no meio social.[45]

Sobre os aspectos éticos da colaboração premiada, José Alexandre Marson Guidi, ao tratar do tema, alega que:

> Visando afastar as considerações de que a delação premiada é anética basta a formulação de uma pergunta: existe ética no crime organizado? Certamente a resposta será negativa. Logo, é incorreto afirmar que se o criminoso se arrepender e delatar seus comparsas estará agindo contra a ética, pois ele assim estará agindo se não o fizer.[46]

Ainda que se insista no "péssimo caráter do delator", o fato é que, como bem observa Stephen Trott:

> Os criminosos normalmente não cometem seus crimes em vídeo e deixam cópias espalhadas para serem vistas por todo mundo. (...) não podemos ir a agência de empregos para selecionar nossas testemunhas. Temos de ir às pessoas que sabem algo sobre o crime e infelizmente algumas delas serão criminosas. Você não as escolheu, o acusado as escolheu, recrutando-as para dentro do esquema. Elas não são amigos da acusação, são amigos do acusado![47]

Bem resumiu Fausto Martin De Sanctis sobre ser a colaboração premiada ao mesmo tempo ética, útil e estratégica:

---

45 AZEVEDO, David Teixeira de. Colaboração Premiada num Direito ético. **Revista dos Tribunais**. Vol. 771/2000. P. 448-453. Jan /2000. DTR/2000/120. Pág. 5 (452).

46 GUIDI, José Alexandre Marson. **Delação premiada no combate ao crime organizado.** São Paulo: Lemos Cruz, 2006. P. 147/148.

47 TROTT, Stephen. Op. cit. P. 90.

> Ética porque atende às finalidades político-criminais e à proteção do bem jurídico. Quando se ataca esse instituto, alegando-o não ético, na verdade se está invocando a 'ética' do criminoso, que não aceita ser apontado por um comparsa. Útil pelo fato de permitir a descoberta precoce de crimes e seus autores ou partícipes, facilitando o trabalho de todos. Por fim, estratégica para as partes, inclusive a defesa, já que o cliente se vê beneficiado com uma pena relativizada sem o custo do processo. O advogado que estimula o cliente à delação presta serviço útil e valioso para a Justiça (...).[48]

Analisando os aspectos éticos do direito premial em Portugal, Mafalda Matos traz a lume a lição de Marie-Aude Beernaert[49], que tenta equilibrar as perspectivas deontológica (cuja figura emblemática considera ser Emmanuel Kant) e teleológica (corrente representada por Jeremy Bentham).

Ensina Mafalda Matos, sobre Marie-Aude Beernaert:

> Para esta autora, nem o modelo absolutista, nem o modelo utilitarista permitem avaliar se o recurso a colaboradores da justiça é ou não um instituto ético, passando a solução por adoptar um modelo alternativo, que em vez de sacrificar o modelo utilitarista ou o modelo absolutista, crie um equilíbrio dialético entre eles. (...) O modelo absolutista defende a existência de um certo número de valores e deveres morais considerados como imperativos categóricos e que merecem respeito absoluto, independentemente de quaisquer considerações de eficácia, nomeadamente de política criminal. (...) O modelo utilitário, por sua vez, afirma que a moralidade de todas as decisões deve assentar na sua capacidade para maximizar o bem-estar (...).[50]

---

48 DE SANCTIS, Fausto Martin. **Crime Organizado e Lavagem de Dinheiro: destinação de bens apreendidos, delação premiada e responsabilidade social.** 2ª ed. São Paulo: Saraiva, 2015. P. 182.

49 Professora da Universidade Católica de Louvain.

50 MATOS, Mafalda. **O Direito Premial no Combate ao Crime de Corrupção.** Trabalho fial de Mestrado na Faculdade de Direito da Universida-

E conclui a referida autora:

> Marie-Aude Beernaert propõe que na resposta à questão da conformidade do recurso a colaboradores de justiça com a ética, não se pretenda avaliar a utilidade relativa dos objectivos que a medida permitirá alcançar e as finalidades a que esta poderão estar associadas, mas sim que se avalie a importância relativa dos valores que se pretende salvaguardar e daqueles que podem ficar sacrificados com a medida em questão".[51]

Não há dúvidas de que os valores que se pretende salvaguardar, ao admitir-se no ordenamento jurídico a possibilidade de realização de acordo de colaboração premiada, são valores de alta relevância para a sociedade.

Desse modo, no caso de combate às organizações criminosas, com vistas à preservação dos tantos valores por elas vilipendiados, parece ser absolutamente natural que, em um Estado Democrático de Direito, haja previsão legal de recompensas ao agente que deseja retornar às regras democráticas, auxiliando o *law enforcement* no combate a tal espécie de crimes.

Essa conclusão, por mais que pareça lógica, ainda encontra barreiras por parte de alguns doutrinadores que questionam a constitucionalidade do instituto da colaboração premiada no direito brasileiro. O tema será tratado a seguir.

2.4 A DISCUSSÃO SOBRE A CONSTITUCIONALIDADE DA COLABORAÇÃO PREMIADA

Para alguns autores o instituto da colaboração premiada seria inconstitucional por ofender o princípio da proporcionalida-

---

de Católica Portuguesa, Lisoba. Disponível em <http://repositorio.ucp.pt/bitstream/10400.14/16884/1/Trabalho%20Final%20de%20Mestrado.pdf> P. 6. Acesso em 28/03/2016.

51 MATOS, Mafalda. Op. cit. P. 6. Acesso em 28/03/2016.

de. Natália Oliveira de Carvalho, por exemplo, argumenta que as vantagens potenciais a serem obtidas pelo Estado com o desbaratamento da associação criminosa geram um custo ao sistema normativo penal incompatível com o princípio da dignidade da pessoa humana.[52]

Também Jacinto Nelson de Miranda Coutinho e Edward Rocha de Carvalho[53] questionam a constitucionalidade da colaboração, sob o argumento de que "a forma como tal prova é coletada, portanto, torna-a ilegal, incidindo a teoria dos frutos da árvore envenenada (...)".[54]

Não parecem lógicas tais conclusões. A colaboração premiada não fere o princípio da proporcionalidade. Pelo contrário, o consagra. Isso porque há grande diferença entre o réu que colabora com a Justiça e o réu chamado irredutível, de maneira que, em termos de individualização de condutas, resta claro que o primeiro merece sanções menos duras.

Nesse sentido é o posicionamento de Marcos Paulo Dutra Santos, ao lembrar que a individualização da pena está prevista no artigo 5º, inciso XLVI da Constituição Federal, não se podendo

---

52 CARVALHO, Natália Oliveira de. **A delação premiada no Brasil.** Rio de Janeiro: Lumen Juris, 2009. P. 140.

53 Além desses autores, realizam fortes críticas aos aspectos éticos da colaboração premiada ainda Luiz Flávio Gomes (Corrupção Política e delação premiada. **Revista Síntese de Direito Penal e Processual Penal**, v. 6, n. 34, nov/2005), Salo de Carvalho e Camile Eltz de Lima (Delação Premiada e confissão: filtros constitucionais e adequação sistemática. **Revista Jurídica**, v. 57, n. 385, nov/2009). Tais autores entendem que não deveria o ordenamento jurídico albergar o instituto, em razão da crítica ética que fazem. Contudo, admitindo não ser possível eliminá-lo, sugerem cuidados e providências que devem ser tomados na realização dos acordos, enfatizando sempre a necessidade de prova de corroboração, com a checagem minuciosa da veracidade do depoimento.

54 COUTINHO, Jacinto Nelson de Miranda; CARVALHO, Edward Rocha. Acordos de delação premiada e o conteúdo ético mínimo do Estado. SCHMIDT, Andrei Zekner (organizador). **Novos rumos do Direito Penal contemporâneo.** Rio de Janeiro, Lumen Iuris: 2006. P. 310.

negar consideração à circunstância pessoal referente à colaboração com as autoridades. Ensina o autor:

> A constitucionalidade da delação premiada, ante o princípio da individualização da pena, justifica-se porque a dosimetria leva em conta não apenas a reprovabilidade do fato, mas também as circunstâncias pessoais do agente. O comportamento deste, buscando remediar as consequências do injusto, jamais foi um indiferente penal (...). Se a simples confissão enseja a minoração da reprimenda - art. 65, III, d, do CP -, o que se dirá quando o acusado decide colaborar com a persecução penal, trazendo um plus que não pode ser ignorado pelo Estado-juiz na quantificação da resposta penal.[55]

Seria inconstitucional, isso sim, negar ao réu colaborador um tratamento mais benéfico do que o dado ao acusado irredutível, ferindo-se o artigo 5º, inciso XLVI da Constituição Federal. Afinal, "a individualização da reprimenda não seria completa, caso desconsiderasse as circunstâncias pessoais do acusado (...). Inexistiria razoabilidade, na espécie, proporcionalidade."[56]

De fato, a conduta de quem colabora não apenas é ética mas constitucional, pois efetiva o artigo 144 da Carta Magna, quando diz que a segurança pública é "dever do Estado, direito e responsabilidade de todos". Nesse sentido é a lição de Walter Nunes da Silva Júnior, ao dizer que "essa colaboração encontra esteio no caput do art. 144 da Constituição"[57] e, ainda, defende que:

> é uma forma de colaboração com a sociedade em si, na dimensão do art. 144, caput, da Constituição, que preceitua ser da

55 SANTOS, Marcos Paulo Dutra. **Colaboração (Delação) Premiada**. Salvador: JusPodium, 2016. P. 71.

56 SANTOS, Marcos Paulo Dutra. Op. cit. P. 73.

57 SILVA JÚNIOR, Walter Nunes da. **Curso de direito processual penal: teoria (constitucional) do processo penal.** 2 ed. Natal: OWL Editora Jurídica, 2015. P. 539.

> responsabilidade de todos a preservação da ordem pública e da incolumidade das pessoas e do patrimônio.[58]

Como bem alerta Rodrigo Telles de Souza, "Ao considerar todos como responsáveis pela segurança pública, o dispositivo em questão prevê um dever fundamental"[59] que poderia inclusive, como ocorre na Espanha, impor a obrigação de comunicação de crimes a todos os cidadãos, sob pena de multa.[60]

Por se tratar de dever fundamental, é certo que a obrigação de comunicação de crimes às autoridades somente poderia ser imposta por meio de lei em sentido estrito, e nunca ao investigado ou réu colaborador, sob pena de ofensa à garantia contra a autoincriminação. Novamente ensina Rodrigo Telles de Souza:

> A comunicação de ilícitos penais a autoridades investigantes pode ser feita pelo próprio agente do fato delituoso. Ele, contudo, não se submete ao dever fundamental de delação ao poder público, uma vez que se encontra protegido pelo privilégio contra a autoincriminação, decorrente do artigo 5º, inciso LXIII, da Constituição de 1988. Uma norma legal, portanto, não pode atribuir dever dessa espécie ao responsável pela prática de um ilícito penal. É admissível, todavia, que a lei estabeleça incentivos à colaboração dos autores de crimes (...).[61]

Assim, normas prevendo incentivos à colaboração do agente criminoso trazem de volta à responsabilidade para com a ordem pública a pessoa que estava a colocá-la em risco. Não há que se falar em ilegalidade da prova, eis que o acordo de colaboração premiada, como se verá adiante, depende da vontade do réu, tudo de

58 SILVA JÚNIOR, Walter Nunes da. Op. cit. P. 538.

59 SOUZA, Rodrigo Telles de. **Investigação criminal e vedação ao anonimato no Sistema Jurídico brasileiro**. Curitiba: Juruá Editora, 2013. P. 213.

60 Conforme art. 259 da Ley de Enjuiciamento Criminal. Ver, a propósito, SOUZA, Rodrigo Telles de. Op. cit. P. 214.

61 SOUZA, Rodrigo Telles de. Op. cit. P. 214.

acordo com os princípios e garantias constitucionais e o primado da dignidade da pessoa humana.

O Supremo Tribunal Federal já dissipou quaisquer dúvidas acerca da constitucionalidade do instituto. Como exemplo, cite-se o julgamento do *Habeas Corpus* nº 90.321/SP, em 2008, em que consta expressamente da ementa que:

> Devido ao incremento da criminalidade violenta e organizada, o legislador passou a instrumentalizar o juiz em medidas e providências tendentes a, simultaneamente, permitir a prática dos atos processuais e assegurar a integridade físico-mental e a vida das pessoas das testemunhas e de co-autores ou partícipes que se oferecem para fazer a delação premiada.[62]

No julgamento do *Habeas Corpus* nº 90.688/PR[63], também no ano de 2008, o Relator Ministro Ricardo Lewandowski, em seu voto, considerou a então chamada delação premiada:

> Um meio de prova introduzido na legislação brasileira por inspiração do sistema anglo-saxão de justiça negociada. (...) é um instrumento útil, eficaz, internacionalmente reconhecido, utilizado em países civilizados, como a Itália, e temos aplicado aqui no Brasil, e nos Estados Unidos também, claro, é o *plea bargain*, conhecido esse instituto internacionalmente no direito comparado.

Durante os debates do citado julgamento, absolutamente todos os Ministros presentes admitiram a colaboração premiada como um instituto jurídico incorporado ao direito brasileiro, pontuando-se pequenas divergências de interpretação apenas na solução específica do caso concreto.

---

62 STF, 2ª Turma, HC 9032/SP, Rel. Min. ELLEN GRACIE. Julgamento: 02/09/2008 2ª Turma. Publicação: DJe-182 DIVULG 25-09-2008 PUBLIC 26/09/2008.

63 STF, 1ª Turma, HC 90.688/PR, Rel. Min. Ricardo Lewandowski, j. 12/02/2008.

O Ministro Carlos Ayres Britto, por exemplo, enfatizou a constitucionalidade da colaboração premiada sob o prisma do artigo 144 da Carta Magna:

> E vejo sempre a *persecutio criminis* ou o combate à criminalidade num contexto da segurança pública, que é matéria expressamente regrada pela Constituição no artigo 144, em que diz que a segurança pública é dever do Estado e direito e responsabilidade de todos, visando à incolumidade das pessoas e do patrimônio. E o combate à criminalidade se dá exatamente nesse contexto. Como a segurança pública não é só dever do Estado, mas é direito e responsabilidade de todos, situo, nesse contexto, como constitucional a lei que trata da delação premiada. O delator, no findo, à luz da Constituição, é um colaborador da justiça.[64]

O Supremo Tribunal Federal tem homologado acordos de colaboração premiada nos casos envolvendo pessoas detentoras de foro por prerrogativa de função, como na Petição nº 5.244/DF, referente à chamada "Operação Lava Jato". Neste caso, advogados impetraram o *Habeas Corpus* nº 127.483 em face do Ministro Relator Teori Zavascki, por ter homologado o acordo firmado entre o Ministério Público Federal e o acusado Alberto Youssef. A Corte, à unanimidade, seguindo o voto do Relator, Ministro Dias Toffoli, denegou a ordem, admitindo ser a colaboração premiada um meio de obtenção de prova constitucionalmente admitido no nosso direito.[65]

Em ambiente internacional essa também é a postura dos países democráticos. Como ensina Pedro Jorge do Nascimento Costa: "Decidiram pela constitucionalidade da colaboração premiada, entre outros, o Tribunal Constitucional espanhol e a Suprema Corte norte-americana".[66] Nesse sentido a lição de Geraldo Brindeiro:

---

64 STF, 1ª Turma, HC 90.688/PR, Rel. Min. Ricardo Lewandowski, j. 12/02/2008.

65 STF, Tribunal Pleno, HC 127.483/PR, Rel. Min. DIAS TOFFOLI. Julgamento: 27/08/2015. Publicação: DJe-021 DIVULG. 03/02/2016 PUBLIC 04/02/2016.

66 COSTA, Pedro Jorge do Nascimento. Silêncio e Mentira como Prova: a

> A Suprema Corte dos EUA tem repetidamente rejeitado argumentos sobre a inconstitucionalidade do *plea bargain agreement*, desde o *leading case Brady x United States* (397 U.S. 742, 1970). Só observa que os acordos devem ser voluntários e os acusados, saber de suas consequências (*McCarthy x United States*, 394 U.S. 459, 1969).[67]

Brindeiro lembra, também, que a colaboração premiada tem sua constitucionalidade reconhecida pela Corte Constitucional Alemã, que considera constitucional a regulamentação legal do tema, inadmitindo acordos informais; e que o Tribunal Europeu de Direitos Humanos "não só o julgou constitucional, mas o reconheceu, se aplicado corretamente, como instrumento eficaz de combate à corrupção e ao crime organizado."[68] Do mesmo modo, lembra o referido autor que a Corte Constitucional italiana tem entendido pela constitucionalidade do *pattegiamento*.[69]

Assim, a colaboração premiada é instituto constitucionalmente reconhecido por nossa Suprema Corte e pelos tribunais superiores dos países democráticos. Como já dito, o comportamento do réu colaborador é, demais de um retorno à ética para com a sociedade, uma efetiva concretização dos termos do artigo 144 da Constituição Federal brasileira.

Firmadas essas premissas - a colaboração premiada é ética e constitucional - segue-se à análise dos aspectos procedimentais do instituto no Brasil.

Proteção às Organizações Criminosas. **A Prova no Enfrentamento à Macrocriminalidade**. SALGADO, Daniel de Resende; QUEIROZ, Ronaldo Pinheiro de (Organizadores). Salvador: Juspodium, 2015. Págs. 163/186. Pág. 181.

67 BRINDEIRO, Geraldo. **Delação premiada e "plea bargain agreement".** 2016. Disponível em: <http://opiniao.estadao.com.br/noticias/geral,-delacao-premiada-e-plea-bargain-agreement,10000015508>. Acesso em:16/02/2016.

68 BRINDEIRO, Geraldo. Op. cit. Acesso em:16/02/2016.

69 BRINDEIRO, Geraldo. Op. cit. Acesso em:16/02/2016.

3
ASPECTOS PROCEDIMENTAIS

3.1 PROCEDIMENTO: TRATATIVAS PRÉVIAS, TERMO DE CONFIDENCIALIDADE E INÍCIO DAS NEGOCIAÇÕES

Como qualquer acordo, a colaboração premiada se inicia com a negociação entre as partes. Nos Estados Unidos a recomendação aos promotores e procuradores é que a iniciativa parta sempre da defesa, e nunca se trata do assunto sem o intermédio de advogado[1]. No Brasil, a lei alerta que o acordo deve ser feito por meio de advogado.[2]

A tradição do direito brasileiro não é de justiça penal negociada, de modo que a maioria dos advogados brasileiros tende a defender seu cliente pela via dos métodos tradicionais, como o uso de *Habeas Corpus* para trancar ações penais e inquéritos policiais, suscitando, via de regra, as teses de negativa dos fatos e de autoria. São poucos ainda os escritórios de advocacia especializados em acordos de colaboração premiada. Os poucos existentes se situam, em sua maioria, nos Estados de São Paulo e do Paraná.

---

1 Ver, a propósito, TROTT, Stephen. Op. cit. P. 77.

2 Art. 4º, § 15 da Lei nº 12.850/2013: "Em todos os atos de negociação, confirmação e execução da colaboração, o colaborador deverá estar assistido por defensor".

Os advogados que anteveem na colaboração uma boa estratégia para o seu cliente – sempre com o consentimento deste – podem, em qualquer momento processual, ainda que após o trânsito em julgado, procurar, até informalmente, o representante do Ministério Público para indicar a intenção, por parte do investigado ou réu, de revelação de fatos, sondando se a acusação teria interesse na realização de acordo.

Como não se pode falar em direito subjetivo à realização de acordo[3], pode ser que o membro do Ministério Público não demonstre interesse em realizar a avença com o investigado/réu. Com efeito, ele pode considerar, num juízo de conveniência e oportunidade, que a prova já está satisfatória para a punição dos responsáveis.

Não custa reforçar que o uso de um criminoso como testemunha, na expressão utilizada por Stephen Trott, deve ser excepcional, somente devendo ser uma opção para o Ministério Público se, "segundo sua avaliação mais cuidadosa, esse movimento signifique um avanço em sua habilidade de vencer o caso."[4] No Brasil, dir-se-ia, mais que vencer o caso, o importante é analisar se a utilização da colaboração premiada amplia o espectro probatório, aumentando a possibilidade de descobrir a verdade real em toda a sua dimensão. Como diz, mais à frente, o próprio Stephen Trott, "O objetivo é obter a verdade e não pegar o suspeito".[5]

Pois bem, em se negando o membro do Ministério Público a realizar acordo, ao acusado nada restará senão apenas avaliar as demais estratégias: confessar, negar tudo, negar parte dos fatos, calar etc. Pode, é certo, revelar em juízo o que sabe além de apenas confessar e tentar obter benefícios de diminuição de pena diretamente do juiz, *ex officio*, na sentença. Todavia, corre todos os riscos daí decorrentes: como a nova lei não fala que o juiz pode aplicar os benefícios de ofício, o colaborador sem acordo formal

---

3 Ver capítulo deste trabalho sobre direitos do réu colaborador.

4 TROTT, Stephen. Op. cit. P. 76.

5 TROTT, Stephen. Op. cit. P. 79.

com o Ministério Público pode simplesmente não obter nenhuma vantagem processual além da atenuante da confissão e da atenuante genérica do artigo 66 do Código Penal.

Nem na Operação Mãos Limpas da Itália nem na Operação Lava Jato brasileira os membros do *law enforcement* procuraram os investigados buscando um acordo. Apesar de, no Brasil, nada impedir que um membro do Ministério Público faça a proposta de colaboração a um investigado ou réu, a *praxe* tem sido no sentido de que a acusação produza suas provas sem contar com depoimentos de réus colaboradores. Se aparecerem, a iniciativa tem que vir da defesa, sempre por meio de advogado constituído ou defensor público, e assim se evita o discurso de que as colaborações foram resultado de pressão por parte das autoridades envolvidas.

Pois bem. Entendendo o cliente e o advogado que a colaboração com as autoridades públicas é uma boa estratégia, após sopesarem custos e benefícios, o advogado deve procurar o membro do Ministério Público ou a autoridade policial (que deverá reportar o fato para o titular da ação penal) para externar o desejo de negociar.

Stephen Trott trata do início das negociações e aborda o dilema chamado "*Catch 22*"[6], que consiste na situação em que o membro do Ministério Público pretende saber exatamente o que o pretenso colaborador tem a oferecer antes de firmar o acordo, enquanto que o réu, apesar de querer cooperar, tem receio de falar com medo da autoincriminação sem que lhe seja dada alguma garantia. A solução, segundo o autor, é "pedir uma amostra":

> Prometa à testemunha por escrito que você não vai usar o que ela lhe disser nesse estágio do processo contra ela, mas deixe igualmente claro que a sua decisão de fazer ou não um acordo e do que o acordo irá ou não conter não será feita antes que você tenha oportunidade de verificar o valor e a credibilidade da in-

6 "*Catch 22*" é o título da obra de ficção de Joseph Heller, publicada em 1961. A expressão significa uma situação "sem saída".

formação. Diga-lhe: É uma oportunidade que você tem para se ajudar, aceite-a ou deixe-a.[7]

Ao membro do Ministério Público Stephen Trott recomenda ainda que "Não comece a inquirição até que o advogado assegure a você de que ele acredita que seu cliente está pronto para vir completamente aberto"[8], podendo inclusive exigir que o pretenso colaborador renuncie por escrito o direito ao sigilo entre cliente e advogado, a fim de que não haja colidência entre a versão oferecida ao advogado e a que será dada ao Ministério Público.[9]

Se o membro do Ministério Público considerar plausível a realização do acordo, marcar-se-ão quantas reuniões forem necessárias para estabelecer as cláusulas do acordo final. No caso da Operação Lava Jato, apesar de a lei não fazer previsão, os Procuradores da República têm firmado com os investigados e seus advogados um "Termo de Confidencialidade" antes do início das negociações, como uma forma de garantir que o for dito nessa etapa de tratativas prévias não será usado por nenhuma das partes antes da homologação judicial. Serve, ainda, para demarcar a data oficial do início das negociações.

Assinado o Termo de Confidencialidade, o pretenso colaborador apresenta os anexos, um por fato, demonstrando o que vai dizer e indicando os meios de prova que possui ou apontando o caminho para a sua obtenção, como forma de corroborar suas alegações. Os anexos, segundo Vladimir Netto, são uma novidade criada na Operação Lava Jato:

> Os procuradores decidiram criar uma novidade: dividir os assuntos por anexos. A ideia foi de Deltan Dallagnol. A divisão resolvia um problema: se surgissem nomes de políticos, parte dos anexos poderia ser enviada ao Supremo Tribunal Federal

7 TROTT, Stephen. Op. cit. P. 78

8 TROTT, Stephen. Op. cit. P. 79.

9 TROTT, Stephen. Op. cit. P. 79.

sem prejudicar a investigação de outras pontas da história. Um anexo poderia ser divulgado, enquanto outro não.[10]

A seguir uma minuta de Termo de Confidencialidade utilizado na Operação Lava Jato:

TERMO DE CONFIDENCIALIDADE

O **MINISTÉRIO PÚBLICO FEDERAL**, por meio dos Procuradores da República ________________ e ________________integrantes do Grupo de Trabalho instituído pela Procurador-Geral da República através da Portaria PGR/MPU nº __, de ___/___/____, e ________________, (qualificação e endereço), em conjunto com seu advogado ________________, inscrito na OAB/__ sob o n. ______, resolvem subscrever o presente termo de confidencialidade, por meio do qual se comprometem a guardar sigilo sobre todas as informações, escritas ou orais, fornecidas durante a negociação, celebração e execução de acordo de colaboração premiada no âmbito da chamada "Operação Lava Jato", relacionadas às operações envolvendo ________________, devendo o segredo ser mantido até eventual recebimento de denúncia, nos termos do art. 6º, § 3º, da Lei n. 12.850/2013.

Brasília (DF), ____de ______ de _______.

____
Procurador da República (1)

____
Procurador da República (2)

____
(colaborador)

____
Advogado

Figura 1 – Termo de Confidencialidade
Fonte: Força-Tarefa Lava Jato/MPF

10 NETTO, Vladimir. **Lava Jato: o Juiz Sergio Moro e os bastidores da Operação que abalou o Brasil**. Rio de Janeiro: Primeira Pessoa, 2016. P. 62.

Se o Ministério Público checar ao menos parte dos fatos e verificar credibilidade nos depoimentos, então o caminho estará aberto para a negociação oficial dos benefícios e punições. É uma verdadeira barganha: cada parte negocia o que quer ganhar e analisa o custo que é perder o que a outra parte quer obter.

O ideal é que haja sempre, no mínimo, duas pessoas em cada lado da situação, a fim de que haja equilíbrio e ponderação[11]. Desse modo, de um lado estarão no mínimo o advogado e seu cliente e, do outro, dois membros do Ministério Público, para que, em ambos os casos, um possa aconselhar e discutir com o outro as propostas e contrapropostas feitas.

No caso da Operação Lava Jato, o primeiro acordo de colaboração premiada foi firmado com Paulo Roberto Costa, ex-diretor de Abastecimento da Petrobras. Quanto às negociações prévias, Vladimir Netto apresentou um panorama de como ocorreram:

> Começaram as negociações. Paulo Roberto Costa estava em uma situação ruim, preso e acusado de vários crimes, mas tinha sido um hábil negociador por décadas. Era uma das coisas que fazia melhor na vida. Durante as longas conversas com os procuradores, ele assumia a frente, mais do que a advogada. Reclamava que estavam pedindo muito, que já tinha entregado tudo, que precisava de um patrimônio para se manter e sustentar a família. 'Ele 'chorava' bastante, apresentava argumentos tipo: 'Ah, mas isso são meus bens, tem o meu salário de tanto tempo, vocês estão pegando demais, assim não dá, eu vou precisar sobreviver depois. Já estou devolvendo tudo, vocês estão chorando por migalhas, vocês querem 1 milhão, 2 milhões a mais aqui no Brasil quando eu estou entregando 70 milhões lá fora', conta um dos negociadores. Ao longo do processo, os dois lados tentaram fortalecer suas posições. Foram longas

11 Por isso a minuta do Termo de Confidencialidade acima tem espaço para a assinatura de dois membros do Ministério Público.

horas de detalhada negociação, e no final ficou acertado que Costa falaria tudo que sabia.[12]

Assim, não há fórmula mágica para a realização de um bom acordo de colaboração premiada: para o membro do Ministério Público, é imprescindível que conheça cada página das investigações, dominando todos os fatos e provas já constantes dos autos, para que possa argumentar com o investigado/réu; para este, é importante que saiba negociar, barganhar, apresentando novos fatos e provas, mostrando às autoridades a imprescindibilidade das informações que possui para o efetivo êxito do processo ao final.

3.2 MOMENTO

De acordo com o artigo 3º da Lei nº 12.850/2013, em qualquer fase da persecução penal será permitida a colaboração premiada, previsão reforçada pelo disposto no subsequente artigo 4º, § 2º, que dispõe, a depender da relevância da colaboração, que o Ministério Público ou a autoridade policial poderão requerer, "a qualquer tempo", o perdão judicial ao cooperante.

Outra norma a confirmar que a colaboração premiada pode ocorrer em qualquer fase da investigação ou do processo, incluindo-se aí a execução penal, é o próprio § 5º do referido artigo, que prevê que "Se a colaboração for posterior à sentença, a pena poderá ser reduzida até a metade ou será admitida a progressão de regime ainda que ausentes os requisitos objetivos". Tal dispositivo, como se vê, admite expressamente a colaboração feita em fase de execução, apenas limitando os benefícios do réu condenado com trânsito em julgado.

A doutrina não diverge quanto à possibilidade de realização de acordo de colaboração premiada na fase de execução penal. Nesse sentido, ensina Walter Nunes da Silva Júnior que:

---

12 NETTO, Vladimir. Op. cit. P. 61.

> A colaboração premiada pode ser antes ou durante o processo. A primeira se dá na fase da investigação policial, antes de recebida a denúncia contra o acusado. A segunda, naturalmente, após o ajuizamento da ação penal e, até mesmo, após prolatada a sentença condenatória.[13]

Do mesmo modo Rogério Sanchez Cunha e Ronaldo Batista Pinto defendem que "não há prazo legal imposto para que a colaboração possa ser prestada, sendo ela cabível, assim, mesmo após a prolação da sentença".[14] Nesse caso, entendem os autores que o juiz competente para a homologação do acordo é o juízo da execução penal, nos termos do artigo 66, inciso I, da Lei nº 7.210/84.[15]

3.3 FORMA

O artigo 6º e incisos I a V da Lei nº 12.850/2013 dispõe que o termo de acordo da colaboração premiada deverá ser feito por escrito e conter: I – o relato da colaboração e seus possíveis resultados; II – as condições da proposta do Ministério Público ou do delegado de polícia; III – a declaração de aceitação do colaborador e de seu defensor; IV – as assinaturas do representante do Ministério Público ou do delegado de polícia, do colaborador e de seu defensor; V – a especificação das medidas de proteção ao colaborador e à sua família, quando necessário.

Desse modo, até para que haja garantia de seu cumprimento, tanto para acusação quanto para defesa, o acordo de colaboração premiada deverá constar de um documento escrito assinado pelas

---

13 SILVA JÚNIOR, Walter Nunes da. **Curso de direito processual penal: teoria (constitucional) do processo penal.** 2 ed. Natal: OWL Editora Jurídica, 2015. P. 537/538.

14 CUNHA, Rogério Sanches; PINTO, Ronaldo Batista. **Crime Organizado. Comentários à nova lei sobre o Crime Organizado (Lei nº 12.850/13).** 3ª ed. Salvador: JusPodium, 2014. P. 66.

15 CUNHA, Rogério Sanches; PINTO, Ronaldo Batista. Op. cit. P. 67.

partes. Isso garante inclusive o direito, ao agente cooperante, de buscar junto ao Poder Judiciário, pela via recursal, o cumprimento das cláusulas do acordo se estas vierem a ser desrespeitadas, por exemplo, na sentença condenatória.

Stephen Trott alerta para o fato de que o documento deverá ser bem redigido, com as cláusulas muito claras, sem qualquer obscuridade. Ao se dirigir a Promotores e Procuradores dos Estados Unidos, diz o referido juiz:

> Lembre-se, o documento pode voltar para assombrá-lo se ele for mal redigido. Tenha certeza de examiná-lo como um documento de provável exibição na Corte e tente evitar redigi-lo de forma que possa ser utilizado contra você ou de forma que você não possa usá-lo. (...) Não se esqueça de que seu lado do acordo - imunidade ou o que quer que seja - será usado na Corte pela Defesa como 'o motivo pelo qual a testemunha está mentindo'. A Defesa irá caracterizá-lo como 'troca', 'propina' etc. Não cause a si mesmo problemas desnecessários abrindo mão de muito.[16]

3.4 LEGITIMIDADE

A Lei nº 12.850/2013 fala que o acordo de colaboração premiada poderá ser negociado e firmado entre o investigado/acusado e seu defensor e o representante do Ministério Público ou a autoridade policial. De fato, o artigo 6º, inciso IV, por exemplo, dispõe que o termo de acordo da colaboração premiada deverá ser feito por escrito e conter as assinaturas do representante do Ministério Público ou do delegado de polícia, do colaborador e de seu defensor. O artigo 4º, § 2º, por seu turno, prevê que o delegado de polícia poderá, nos autos de inquérito policial, representar ao juiz pelo perdão judicial ao colaborador.

Não restam dúvidas quanto à legitimidade do membro do Ministério Público para a realização de acordo de colaboração premia-

16 TROTT, Stephen. Op. cit. P. 78/79.

da, eis que é titular da ação penal, nos termos do artigo 129, inciso I da Constituição Federal, sendo a única instituição cuja função é promover privativamente a ação penal pública, na forma da lei. Se o membro do Ministério Público é o único agente público que pode propor a ação penal, por óbvio é o único que pode dela dispor, negociando diminuição de penas e se comprometendo oficialmente, em nome do Estado, acerca do cumprimento das cláusulas acordadas.

Todavia, como a lei prevê que o delegado de polícia pode negociar e mesmo firmar acordo de colaboração premiada com o investigado, durante a investigação policial, resta a dúvida se ele teria, de fato, tal legitimidade. Isso porque tal previsão, além de ser de duvidosa constitucionalidade, por não ser a autoridade policial titular da ação penal, acarreta problemas mesmo de ordem prática: e se o membro do Ministério Público não concordar com os termos do acordo? Qual a garantia que o investigado tem de que as cláusulas negociadas com o delegado de polícia serão cumpridas pelo representante do Ministério Público?

Parece, portanto, que tais dispositivos são inconstitucionais, por ferirem o artigo 129, inciso I da Constituição Federal, já que a negociação da persecução penal é função exclusiva do titular da ação penal: o Ministério Público. Nesse sentido Marcos Paulo Dutra Santos, ao defender que "O delegado, por sua vez, intervém como intermediário do acordo, pois os pactuantes são, na realidade, o imputado e o *Parquet*, na qualidade de titular da ação penal pública (art. 129, I, da CRFB/88)".[17]

Tudo recomenda, porém, que os órgãos do *law enforcement* atuem em harmonia, de modo que se a autoridade policial vislumbrar a possibilidade de um bom acordo de colaboração, útil ao interesse público, isso seja sugerido ao membro do Ministério Público. O acordo de colaboração premiada é um importante meio de obtenção de prova, e a polícia pode e deve analisar a conveniência e oportunidade de traçar esse caminho, submetendo a possibilidade ao *dominus litis*.

17 SANTOS, Marcos Paulo Dutra. Op. cit. P. 124.

Sobre o tema, importante ter em conta que o Procurador-Geral da República propôs Ação Direta de Inconstitucionalidade (ADI 5508[18]), perante o Supremo Tribunal Federal, questionando a constitucionalidade dos parágrafos 2º e 6º do artigo 4º da Lei nº 12.850/2013. Como fundamento, argumentou que a previsão legislativa atribuindo a delegados de polícia a realização de acordos de colaboração premiada contraria os princípios do devido processo legal, a titularidade da ação penal pública conferida apenas ao Ministério Público (art. 129, inciso I, CF/88), a exclusividade do exercício das funções do Ministério Público por membros legalmente investidos na carreira (art. 129, §2º, primeira parte, CF/88) e a função constitucional da polícia como órgão de segurança pública (art. 144, §§ 1º e 4º).

Em 29 de abril de 2016 o Relator, Ministro Marco Aurélio, proferiu decisão, com base no art. 12 da Lei nº 9.868/99, adotando o rito abreviado de modo que a ação seja decidida pelo Plenário da Corte. Até o encerramento do presente trabalho[19] o Supremo Tribunal Federal não havia julgado ainda a referida ação.

3.5 O PAPEL DO JUIZ: A HOMOLOGAÇÃO JUDICIAL E A SENTENÇA

Depois de fechados todos os detalhes do acordo, com as partes satisfeitas com as concessões e benefícios advindos da negociação, assina-se o Termo de Colaboração Premiada, peticionando-se ao Juiz competente para que o homologue. As regras de competência são as previstas na Constituição Federal e no Código de Processo Penal, não trazendo a Lei nº 12.850/2013 qualquer regramento a respeito.

---

18 STF, ADI 5508/DF (4000217-27.2016.1.00.0000). Relator: Ministro Marco Aurélio. Requerente: Procurador-Geral da República. Data do protocolo: 28/04/2016.

19 Outubro de 2016.

O pedido de homologação do acordo, segundo o artigo 7º da Lei nº 12.850/2013, "será sigilosamente distribuído, contendo apenas informações que não possam identificar o colaborador e o seu objeto". Tal previsão se dá exatamente para evitar "vazamentos".

Desse modo, o membro do Ministério Público peticiona, com um resumo do acordo de colaboração, sem identificação do colaborador, a fim de que, distribuído o feito, possa se dirigir diretamente ao juiz competente, complementando com informações detalhadas do caso. É o que dispõe o § 1º do referido artigo: "As informações pormenorizadas da colaboração serão dirigidas diretamente ao juiz a que recair a distribuição, que decidirá no prazo de 48 (quarenta e oito) horas".

Consoante o artigo 4º, § 6º da nova lei de combate ao crime organizado, "O juiz não participará das negociações realizadas entre as partes para a formalização do acordo de colaboração". Prestigia-se, assim, o sistema acusatório, sem qualquer envolvimento por parte do juiz no acordo feito entre acusação e defesa.

Com efeito, o sistema acusatório foi adotado na Constituição Federal de 1988 (art. 129, inciso I), porém remanescem, ainda, vestígios do sistema inquisitivo no ordenamento jurídico, sendo da tradição brasileira a intervenção do Juiz em assuntos típicos das partes, mormente no processo penal, em que vigoram direitos, em regra, indisponíveis. Sempre que o interesse público predomina no feito, utiliza-se tal argumento como justificativa para uma atuação mais proativa por parte do julgador.

A justiça negociada rompe essa tradição, relegando às partes, e tão somente a elas, as questões referentes ao acordo de colaboração premiada, restringindo-se o juiz ao papel de fiscal da legalidade e da voluntariedade do acordo. Essa reverência ao sistema acusatório encontra respaldo na Carta Magna, como já dito, além de inúmeros documentos internacionais, como por exemplo as Regras de Havana (Princípios Orientadores Relativos à Função dos Magistrados do Ministério Público), de 1990, adotadas no 8º Congresso das Nações Unidas para a prevenção do Crime e

Tratamento dos Delinquentes, que dispõem, nos artigos 10 e 11, respectivamente, que:

> Art. 10. As funções dos magistrados do Ministério Público deverão ser rigorosamente separadas das funções de juiz
>
> Art. 11. Os magistrados do Ministério Público desempenham um papel activo no processo penal, nomeadamente na dedução de acusação e, quando a lei ou a prática nacionais o autorizam, nos inquéritos penais, no controlo da legalidade destes inquéritos, no controlo da execução das decisões judiciais e no exercício de outras funções enquanto representantes do interesse público.

Em junho de 2016 foi aprovada a Declaração de Brasília contra a Corrupção, fruto de seminário realizado pelo Conselho Nacional do Ministério Público, que reforça a necessidade de consolidação do sistema acusatório. Assim, prevê a referida Declaração, em seu item 2, que:

> O princípio acusatório no processo penal brasileiro, segundo modelo adversarial, deve permitir a todos os sujeitos processuais observar e fazer respeitar os direitos de acusados, das vítimas e da sociedade.

Além disso, o projeto do novo Código de Processo Penal brasileiro[20] dispõe, em seu artigo 4º, que:

> Art. 4º. O processo penal terá estrutura acusatória, nos limites definidos neste Código, vedada a iniciativa do juiz na fase de investigação e a substituição da atuação probatória do órgão de acusação.

Desse modo, a tendência parece ser no sentido de que o juiz passe, efetivamente, a ter uma postura equidistante das partes também no processo penal, evitando qualquer participação na

---

20 Projeto de Lei do Senado nº 156/2009, Projeto de Lei na Câmara nº 8.045/2010.

elaboração de acordo de colaboração premiada e restringindo sua atuação à fiscalização da legalidade e voluntariedade para fins de homologação da avença.

Walter Nunes da Silva Junior alerta, porém, para a possibilidade de acordo realizado na presença do juiz, em razão de que:

> Como a colaboração pode ocorrer em qualquer fase do processo, é possível que a proposta e a respectiva aceitação sejam formalizadas, inclusive, na própria audiência, embora, pelos mais diversos fatores, essa circunstância seja uma exceção, e não a regra.[21]

E em razão dessa excepcionalidade alerta o autor que "tudo recomenda que o procedimento referente à coleta do conteúdo se dê extrajudicialmente".[22] Parece mais conveniente que, se durante um interrogatório o acusado se propuser a colaborar, suspenda-se a audiência, a fim de que as partes possam negociar o acordo, sem a presença do juiz.

De fato, o papel do juiz é de analisar a legalidade do acordo, a constitucionalidade de suas cláusulas, a voluntariedade por parte do réu colaborador, para então homologar a avença sem nela interferir. Essa é a previsão do artigo 4º, § 7º da lei em comento:

> § 7º. Realizado o acordo na forma do § 6º, o respectivo termo, acompanhado das declarações do colaborador e de cópia da investigação, será remetido ao juiz para homologação, o qual deverá verificar sua regularidade, legalidade e voluntariedade, podendo para este fim, sigilosamente, ouvir o colaborador, na presença de seu defensor.

Se o acordo envolver alguma cláusula ilegal ou abusiva, ou for o caso de ausência de voluntariedade, dispõe o artigo 4º, § 8º da citada lei que o juiz poderá recusar a homologação ou adequá-la ao caso concreto. Para Rogério Sanches Cunha e Ronaldo Batista

---

21 SILVA JÚNIOR, Walter Nunes da. **Curso de direito processual penal: teoria (constitucional) do processo penal.** 2 ed. Natal: OWL Editora Jurídica, 2015. P. 542.

22 SILVA JÚNIOR, Walter Nunes. Op. cit. P. 542.

Pinto, o juiz se submete ao princípio da discricionariedade regrada, de modo que, uma vez protocolado o acordo e preenchidos os requisitos objetivos e subjetivos, não resta alternativa ao julgador senão a homologação.[23]

No sentido de que o julgador deve sempre homologar o acordo é o entendimento de Walter Nunes da Silva Júnior, salvo situação excepcional, "máxime no cenário de um processo penal de modelo acusatório, no qual o *parquet* é o *dominus litis* da ação penal".[24]

O Supremo Tribunal Federal, no julgamento do *Habeas Corpus* 127.483 - PR, ao tratar da decisão de homologação, sedimentou o entendimento de que:

> Não cabe ao Judiciário, nesse momento, examinar aspectos relacionados à conveniência ou à oportunidade do acordo celebrado ou as condições nele estabelecidas, muito menos investigar ou atestar a veracidade ou não dos fatos contidos em depoimentos prestados pelo colaborador ou das informações trazidas a respeito de delitos por ele revelados.[25]

Assim, não é necessário, para fins de homologação do acordo, que o juiz investigue se as declarações do réu colaborador são verdadeiras ou respaldadas por prova de corroboração; esse levantamento é necessário apenas no momento do julgamento do processo em que o depoimento do colaborador foi um meio de obtenção de provas.

Assim se pronunciou o Ministro Dias Toffoli, Relator do *Habeas Corpus* nº 127.483 - PR, cujo entendimento foi referendado pela Suprema Corte:

---

23 CUNHA, Rogério Sanches; PINTO, Ronaldo Batista. **Crime Organizado. Comentários à nova lei sobre o Crime Organizado (Lei nº 12.850/13).** 3ª ed. Salvador: JusPodium, 2014. P. 72.

24 SILVA JÚNIOR, Walter Nunes da. Op. cit. P. 542.

25 Trecho do voto do Relator Ministro Dias Toffoli, citando as informações do Ministro Teori Zavascki. STF, Tribunal Pleno, HC 127.483/PR, Rel. Min. DIAS TOFFOLI. Julgamento: 27/08/2015. Publicação: DJe-021 DIVULG. 03/02/2016 PUBLIC 04/02/2016.

> Em outras palavras, a homologação judicial do acordo de colaboração premiada não significa, em absoluto, que o juiz admitiu como verídicas ou idôneas as informações eventualmente já prestadas pelo colaborador e tendentes à identificação de coautores ou partícipes da organização criminosa e das infrações por ela praticadas ou à revelação da estrutura hierárquica e da divisão de tarefas da organização criminosa.
>
> A homologação judicial constitui simples fator de atribuição de eficácia do acordo de colaboração. Sem essa homologação, o acordo, embora possa existir e ser válido, não será eficaz, ou seja, não se produzirão os efeitos jurídicos diretamente visados pelas partes.[26]

No caso da Operação Lava Jato, algumas vezes o Juiz de primeiro grau intimou as partes para adequarem certas cláusulas, não havendo registros de que tenha deixado de homologar alguma cláusula ao final. Quanto aos acordos homologados no Supremo Tribunal Federal, o Ministro Teori Zavascki deixou de homologar cláusula vedando o direito ao duplo grau de jurisdição, por entendê-la inconstitucional. Com o tempo, o Ministério Público aprimorou a dicção da citada cláusula nos acordos, aceita pelos colaboradores, de que seria possível a interposição de recursos se os benefícios ali previstos não fossem ao final concedidos ao réu.

Homologado o acordo, algum processo tramitará, seja contra o próprio réu cooperante, seja com relação aos demais membros da organização criminosa ou coautores e partícipes. Nesse processo o colaborador deverá prestar depoimento, abrindo mão do direito ao silêncio e comprometendo-se a dizer a verdade. A instrução ocorrerá normalmente, contando com os meios de prova obtidos a partir, também, do acordo de colaboração premiada.

26 STF, Tribunal Pleno. HC 127.483/PR, Rel. Min. DIAS TOFFOLI. Julgamento: 27/08/2015. Publicação: DJe-021 DIVULG. 03/02/2016 PUBLIC 04/02/2016.

Ao final da instrução o juiz deverá proferir a sentença. Pergunta-se: poderá o juiz fugir do que ficou disposto no acordo homologado? Poderá o julgador aplicar pena diferente da combinada entre as partes? A resposta é negativa. Sendo o caso de justiça negociada, caberá ao juiz respeitar totalmente o que foi acordado, de modo que, ao proferir a sentença, realizará, no caso de condenação, a dosimetria da pena e dizer qual a pena seria aplicada ao réu, não houvesse ele feito o acordo. Assim, condena-se, deixando-se expressa qual a pena cabível, porém ressalva-se, ao final, que a pena concretamente aplicada será a prevista no acordo de colaboração.

Esse é o entendimento de Walter Nunes da Silva Júnior, quando diz que, uma vez que o legislador não deixou claro como deve o juiz proceder na sentença que aplica os benefícios da colaboração premiada, deverá o julgador:

> Proferir a sentença condenatória, fixando a pena que seria adequada para, na sequência, fazer a substituição pela sanção negociada em razão da colaboração premiada, deixando consignado que, caso não cumprida qualquer cláusula do acordo, ocorrerá a reconversão da pena aplicada. Assim, na hipótese de o agente deixar de cumprir as cláusulas do acordo, da mesma forma como ocorre quando da substituição da pena privativa de liberdade pela restritiva de direitos, ele terá que cumprir a sanção que havia sido substituída.[27]

Assim tem sido feito na Operação Lava Jato, quando as partes negociam expressamente a pena no caso concreto (ex.: três anos de reclusão, sendo o primeiro em regime semiaberto e os demais em prisão domiciliar com uso de tornozeleira) e o juiz, ao prolatar a sentença, diz qual a pena cabível e, em seguida, a substitui pela pena do acordo. Desse modo, tudo recomenda que o Ministério Público, o réu e seu defensor façam cálculos prevendo a pena a ser aplicada em tese e negociem uma pena fixa, não dando margem ao julgador para aplicar frações à pena da sentença, o que pode dar ensejo a insatisfações por parte do acusado condenado.

---

27 SILVA JÚNIOR, Walter Nunes da. Op. cit. P. 544.

O ideal é que se saia das negociações sabendo exatamente quantos anos, meses e dias de pena o acusado cumprirá se vier a ser condenado, sendo factíveis hipóteses de réus que optam por iniciar o cumprimento da pena negociada antes mesmo da prolação da sentença final, como de fato ocorreu na Operação Lava Jato.

3.6 COOPERAÇÃO JURÍDICA INTERNACIONAL E COLABORAÇÃO PREMIADA

É possível que o acordo de colaboração premiada envolva informações sobre contas, bens ou pessoas localizadas no exterior, de maneira que o Ministério Público poderá necessitar do auxílio de autoridades estrangeiras na coleta da prova de corroboração do depoimento do réu colaborador.

Como já foi visto, o crime organizado infiltra-se em redes internacionais, branqueando dinheiro proveniente dos crimes praticados, muitas vezes, em negócios e bancos situados em outros países. Como bem pontua Vladimir Aras:

> Com a globalização econômica, as hipóteses de transnacionalidade criminosa tornaram-se mais comuns. A mobilidade de pessoas, bens e ativos foi grandemente facilitada nas últimas décadas, o que levou ao incremento dos casos em que a cooperação internacional penal se faz necessária, tanto para localizar suspeitos, vítimas ou testemunhas, quanto para identificar provas e compartilhá-las no diálogo binacional ou multilateral.[28]

Assim, é necessário que os países se auxiliem mutuamente, com base na ideia de solidariedade universal, seja para meras co-

28 ARAS, Vladimir. Direito Probatório e Cooperação Jurídica Internacional. **A Prova no Enfrentamento à Macrocriminalidade.** SALGADO, Daniel de Resende; QUEIROZ, Ronaldo Pinheiro de (Organizadores). Salvador: Juspodium, 2015. P. 255/256.

municações processuais, obtenção de provas, captura de foragidos ou recuperação de ativos.

Para tanto, as autoridades podem se valer dos vários meios de cooperação jurídica internacional que, na classificação dada por Vladimir Aras, consistem em: a) medidas de cooperação internacional que recaem sobre pessoas (extradição, entrega, transferência temporária de pessoas e transferência de condenados); b) medidas de cooperação internacional para obtenção de provas (cartas rogatórias, auxílio direto, videoconferência internacional, tudo com a possibilidade de uso de técnicas especiais de investigação); c) medidas de cooperação internacional para rastreamento, bloqueio, confisco e repatriação de ativos; d) outras medidas de cooperação penal internacional (informação espontânea, cooperação internacional por meio de forças-tarefas, cooperação policial transfronteiriça, cooperação jurídica direta transfronteiriça e transferência de procedimentos criminais).[29]

É possível, ainda, que as informações fornecidas pelo réu colaborador acerca de produto de crime localizado no estrangeiro gerem investigações ou processos contra ele em outros países. Para garantir que o réu colaborador não omita fatos e dados sobre crimes cometidos no exterior, os acordos da Operação Lava Jato tem trazido cláusula de garantia de que as autoridades estrangeiras respeitem os termos da avença, a fim de incentivar o colaborador a dizer a verdade sobre esses fatos. Eis a minuta da cláusula:

> Cláusula 20ª - O MINISTÉRIO PÚBLICO FEDERAL somente prestará cooperação jurídica internacional de qualquer natureza que envolva acesso a qualquer informação ou elemento de prova diretamente resultante da colaboração ora pactuada, bem como ao próprio COLABORADOR, se a autoridade estrangeira celebrar com o COLABORADOR acordo ou lhe fizer proposta formal de acordo cujo efeito exoneratório seja, no mínimo, equivalente ao do presente acordo.

29 ARAS, Vladimir. Op. cit. P. 269/306. Cabe aqui dizer que o trabalho de Vladimir Aras é de leitura obrigatória aos que se interessam pelo tema da Cooperação Jurídica Internacional.

> Parágrafo único. O acordo mencionado no *caput* poderá ser dispensado caso a autoridade estrangeira se comprometa, por escrito, de forma válida segundo a lei brasileira, a respeitar integralmente os termos deste acordo.[30]

Muito do êxito da Operação Lava Jato se deve à cooperação jurídica internacional. Com efeito, até Agosto de 2016 o Ministério Público Federal já havia contabilizado, apenas para tal caso em Curitiba, 96 (noventa e seis) pedidos de cooperação ativos para 29 (vinte e nove) países diferentes[31]; e 26 (vinte e seis) pedidos de cooperação passivos, oriundos de 12 (doze) países diferentes.[32] Já no Grupo de Trabalho da Lava Jato do núcleo político-Brasília, que funciona na Procuradoria-Geral da República, até Agosto de 2016 foram feitos 12 (doze) pedidos, todos ativos, a 03 (três) países distintos: Suíça, Israel e França.

Os valores repatriados por meio de cooperação jurídica internacional com Suíça, Reino Unido e Andorra foram significativos, conforme se vê a seguir[33]:

30 http://s.conjur.com.br/dl/acordo-delacao-premiada-paulo-roberto.pdf Acesso em 30/10/2016.

31 Informações obtidas diretamente da Secretaria de Cooperação Jurídica Internacional da Procuradoria-Geral da República. Os pedidos foram feitos aos seguintes países: Alemanha, Andorra, Antígua e Barbuda, Áustria, Bahamas, Canadá, China, Espanha, Estados Unidos da América, Gibraltar, Hong Kong, Ilha de Man, Ilhas Cayman, Itália, Liechtenstein, Luxemburgo, Macau, Mônaco, Noruega, Países Baixos, Panamá, Portugal, Reino Unido, República Dominicana, Rússia (ainda em fase de tradução na SCI), Singapura, Suécia, Suíça e Uruguai.

32 Andorra, Argentina, Dinamarca, Estados Unidos da América, Itália, Liechtenstein, Noruega, Panamá, Peru, Suíça, Suécia e Uruguai.

33 Informações obtidas diretamente da Secretaria de Cooperação Internacional da Procuradoria-Geral da República.

CASO	ORGÃO SOLICITANTE	PAÍS	VALOR EFETIVAMENTE REPATRIADO
FTLJ 01/2014 (Pedro Barusco)	PR-PR	Suiça	R$207.442.368,51
Paulo Roberto Costa	PGR	Suiça	R$79.149.116,58
PETROBRAS / SBM Off-shore (Julio Faerman)	PR-RJ	Reino Unido	R$186.676.600,00
FTLJ (Rodrigo Morales)	PR-PR	Andorra	R$1.200.000,00
FTLJ (Roberto Trombeta)	PR-PR	Andorra	R$1.800.000,00
TOTAL			**R$476.268.085,09**

Figura 2 – Valores repatriados na Lava Jato

Fonte: Força-Tarefa Lava Jato/MPF

Lícito, portanto, afirmar que a cooperação jurídica internacional, no mundo globalizado atual, é uma das formas de se obter a prova de corroboração indispensável para o êxito de um acordo de colaboração premiada que traga informações sobre pessoas residentes ou dados existentes no exterior.

Analisados os aspectos procedimentais mais relevantes do instituto da colaboração premiada, impende investigar quais os direitos e garantias do réu colaborador, conforme será visto no capítulo adiante.

4
DIREITOS E GARANTIAS DO RÉU COLABORADOR

4.1 *VOLENTI NON FIT INJURIA, WAIVERS* E RENÚNCIA A DIREITO FUNDAMENTAL

Ao aceitar firmar o acordo de colaboração premiada, o acusado mantém direitos e garantias constitucionais, porém, por se tratar de Justiça consensuada, é certo que o réu colaborador renuncia a determinados direitos visando a obtenção de outros. Assim, o presente capítulo cuida da análise de quais direitos e garantias são irrenunciáveis, bem como quais podem ser objeto de renúncia por parte do réu: os chamados *waivers* no direito norte-americano.[1]

De acordo com o brocardo latino *Volenti non fit injuria* ("a vontade não causa dano"), aquele que consente não causa mal a si mesmo.[2] Desse modo, o réu colaborador, ao expressar a vontade de realizar acordo de colaboração premiada, renunciando a determinados direitos em troca de benefícios proporcionais,

---

1 Os *waivers* significam, no direito americano, renúncia ao exercício de um direito, como por exemplo o *waiver of Jury Trial* (Renúncia ao julgamento pelo Júri). Ver, a propósito: ARAS, Vladimir. **Renúncia ao Julgamento pelo Júri no Processo Penal brasileiro.** http://www.prrj.mpf.mp.br/custoslegis/revista_2010/2010/aprovados/2010_Dir_Penl_Vladimir.pdf Acesso em 05/09/2016.

2 ADAMY, Pedro Augustin. **Renúncia a Direito Fundamental**. São Paulo: Malheiros Editores, 2011. P. 108.

sempre assessorado por advogado, sendo pessoa capaz e não estando sob coação física ou moral, apenas exercita o seu direito à liberdade de realizar a melhor escolha para a sua situação processual e penal.

Com efeito, a renúncia a certos direitos fundamentais é, na lição de Pedro Augustin Adamy, nada mais que o exercício do próprio direito renunciado, em conjunto com o direito de liberdade, quando diz que:

> Ao renunciar a um direito fundamental, estará o titular exercendo o direito fundamental de duas formas variadas: a primeira como uma das possíveis formas de exercício daquele direito em conjunto com o seu direito de liberdade e a segunda como meio autônomo de restrição ou limitação do direito renunciado.[3]

Assim, é plenamente lícita a renúncia ao direito ao silêncio ou ao direito de recorrer, por exemplo, quando se firma um acordo de colaboração premiada, eis que o réu colaborador "está levando em consideração a sua situação, suas necessidades, eventuais benefícios com aquela atitude e, dessa forma, exercendo esse mesmo direito fundamental, conjuntamente com a sua liberdade individual".[4]

A garantia individual da liberdade é prestigiada quando se permite que o titular do direito o renuncie, temporariamente, para obter um benefício que considera maior. Novamente ensina Pedro Augustin Adamy:

> A renúncia aos direitos fundamentais, independentemente de quais sejam, deve ser centrada na proteção das decisões individuais no que tange às escolhas feitas individualmente como – assim acredita-se – melhor forma de desenvolvimento da personalidade e não como forma de impor determinada posição.[5]

---

3 ADAMY, Pedro Augustin. Op. cit. P. 49.

4 ADAMY, Pedro Augustin. Op. cit. P. 49/50.

5 ADAMY, Pedro Augustin. Op. cit. P. 50/51.

Privilegia-se, assim, a autonomia do indivíduo, sua autodeterminação e sua capacidade de tomar decisões decorrentes de análise de custo-benefício. Essa renúncia tem balizas, devendo sempre respeitar a dignidade da pessoa humana, e para tanto há que ser prevista em lei, ser voluntária, temporária, revogável a qualquer tempo, e ter em vista um benefício proporcional.[6]

Diante de tais características, a renúncia a direito fundamental pode ser conceituada como:

> A situação definida em lei, em que o titular do direito fundamental, expressamente, renuncia a determinadas posições ou pretensões jurídicas garantidas pelo direito fundamental, ou consente que o Poder Público restrinja ou interfira mais intensamente, por um determinado espaço de tempo e a qualquer momento revogável, tendo em vista um benefício proporcional e legítimo, direto ou indireto, pessoal ou coletivo.[7]

Para Paulo Wunder de Alencar, essa possibilidade de negociação de renúncias em troca de benefícios consiste na própria ampliação do direito de defesa:

> A renúncia não é apenas uma forma de exercício do direito de defesa, mas sim a melhor maneira que o imputado vislumbrou para proteger seus interesses, razão pela qual, se fosse proibida, o efeito seria contrário, isto é, o direito fundamental não estaria sendo observado e o imputado deveria estar fadado a sofrer as piores consequências possíveis na sua esfera de responsabilidade penal, sem que nada pudesse fazer em seu próprio benefício.[8]

---

6 ADAMY, Pedro Augustin. Op. cit. P. 58.

7 ADAMY, Pedro Augustin. Op. cit. P. 58.

8 ALENCAR, Paulo Wunder de. **Justiça Penal Negociada: o processo penal pelas partes**. Dissertação (Mestrado) - Escola de Direito do Rio de Janeiro da Fundação Getúlio Vargas - FGV, Rio de Janeiro/RJ, 2016. https://bibliotecadigital.fgv.br/dspace/bitstream/handle/10438/16455/Disserta%C3%A7%C3%A3o%20Mestrado%20FGV%20-%20vers%C3%A3o%20final%20protocolada.pdf?sequence=1&isAllowed=y Acesso em 05/09/2016.

Assim, quando por meio do acordo de colaboração premiada o cooperante decide, por sua livre e espontânea vontade, abrir mão da sua garantia contra a autoincriminação, ele o faz com base em previsão legal (Lei nº 12.850/2013 e demais normas que tratam do tema), podendo retratar-se ou rescindir o acordo a qualquer tempo, abrindo mão do direito ao silêncio apenas com relação aos fatos abordados do acordo, visando à obtenção de benefícios concretos com relação à sua pena.

4.2 CONTRADITÓRIO E AMPLA DEFESA

Quando o réu aceita os incentivos legais à confissão, dentre os quais se insere a colaboração premiada, ele nada mais faz do que exercer efetivamente o seu direito à ampla defesa, previsto no artigo 5º, inciso LV da Constituição Federal ("Aos litigantes, em processo judicial ou administrativo, e aos acusados em geral, são assegurados o contraditório e ampla defesa, com os meios e recursos a ela inerentes").

Ora, sabe-se que a ampla defesa não se realiza apenas com a tese de negativa de autoria. Há casos em que é tida como estrategicamente correta e melhor a defesa do acusado que confessa e pugna por uma redução de pena, regime de cumprimento de pena mais benéfico ou substituição por pena restritiva de direitos, deixando, inclusive, de apelar da sentença condenatória.

Como bem lembra Walter Nunes da Silva Júnior:

> No instante em que o acusado está cooperando, ele está, igualmente, exercendo sua defesa, pois a efetividade e eficiência da defesa não se confundem com a tese de exculpação ou de negativa de autoria, podendo, em muitos casos, ser exercida apenas no sentido de que, na condenação, o juiz leve em consideração circunstâncias determinantes para a aplicação de pena menos grave (reconhecimento de circunstâncias judiciais, atenuantes e de causas de diminuição de pena, de concurso formal ou de crime

continuado etc.), de substituição da pena privativa de liberdade por restritiva de direitos ou de aplicação do perdão judicial.[9]

Marcos Paulo Dutra Santos, nessa mesma linha, entende que a colaboração premiada é um consectário lógico da autodefesa[10], e defende que:

> A opção pela colaboração premiada, sem meias palavras, é um dos caminhos que o acusado pode eleger, logo, enquanto tal, é manifestação da ampla defesa (art. 5º, LV, da Constituição da República) - a depender das provas carreadas pelo Estado contra o acusado, a tornar a condenação mais do que visível no horizonte, a delação mostra-se a estratégia capaz de minorar a punição ou, a depender do caso, até evitá-la. (...) Eliminar do ordenamento essa alternativa reduziria o cardápio de "linhas de defesa" à disposição do acusado e do seu defensor, importando involução no exercício da ampla defesa, em descompasso com um dos critérios de hermenêutica constitucional - vedação ao retrocesso.[11]

Em voto proferido no *Habeas Corpus* nº 127.483/PR o Ministro Dias Toffoli, do STF, ressaltou que "o objetivo principal da garantia do contraditório não é a defesa, no sentido negativo de mera oposição ou resistência, mas sim a influência, tomada como direito ou possibilidade de incidir ativamente sobre o desenvolvimento e resultado do processo".[12]

---

9 SILVA JÚNIOR, Walter Nunes da. **Curso de direito processual penal: teoria (constitucional) do processo penal.** 2 ed. Natal: OWL Editora Jurídica, 2015. P. 543.

10 SANTOS, Marcos Paulo Dutra. **Colaboração (Delação) Premiada**. Salvador: JusPodium, 2016. P. 79.

11 SANTOS, Marcos Paulo Dutra. Op. cit. P. 75.

12 STF, Tribunal Pleno, HC 127.483/PR, Rel. Min. DIAS TOFFOLI. Julgamento: 27/08/2015. Publicação: DJe-021 DIVULG. 03/02/2016 PUBLIC 04/02/2016.

Assim, cabe ao réu e a seu advogado sopesarem, diante do quadro probatório trazido com a peça acusatória e produzido nos autos, qual a melhor forma de exercer o direito constitucional à ampla defesa: silenciar, negar tudo, negar parte dos fatos, confessar parte dos fatos, confessar tudo ou colaborar com o Ministério Público nos termos da Lei nº 12.850/13.

Desse modo, quando se coloca à disposição do acusado a possibilidade de obter benefícios por meio da realização do acordo de colaboração premiada, está-se, de fato, ampliando o leque de alternativas de exercício de sua defesa. Este, como já dito, é o entendimento de Walter Nunes da Silva Junior, quando escreve que os incentivos legais à confissão são "instrumentos hábeis à expansão do direito à ampla defesa no ambiente criminal".[13] Para Silva Junior, "a delação ou colaboração premiada confere ao agente colaborador benefícios legais, forma de premiação que, por via reflexa, serve, ainda que mediatamente, para o exercício efetivo do direito à ampla defesa".[14]

A garantia constitucional da ampla defesa é consolidada ao ser permitida, ao réu, a estratégia de colaborar com as autoridades em busca de benefícios práticos que variam da imunidade (não ser denunciado se for o primeiro a falar ou não for o líder da organização criminosa), do perdão judicial à redução de pena ou progressão do regime.

Como bem pontua Walter Nunes da Silva Júnior:

> Esses incentivos à confissão e à colaboração não se atritam com a natureza defensiva do interrogatório, muito pelo contrário, com ela se harmonizam. Ao fazer a comunicação de que o acusado detém o direito ao silêncio como estratégia de defesa, o

13 SILVA JÚNIOR, Walter Nunes da. **Curso de direito processual penal: teoria (constitucional) do processo penal.** 2 ed. Natal: OWL Editora Jurídica, 2015. P. 537.

14 SILVA JÚNIOR, Walter Nunes da. Op. cit. P. 537.

> juiz deve informá-lo, ainda, dos benefícios que ele pode usufruir com a sua eventual colaboração na persecução criminal.[15]

Segundo referido autor, o juiz do interrogatório, a par de avisar ao acusado que ele possui o direito ao silêncio, deve cientificá-lo acerca dos outros direitos previstos no sistema normativo, "dentre os quais se insere a colaboração premiada".[16]

Do mesmo modo, obviamente, o princípio do contraditório é preservado, no sentido de que o réu será comunicado de todos os atos processuais, podendo manifestar-se sobre tudo que for produzido no processo. Sobre o contraditório, lembra Edilson Mougenot Bonfim que se trata da:

> Ciência bilateral dos atos e termos processuais e possibilidade de contrariá-los, pelo que representa uma garantia conferida às partes de que elas efetivamente participarão da formação da convicção do juiz. (...) Relevante é que o juiz, antes de proferir cada decisão, ouça as partes, dando-lhes igual oportunidade para que se manifestem, apresentando argumentos e contra-argumentos.[17]

As manifestações do réu colaborador, todavia, terão sempre que se manter coerentes com o que foi dito no acordo, por razões de ordem lógica, sob pena de ser reconhecida má-fé e deslealdade processual, com o consequente reconhecimento do descumprimento da avença.

Para Rogério Sanches Cunha e Ronaldo Batista Pinto, ao tratar da colaboração premiada, "restam preservados os princípios da ampla defesa e do contraditório, pois há sim um processo a anteceder qualquer sentença".[18] Também para Pedro Jorge do Nas-

---

15 SILVA JÚNIOR, Walter Nunes da. Op. cit. P. 543.

16 SILVA JÚNIOR, Walter Nunes da. Op. cit. P. 543.

17 BONFIM, Edilson Mougenot. **Curso de Processo Penal**. 10ª ed. São Paulo: Saraiva, 2015. Pág. 91.

18 CUNHA, Rogério Sanches; PINTO, Ronaldo Batista. **Crime Organizado. Comentários à nova lei sobre o Crime Organizado (Lei nº 12.850/13)**. 3ª ed. Salvador: JusPodium, 2014. P. 39.

cimento Costa a ampla defesa é consolidada nos casos de colaboração premiada:

> Não há coação ou incapacidade de discernimento do agente colaborador. Romper o silêncio pode ser inclusive a melhor estratégia de defesa, na qual o Estado não deve se imiscuir. Ofende, pois, a ampla defesa retirar ao agente a possibilidade de colaborar. (...) exatamente por ser sujeito processual, o réu pode, desde que livre e conscientemente, dispor de seu direito constitucional a não colaborar.[19]

Partindo da premissa de que o acusado e seu advogado optaram por essa linha de defesa, qual seja, a realização de acordo de colaboração premiada, cabe perguntar se ostenta ele as mesmas garantias processuais do réu que nega a autoria ou que opta pelo silêncio. De acordo com a lei, algumas garantias processuais devem ser voluntariamente renunciadas pelo réu colaborador.

Talvez em razão da inovação que é a justiça consensuada no direito processual penal brasileiro, essa negociação de renúncias pontuais de direitos, chamada de *waivers* pelo direito americano[20], possa impactar um pouco alguns juristas. Todavia, não restam dúvidas de que, havendo enormes benefícios ao acusado, essa renúncia voluntária não merece qualquer questionamento, eis que, como já dito, amplia o leque de estratégias da defesa.

---

19 COSTA, Pedro Jorge do Nascimento. Silêncio e Mentira como Prova: a Proteção às Organizções Criminosas. *In* SALGADO, Daniel de Resende; QUEIROZ, Ronaldo Pinheiro (Org.). **A Prova no Enfrentamento à Macrocriminalidade.** Salvador: JusPodium, 2015. P. 181.

20 ARAS, Vladimir. **Sexta Crítica: direitos processuais do acusado são ilegalmente suprimidos nos acordos de colaboração premiada.** https://blogdovladimir.wordpress.com/2015/05/13/sexta-critica-direitos-processuais-do-acusado-sao-ilegalmente-suprimidos-nos-acordos-de-colaboracao-premiada/ Acesso em 25/04/2016.

4.3 DIREITO AO SILÊNCIO

Poderá o réu colaborador exercer o direito constitucional ao silêncio? De acordo com o artigo 4º, § 14 da Lei nº 12.850/2013, o colaborador renuncia ao direito ao silêncio, submetendo-se ao compromisso de dizer a verdade. Isso possui uma razão lógica: se o acusado aceita colaborar com o *law enforcement*, o silêncio passa a ser incompatível com a realização do acordo.

Parte da doutrina é contrária a essa renúncia. Rogério Sanches Cunha e Ronaldo Batista Pinto, por exemplo, entendem que o direito ao silêncio é assegurando constitucionalmente, não podendo ser renunciado pelo acusado.[21] Não parece, porém, ser este o melhor entendimento. Com efeito, conforme já exposto no item 4 do presente trabalho, a renúncia a determinados direitos fundamentais, em certas circunstâncias, é plenamente lícita e consolida a garantia constitucional da liberdade individual.

Esse é o entendimento, por exemplo, do Tribunal Constitucional Alemão, que entendeu que a liberdade de escolha se insere no direito ao livre desenvolvimento de sua personalidade, conforme lição de Pedro Augustin Adamy:

> A questão suscitou polêmica, em particular não estando claro para a doutrina se o livre desenvolvimento da personalidade estava limitado à proteção do desenvolvimento espiritual e moral da personalidade de um determinado indivíduo ou se ela seria relativa e estendida de modo a proteger toda a liberdade de ação individual. O Tribunal Constitucional Federal alemão resolveu a controvérsia no sentido de garantir o direito à liberdade geral de ação.[22]

---

21 CUNHA, Rogério Sanches; PINTO, Ronaldo Batista. **Crime Organizado. Comentários à nova lei sobre o Crime Organizado (Lei nº 12.850/13).** 3ª ed. Salvador: JusPodium, 2014. P. 78.

22 ADAMY, Pedro Augustin. **Renúncia a Direito Fundamental**. São Paulo: Malheiros Editores, 2011. P. 52/53.

Para que se possa, legitimamente, renunciar a direito fundamental, porém, há óbvios limites. Antes de tudo, é necessário que o renunciante ostente capacidade para tomar decisões. Como se trata, aqui, de investigado ou acusado em processo penal, é possível afirmar que somente pessoa imputável poderá realizar acordo de colaboração premiada.

Por outro lado, não se pode renunciar a algo eternamente. Assim, o réu colaborador não abre mão do direito ao silêncio de forma absoluta e permanente. Fora dos fatos e processos referentes ao acordo de colaboração premiada ou após o cumprimento da pena, o réu colaborador mantém a sua garantia intacta.

Pedro Augustin Adamy enfatiza esse aspecto da temporariedade da renúncia, ao dizer que "Uma renúncia eterna, ademais, pode ser tida como extintiva do próprio direito fundamental, uma vez que o titular nunca mais poderá invocar aquele direito contra o ente para o qual a renúncia foi direcionada"[23], exemplificando que é possível que:

> O titular renuncie temporariamente ao exercício do seu direito de liberdade econômica e livre iniciativa ao pactuar que não atuará em determinado mercado, não comercializará determinado produto, ou não instalará concorrência numa determinada área, sem que com isso esteja a renunciar os seus direitos fundamentais à liberdade econômica e à livre iniciativa.[24]

Essa temporariedade da renúncia do direito ao silêncio e da garantia contra a autoincriminação é admitida por Marcos Paulo Dutra Santos, que prefere dizer que, em vez de uma renúncia propriamente dita, o acusado está "deixando de exercê-los naquele ato, a partir de uma manifestação de vontade marcada pela voluntariedade e consciência, afastando qualquer pecha de inconstitucionalidade".[25]

---

23 ADAMY, Pedro Augustin. **Renúncia a Direito Fundamental**. São Paulo: Malheiros Editores, 2011. P. 117.

24 ADAMY, Pedro Augustin. Op. cit. P. 57.

25 SANTOS, Marcos Paulo Dutra. **Colaboração (Delação) Premiada**. Salvador: JusPodium, 2016. P. 125.

Além disso, a renúncia a direito fundamental, para que seja válida, deve ser retratável, isto é, deve permitir o arrependimento do titular do direito renunciado. Assim, o réu colaborador poderá retratar-se, voltando atrás na decisão de falar, conforme permite, inclusive, expressamente, o artigo 4º, § 10 da Lei nº 12.850/2013, que consagra ao réu colaborador o direito de se retratar, ou seja, de se arrepender, sem necessidade sequer de se justificar, garantindo que "as provas autoincriminatórias produzidas pelo colaborador não poderão ser utilizadas exclusivamente em seu desfavor".

De fato, a opção pelo comportamento colaborador implica na renúncia temporária do direito ao silêncio, mas, ainda segundo Marcos Paulo Dutra Santos, "isso não impede o acusado, posteriormente, de retratar-se – § 10 do art. 4º – ou silenciar-se, o que, por sinal, não deixa de ser uma espécie de retratação tácita".[26]

Além dos pressupostos da capacidade, temporariedade e revogabilidade da renúncia ao direito fundamental, Pedro Augustin Adamy elenca a necessidade de benefícios proporcionais como contrapartida necessária para que essa renúncia seja legítima. Tratando da renúncia a direito fundamental na área tributária, tal autor esclarece, em lição que pode ser transportada para a situação do acordo de colaboração premiada, quanto à questão dos benefícios proporcionais:

> Não há necessidade de sinalagmaticidade entre os benefícios havidos para a Administração Pública e para os contribuintes renunciantes. Contudo, é necessário que aos contribuintes que renunciarem seus direitos – fundamentais ou não – sejam concedidos benefícios que importem uma melhoria nas condições.[27]

Desse modo, se o réu, assessorado por advogado, realiza acordo de colaboração premiada com o Ministério Público, legitimamente renuncia, nessa relação processual, ao seu direito funda-

26 SANTOS, Marcos Paulo Dutra. Op. cit. P. 125.

27 ADAMY, Pedro Augustin. Op. cit. P. 120.

mental ao silêncio, no afã de obter outros benefícios proporcionais aos direitos que temporariamente abre mão.

A maioria da doutrina entende ser compatível com a Constituição Federal a renúncia à garantia de autoincriminação necessária aos acordos de colaboração premiada. Alfredo Carlos Gonzaga Falcão Júnior, a propósito, argumenta que:

> Ao delator não pode ser impingida a violência para que fale (...). Contudo, não se pode impedir que fale, que pondere como ser humano livre, e, independente dos seus motivos, pessoais (egoísticos ou não), decida se deve colaborar com a reconstrução dos fatos dentro do processo. (...) O Direito (...) não pode tutelar a incapacidade do ser humano em decidir, mormente quando estão em jogo valores sociais caros à sociedade.[28]

Com efeito, é absolutamente incompatível com a natureza da colaboração que o acusado se cale. Tem ele a garantia da não autoincriminação, porém no instante em que opta por realizar acordo de colaboração premiada, automaticamente renuncia ao direito de permanecer calado, devendo falar a verdade sobre todos os fatos relacionados aos coautores e a si mesmo.

A constitucionalidade dessa renúncia é clara, sob pena de se entender que o acusado teria alguma obrigação ou dever de sempre resistir à tese acusatória, quando se sabe que ele pode negar tudo, negar parte dos fatos, confessar parte dos fatos, confessar tudo ou, em última instância, colaborar com o Ministério Público. O leque de estratégias de defesa possíveis ficará a critério seu e de seu advogado.

Defendendo a constitucionalidade da renúncia expressa ao direito ao silêncio, Pedro Jorge do Nascimento Costa argumenta que:

---

28 FALCÃO JÚNIOR, Alfredo Carlos Gonzaga. O perfil constitucional: material da delação premiada como meio de prova. *In* ANJOS FILHO, Robério Nunes dos (Org.). **Capacitar, VII Curso de Ingresso e Vitaliciamento para Procuradores da República.** Brasília: ESMPU, 2011. P. 20/21.

> A colaboração premiada é instituto legítimo do chamado direito penal premial, instrumento de efetividade da persecução penal. (...) A colaboração sequer é o único instituto do direito penal premial que incentiva o agente a falar a verdade. De há muito a atenuante da confissão opera analogamente sem a pecha de inconstitucional. O réu tem o direito ao silêncio. Mas, se confessar espontaneamente, beneficia-se da atenuante. Se não o fizer, não é prejudicado: deixa de ser favorecido.[29]

E continua o referido autor:

> Não se trata aqui de 'desfavorecer' a posição do arguido, mas só de 'deixar de favorecer'. Semelhantemente, a extinção da punibilidade pela retratação do agente, prevista para casos como os crimes contra a honra e falso testemunho (art. 107, VI, combinado com os arts. 143 e 342, § 2º, do Código Penal), pressupõe que o agente abdique do silêncio e fale a verdade. Então, não há novidade na previsão de renúncia ao direito ao silêncio pelo agente como requisito para a aplicação de institutos do chamado direito penal premial. Outras hipóteses têm previsão legal já antiga sem questionamentos doutrinários ou jurisprudenciais. (...) Em suma, a lei não viola o direito ao silêncio; apenas, legitimamente, condiciona determinados prêmios ao depoimento verdadeiro do agente, cercando de cuidados a produção e valoração desse meio de prova. As previsões legais são acertadas e mostram que a colaboração premiada equilibra as garantias processuais, a efetividade da persecução penal e a busca da verdade, compensando dificuldades de prova nos casos envolvendo criminalidade organizada.[30]

No mesmo sentido se posiciona Frederico Valdez Pereira, quando defende que:

---

29 COSTA, Pedro Jorge do Nascimento. Silêncio e Mentira como Prova: a Proteção às Organizções Criminosas. *In* SALGADO, Daniel de Resende; QUEIROZ, Ronaldo Pinheiro (Org.). **A Prova no Enfrentamento à Macrocriminalidade.** Salvador: JusPodium, 2015. P. 182.

30 COSTA, Pedro Jorge do Nascimento. Op. cit. P. 182, 184/185.

> Exatamente por ser sujeito processual, o réu pode, desde que livre e conscientemente, dispor de seu direito constitucional a não colaborar; significa dizer que o direito em questão é, em todo caso, disponível, situando-se na esfera de liberdade do titular do direito a decisão de opor-se, total ou parcialmente, ou mesmo não se opor, à imputação. Sendo assim, e acaso não paire dúvidas de que a escolha a colaborar foi feita livremente, a renúncia ao direito insere-se na estratégia processual adotada pelo acusado.[31]

Essa também é a opinião de Cassio Roberto Conserino, ao dizer que:

> A bem da verdade, quando um investigado resolve se sujeitar ao instituto da delação premiada, estará renunciando ao direito ao silêncio. Guardadas as devidas proporções, estará assumindo idêntica postura quando exara uma confissão.[32]

E conclui que:

> tanto na delação quanto na confissão, o investigado ou grupo investigado não estão violando o princípio *nemo tenetur se degetere*, mas abrindo conscientemente e voluntariamente mão dessa prerrogativa para alcançar outras prerrogativas dentro do processo penal.[33]

Do mesmo modo pensa Felipe Luiz Machado Barros, ao defender expressamente que a previsão de renúncia do direito ao silêncio não implica, por si só, alguma inconstitucionalidade, desde que respeitada, no caso concreto, a voluntariedade do ato.[34]

---

31 PEREIRA, Frederico Valdez. Compatibilização constitucional da colaboração premiada. **Revista dos Tribunais** 929/2013. P. 319. Mar/2013. DTR/2013/585. P. 06.

32 CONSERINO, Cássio Roberto. **Crime organizado e institutos correlatos.** São Paulo: Atlas, 2011. P. 122.

33 CONSERINO, Cássio Roberto. Op. cit. P. 123.

34 BARROS, Felipe Luiz Machado. **Colaboração Premiada e direito à não autoincriminação: (in) constitucionalidade da renúncia do direito ao**

Não há dúvidas, portanto, de que o direito ao silêncio é renunciável, podendo o acusado e seu advogado optar validamente pela estratégia de defesa consistente em falar toda a verdade sobre os crimes e comparsas a fim de obter benefícios decorrentes do acordo de colaboração premiada.

Partindo da premissa, portanto, de que o réu cooperante deve falar a verdade, pergunta-se: quais as consequências decorrentes de o acusado colaborador faltar com a verdade em seu depoimento? Já que tem a obrigação de falar a verdade, poderá, se mentir, sofrer as penas do crime de falso testemunho?

Frederico Valdez Pereira entende que o réu colaborador abre mão do direito ao silêncio, mas não pode submeter-se ao compromisso legal de dizer a verdade, sob pena de praticar falso testemunho, eis que é pessoa interessada na causa.[35] Para o doutrinador, "não se deve tomar o compromisso de dizer a verdade do delator, que não se confunde com testemunha, resultando que ele não está obrigado a responder a todas as perguntas da defesa".[36]

Alfredo Carlos Gonzaga Falcão Júnior, por seu turno, entende que o réu colaborador não é testemunha, e sim mero informante, sem a exigência de dizer a verdade.[37] É certo que o acusado cooperante não é testemunha, porém dele se exige o compromisso de dizer a verdade, eis que expressamente abre mão do direito ao silêncio. No momento em que mente, acusando alguém injustamente, incorre na prática do crime tipificado no artigo 19 da Lei

---

silêncio prevista na Lei 12.850/2013. Dissertação (Mestrado em Direito) - Universidade Federal do Rio Grande do Norte - Natal/RN, 2016. https://repositorio.ufrn.br/jspui/bitstream/123456789/21318/1/FelipeLuizMachadoBarros_DISSERT.pdf

35 PEREIRA, Frederico Valdez. Valor probatório da colaboração processual (delação premiada). **Revista dos Tribunais**, a.98 v. 879, jan/2009. P. 3.

36 PEREIRA, Frederico Valdez. Op. cit. P. 07.

37 FALCÃO JÚNIOR, Alfredo Carlos Gonzaga. O perfil constitucional: material da delação premiada como meio de prova. *In* ANJOS FILHO, Robério Nunes dos (Org.). **Capacitar, VII Curso de Ingresso e Vitaliciamento para Procuradores da República**. Brasília: ESMPU, 2011. P. 28.

nº 12.850/2013[38], e não no crime de falso testemunho previsto no artigo 342 do Código Penal.

Este é o entendimento de Pedro Jorge do Nascimento Costa:

> É equivocado igualar o colaborador à testemunha. O colaborador tanto não é testemunha que não comete crime de falso testemunho. A uma, porque não consta do rol dos sujeitos ativos do crime previsto no art. 342 do Código Penal. E, a duas, porque existe crime específico, menos abrangente, no art. 19 da lei nº 12.850/13.[39]

Segundo o referido autor, o réu colaborador é:

> Um depoente anômalo, porque deve confessar fatos próprios e falar a verdade sobre fatos criminosos de terceiros, sendo ele sujeito processual e interessado na expectativa de prêmio. Materialmente, seu depoimento é o de réu. De fato, o art. 4º, § 16, da lei nº 12.850/13, na mesma linha da melhor doutrina, expressamente positivou que a delação isoladamente não pode fundamentar sentença condenatória, tal qual a confissão. A norma é acertada inclusive para o conteúdo autoincriminatório das declarações do colaborador. Nem sempre o que ele afirma, mesmo em juízo e sem qualquer espécie de coação, é de se aceitar como verdade, ainda que confesse integralmente o crime.[40]

As consequências do descumprimento, além do risco de incidir o acusado na prática do crime do artigo 19 da Lei nº 12.850/2013, consistem ainda na rescisão do acordo, com a perda dos benefícios legais dele decorrentes. Se já houver sido proferida

---

38 Art. 19. Imputar falsamente, sob pretexto de colaboração com a Justiça, a prática de infração penal a pessoa que sabe ser inocente, ou revelar informações sobre a estrutura de organização criminosa que sabe inverídicas: Pena – reclusão, de 1 (um) a 4 (quatro) anos, e multa.

39 COSTA, Pedro Jorge do Nascimento. Silêncio e Mentira como Prova: a Proteção às Organizções Criminosas. *In* SALGADO, Daniel de Resende; QUEIROZ, Ronaldo Pinheiro (Org.). **A Prova no Enfrentamento à Macrocriminalidade.** Salvador: JusPodium, 2015. P. 184.

40 COSTA, Pedro Jorge do Nascimento. Op. cit. P. 183.

sentença condenatória, há entendimento no sentido de que a pena a ser aplicada deve ser a fixada primeiramente na sentença, e não a estipulada no acordo. Nesse sentido, Walter Nunes da Silva Júnior:

> O juiz deve proferir a sentença condenatória, fixando a pena que seria a adequada para, na sequência, fazer a substituição pela sanção negociada em razão da colaboração premiada, deixando consignado que, caso não cumprida qualquer cláusula do acordo, ocorrerá a reconversão da pena aplicada. Assim, na hipótese de o agente deixar de cumprir as cláusulas do acordo, da mesma forma como ocorre quando da substituição da pena privativa de liberdade pela restritiva de direitos, ele terá que cumprir a sanção que havia sido substituída.[41]

4.4 DIREITO DE SER ASSISTIDO POR ADVOGADO

De acordo com o artigo 4º, § 15 da Lei nº 12.850/2013, é impossível a realização de acordo de colaboração premiada sem a presença efetiva de advogado. Assim dispõe a norma: "Em todos os atos de negociação, confirmação e execução da colaboração, o colaborador deve estar assistido por advogado".

Trata-se, assim, de um direito irrenunciável por parte do acusado que deseja colaborar. Se seu advogado não concordar com a colaboração, restará ao acusado contratar outro causídico ou aceitar a assistência da Defensoria Pública.

Desse modo, o membro do Ministério Público sequer pode iniciar as negociações, ainda que informalmente, sem que o investigado/acusado/condenado esteja assessorado o tempo todo por advogado de sua escolha. Tal garantia impede qualquer espécie de alegação de coação ou pressão, portanto. Afinal, não se imaginará

---

41 SILVA JÚNIOR, Walter Nunes da. **Curso de direito processual penal: teoria (constitucional) do processo penal.** 2 ed. Natal: OWL Editora Jurídica, 2015. P. 544.

que um advogado possa anuir com acordo que, prejudicando seu cliente, seja fruto de ato ilícito.

Nos Estados Unidos da América a participação de advogado é imprescindível desde o primeiro contato das negociações. A Regra Modelo 4.2 de Conduta Profissional da *American Bar Association* - ABA e a Regra Disciplinar 7-104 (A) (1) proíbem o contato do Promotor com um investigado representado por advogado, para tratar de colaboração premiada, sem que o contato seja feito por intermédio do profissional.

O *Standard 4.1* (b) dos Parâmetros Mínimos para a Justiça Criminal da ABA dispõe que "É uma conduta antiética para um promotor engajar-se em discussões sobre acordo diretamente com um acusado que é representado por um advogado, exceto com a aprovação do advogado".[42]

Os acordos de colaboração premiada da Operação Lava Jato têm sido, todos, negociados sempre na presença do advogado do réu colaborador, e por ambos assinado o termo final, constando inclusive cláusula expressa de que o acordo somente é válido com a concordância dos dois. Assim, a presença de advogado desde a fase das negociações garante ao acusado a preservação de seus direitos constitucionais, tornando praticamente impossível a ocorrência de coação para firmar o acordo.

Por fim, cumpre ressaltar a ampla possibilidade de o réu colaborador advogar em causa própria, caso seja advogado, não havendo norma que o force a ser assistido por um outro advogado se ostentar, ele próprio, a inscrição nos quadros da Ordem dos Advogados do Brasil.

---

42 TROTT, Stephen. O uso de um criminoso como testemunha: um problema especial. Tradução: Sergio Fernando Moro. **Revista CEJ.** Centro de Estudos Judiciários do Conselho da Justiça Federal. V. 11, n. 37. Abr/Jun 2007. P. 77.

4.5 GARANTIA DO DUPLO GRAU DE JURISDIÇÃO

O réu colaborador mantém intacto o direito de recorrer, não havendo vedação na lei acerca desse seu direito. Todavia, fere a lógica que o réu, optando pela realização de acordo de colaboração premiada, passe a questionar em juízo, via recursal, as cláusulas da avença, estando-se aí diante do brocardo *venire contra factum proprium*.

Porém, realizado o acordo e cumpridas as obrigações do réu cooperante, o Supremo Tribunal Federal tem entendido que os benefícios decorrentes da avença constituem direito subjetivo, exigíveis inclusive judicialmente. Ao julgar o *Habeas Corpus* nº 127.483 - PR, Relator Ministro Dias Toffoli assim se pronunciou:

> Caso a colaboração seja efetiva e produza os resultados almejados, há que se reconhecer o direito subjetivo do colaborador à aplicação das sanções premiais estabelecidas no acordo, inclusive de natureza patrimonial. (...) Assim, caso se configure, pelo integral cumprimento de sua obrigação, o direito subjetivo do colaborador à sanção premial, tem ele o direito de exigi-la judicialmente, inclusive recorrendo da sentença que deixar de reconhecê-la ou vier a aplicá-la em desconformidade com o acordo judicialmente homologado, sob pena de ofensa aos princípios da segurança jurídica e da proteção da confiança.[43]

Nos acordos firmados no âmbito da Operação Lava Jato consta cláusula expressa de renúncia do réu ao direito de recorrer das sentenças penais condenatórias proferidas em relação aos fatos objeto da avença, desde que elas respeitem os termos nele formulados. Assim, pode o réu colaborador recorrer da sentença condenatória ou da homologatória, no afã de combater injustiças e erros no tocante aos benefícios acordados.

---

43 STF, Tribunal Pleno, HC 127.483/PR, Rel. Min. DIAS TOFFOLI. Julgamento: 27/08/2015. Publicação: DJe-021 DIVULG. 03/02/2016 PUBLIC 04/02/2016.

De qualquer forma, por entender que o direito de recorrer é irrenunciável e indisponível, o Ministro Teori Zavascki, no uso do poder conferido pelo artigo 4º, § 8º da Lei nº 12.850/2013, não vinha homologando a referida cláusula dos acordos da Operação Lava Jato, o que foi respaldado pela Corte, conforme se vê do julgamento, por exemplo, do *Habeas Corpus* nº 127.483 - PR.

Diante disso, o Ministério Público Federal modificou a dicção da cláusula, que agora vem sendo homologada sem necessidade de adequações, passando a constar expressamente que "As partes somente poderão recorrer de sentença, em relação ao Colaborador, no que toca à fixação da pena, ao regime de seu cumprimento, à pena de multa e à multa compensatória, limitadamente ao que extrapolar os parâmetros do presente acordo".

4.6 DIREITO DE NÃO SER PROCESSADO POR ATO DE IMPROBIDADE ADMINISTRATIVA

A partir da realização de acordo de colaboração premiada na seara criminal, pergunta-se qual a sua repercussão na área cível, ou seja, teria o réu colaborador direito a não ser processado por improbidade administrativa?

O réu colaborador do processo penal não tem propriamente o direito de não ser processado na seara da improbidade administrativa. Esta é uma cláusula, porém, que pode e - a nosso ver - merece ser negociada.

Sobre a leniência na improbidade, vale ressaltar que o Ministério Público Federal tem papel protagonista. Os acordos da Operação Lava Jato preveem imunidade nas ações de improbidade administrativa, o que consiste em grande benefício ao réu colaborador, diante das duras sanções da Lei nº 8.429/1992.[44]

---

44 Art. 12. Independentemente das sanções penais, civis e administrativas previstas na legislação específica, está o responsável pelo ato de improbidade sujeito às seguintes cominações, que podem ser aplicadas isolada ou

Tais cláusulas não vêm sendo questionadas no Judiciário, nem na primeira instância (Vara Federal em Curitiba) nem no Supremo Tribunal Federal, que as tem homologado sem ressalvas.[45] A 5ª Câmara de Coordenação e Revisão do Ministério Público Federal, por seu turno, também tem homologado todos os acordos feitos na seara da improbidade administrativa na Operação Lava Jato.

A melhor opção é colocar a cláusula e deixar claro que o Ministério Público não processará o réu colaborador pela prática de ato de improbidade administrativa. A aplicação dos efeitos do acordo de colaboração premiada na área da improbidade é uma decorrência do princípio constitucional da moralidade administrativa, que impõe que o Estado agirá com lealdade, respeitando

---

cumulativamente, de acordo com a gravidade do fato: I – na hipótese do art. 9º, perda dos bens ou valores acrescidos ilicitamente ao patrimônio, ressarcimento integral do dano, quando houver, perda da função pública, suspensão dos direitos políticos de oito a dez anos, pagamento de multa civil de até três vezes o valor do acréscimo patrimonial e proibição de contratar com o Poder Público ou receber benefícios ou incentivos fiscais ou creditícios, direta ou indiretamente, ainda que por intermédio de pessoa jurídica da qual seja sócio majoritário, pelo prazo de dez anos; II – na hipótese do art. 10, ressarcimento integral do dano, perda dos bens ou valores acrescidos ilicitamente ao patrimônio, se concorrer esta circunstância, perda da função pública, suspensão dos direitos políticos de cinco a oito anos, pagamento de multa civil de até duas vezes o valor do dano e proibição de contratar com o Poder Público ou receber benefícios ou incentivos fiscais ou creditícios, direta ou indiretamente, ainda que por intermédio de pessoa jurídica da qual seja sócio majoritário, pelo prazo de cinco anos; III – na hipótese do art. 11, ressarcimento integral do dano, se houver, perda da função pública, suspensão dos direitos políticos de três a cinco anos, pagamento de multa civil de até cem vezes o valor da remuneração percebida pelo agente e proibição de contratar com o Poder Público ou receber benefícios ou incentivos fiscais ou creditícios, direta ou indiretamente, ainda que por intermédio de pessoa jurídica da qual seja sócio majoritário, pelo prazo de três anos.

45 Exemplo de cláusula em acordos da Operação Lava Jato envolvendo a questão da improbidade administrativa: "Cláusula 10ª – O MINISTÉRIO PÚBLICO FEDERAL não proporá ações cíveis ou de improbidade contra o COLABORADOR ou suas empresas pelos fatos abrangidos neste acordo, salvo em caso de rescisão". http://s.conjur.com.br/dl/acordo-delacao-premiada-paulo-roberto.pdf Acesso em 30/10/2016.

as expectativas do administrado, evitando comportamentos contraditórios *(non venire contra factum proprium).*

Se o Ministério Público realiza acordo de colaboração premiada na esfera penal e ajuíza ação de improbidade na seara cível, está sendo desleal, contraditório, frustrando a expectativa do colaborador. Ajuizar ação é incompatível com a solução consensual do conflito. Todavia, é possível, uma vez que não há vedação expressa na lei.

Sobre a previsão do artigo 17, § 1º da Lei nº 8.429/92, Nicolao Dino diz que:

> Havendo colaboração de um infrator, não é adequado que as cominações a ele destinadas sejam iguais àquelas a serem atribuídas a infratores de escalão superior, sob pena de ofensa ao princípio da proporcionalidade. Nessa linha de raciocínio, revela-se inteiramente pertinente e eficaz a utilização da colaboração premiada na persecução por improbidade administrativa. Há que se buscar fundamento para tanto, superando-se a ausência de previsão normativa explícita mediante a inserção da Lei 8.429/92 no microssistema de combate à corrupção.[46]

Continua o referido autor:

> O próprio êxito da colaboração premiada ou do acordo de leniência firmados no âmbito da persecução penal ou do processo administrativo, pode ficar comprometido se a autoincriminação numa instância, em troca de um benefício, puder implicar responsabilização integral em outra instância, na esfera da improbidade administrativa. Isso iria de encontro, inclusive, ao princípio da proteção da confiança legítima, corolário do princípio da segurança jurídica, o qual preconiza que o cidadão, ao con-

46 DINO, Nicolao. A Colaboração Premiada na Improbidade Admnistrativa: Possibiidade e Repercussão Probatória. *In* SALGADO, Daniel de Resende; QUEIROZ, Ronaldo Pinheiro de (Org.). **A Prova no Enfrentamento à Macrocriminalidade.** Salvador: JusPodium, 2015. P. 457.

fiar no comportamento do Estado, não pode sofrer prejuízos em consequência direta do crédito a ele atribuído.[47]

No Superior Tribunal de Justiça, no julgamento do REsp nº 1.477.982, o Relator Ministro Og Fernandes, da Segunda Turma, reconheceu que a Lei nº 8.884/94 (hoje não mais em vigor) previa a possibilidade de extinção da ação punitiva da administração pública mediante colaboração, admitindo, em tese, que o acordo de colaboração premiada firmado no processo penal surtisse efeitos em âmbito cível.[48]

4.7 RETRATAÇÃO DA PROPOSTA *VERSUS* RESCISÃO DO ACORDO: DIFERENTES CONSEQUÊNCIAS

O artigo 4º, § 10 da nova lei de combate ao crime organizado consagra ao réu colaborador o direito de se retratar da proposta, ou seja, de se arrepender, sem necessidade sequer de se justificar. Assim dispõe o citado dispositivo: "As partes podem retratar-se da proposta, caso em que as provas autoincriminatórias produzidas pelo colaborador não poderão ser utilizadas exclusivamente em seu desfavor".

Rogério Sanches Cunha e Ronaldo Batista Pinto defendem que a retratação somente pode ser feita antes da homologação judicial[49], uma vez que a lei fala em "proposta", e não em "acordo". Nessa toada, o STF, no julgamento do *Habeas Corpus* nº 127.483 - PR, entendeu, conforme o voto do Relator, Ministro Dias Toffoli, que:

---

47 DINO, Nicolao. Op. cit. P. 458.

48 REsp 1477982/DF. Recurso Especial 2014/0218118-9. 2ª Turma. Rel. Min. Og Fernandes. Data do Julgamento: 14/04/2015. Data da Publicação: DJe 23/04/2015.

49 CUNHA, Rogério Sanches; PINTO, Ronaldo Batista. **Crime Organizado. Comentários à nova lei sobre o Crime Organizado (Lei nº 12.850/13).** 3ª ed. Salvador: JusPodium, 2014. P. 73.

> A proposta é retratável, nos termos do art. 4º, § 10, da Lei nº 12.850/13, mas não o acordo. Se o colaborador não mais quiser cumprir seus termos, não se cuidará de retratação, mas de simples inexecução de um negócio jurídico perfeito.[50]

A retratação da proposta em nada prejudica a presunção de inocência ou não-culpabilidade do acusado, já que a própria lei adverte que as provas autoincriminatórias por ele até então produzidas não poderão ser usadas contra ele pelo Ministério Público, embora sejam válidas em relação aos demais investigados.

Nos Estados Unidos é possível que, em caso de retratação, tudo que foi dito pelo colaborador possa ser usado contra ele, conforme leciona Stephen Trott: "Considere adicionar um parágrafo prevendo que, se a testemunha voltar atrás, tudo o que ela tiver dito durante as negociações pode ser usado contra ela".[51] No Brasil, como visto, não há essa possibilidade.

No julgamento do *Habeas Corpus* nº 120.454, a Relatora Ministra Laurita Vaz, acompanhada à unanimidade pela Quinta Turma do Superior Tribunal de Justiça, decidiu que se o colaborador se retrata, não pode ser beneficiado pelos prêmios da colaboração.[52]

---

50 STF, Tribunal Pleno, HC 127.483/PR, Rel. Min. DIAS TOFFOLI. Julgamento: 27/08/2015. Publicação: DJe-021 DIVULG. 03/02/2016 PUBLIC 04/02/2016.

51 TROTT, Stephen. O uso de um criminoso como testemunha: um problema especial. Tradução: Sergio Fernando Moro. **Revista CEJ.** Centro de Estudos Judiciários do Conselho da Justiça Federal. V. 11, n. 37. Abr/Jun 2007. P. 82.

52 STJ – HC nº 120.454-RJ (2008/0249917-). 5ª Turma. Rel. Min. Laurita Vaz. Data do julgamento: 23/02/2010. Segue trecho da ementa: 2. Não obstante tenha havido inicial colaboração perante a autoridade policial, as informações prestadas pelo Paciente perdem relevância, na medida em que não contribuíram, de fato, para a responsabilização dos agentes criminosos. O magistrado singular não pôde sequer delas se utilizar para fundamentar a condenação, uma vez que o Paciente se retratou em juízo. Sua pretensa colaboração, afinal, não logrou alcançar a utilidade que se pretende com o instituto da delação premiada, a ponto de justificar a incidência da causa de diminuição de pena.

Sobre a necessidade de fundamentação da retratação, mormente quando advinda de agentes públicos, alerta Walter Nunes da Silva Júnior que:

> A lei nada diz, porém, quanto às hipóteses nas quais pode ser feita a retratação. A leitura literal da norma jurídica em destaque dá a entender que não há necessidade de fundamentação e, ainda, que essa retratação não passa pelo crivo do Judiciário. Parece, óbvia, porém, a necessidade de a retratação ser fundamentada por quem a manifestar, no escopo de permitir o seu exame, notadamente quando da lavra do Ministério Público, uma vez que, para todos os efeitos, ao aceitar a colaboração, o acusado o faz como estratégia de defesa, o que, para tanto, exige a renúncia expressa ao direito ao silêncio, assumindo o compromisso legal de dizer a verdade.[53]

Acatada a proposta pela outra parte, firma-se o acordo, que deve, portanto, ser cumprido, sob pena de rescisão, conforme já estabelecido no precedente do STF (*Habeas Corpus* nº 127.483 - PR). Veja-se que rescisão não se confunde com retratação, tampouco seus efeitos. A rescisão ocasionada pelo colaborador acarreta a perda dos seus benefícios, bem como a possibilidade de utilização de todas as provas já produzidas em seu desfavor, se ainda não tiver sido prolatada a sentença; ou o cumprimento da pena imposta na sentença, se esta já foi proferida.[54]

Assim dispõem os acordos de colaboração premiada da Operação Lava Jato, sempre homologados pelo Poder Judiciário:

> Cláusula 7ª - Ocorrendo quebra ou rescisão do acordo imputável ao COLABORADOR, voltarão a correr todos os feitos e procedimentos suspensos em razão do presente acordo.
>
> Parágrafo único. A qualquer tempo, uma vez rescindido o acordo por fato imputável ao COLABORADOR, o regime da pena

53 SILVA JÚNIOR, Walter Nunes da. **Curso de direito processual penal: teoria (constitucional) do processo penal.** 2 ed. Natal: OWL Editora Jurídica, 2015. P. 542.

54 Ver, a propósito, Capítulo sobre Aspectos Procedimentais.

> será regredido para o regime fixado originalmente em sentença ou decisão de unificação de penas, de acordo com os ditames do artigo 33 do Código Penal, respeitado o tempo de pena já cumprido.
>
> Cláusula 8ª – A qualquer tempo, uma vez rescindido este acordo por fato imputável ao COLABORADOR, todos os benefícios mencionados nas cláusulas 5ª e 6º, assim como os demais previstos neste acordo, ficam prejudicados, sem prejuízo da licitude e da admissibilidade das provas produzidas pelo COLABORADOR, bem como da manutenção da perda dos valores já pagos a título de multa e reparação do dano.
>
> (...)
>
> Cláusula 10ª – O MINISTÉRIO PÚBLICO FEDERAL não proporá ações cíveis ou de improbidade contra o COLABORADOR ou suas empresas pelos fatos abrangidos neste acordo, salvo em caso de rescisão.[55]

Os termos de acordo de colaboração da Operação Lava Jato preveem, ainda, um título específico para as causas da rescisão e suas consequências, com a previsão de que a avença considerar-se-á rescindida e perderá seus efeitos: a) se o colaborador descumprir, sem justificativa, qualquer das cláusulas, parágrafos, alíneas ou itens em relação aos quais se obrigou; b) se o colaborador sonegar a verdade ou mentir em relação a fatos em apuração, em relação aos quais se obrigou a cooperar; c) se o colaborador se recusar a prestar qualquer informação de que tenha conhecimento; d) se o colaborador recusar-se a entregar documento ou prova que tenha em seu poder ou sob a guarda de pessoa de suas relações ou sujeito a sua autoridade ou influência, salvo se, diante da eventual impossibilidade de obtenção direta de tais documentos ou provas, indicar ao Ministério Público Federal a pessoa que o guarda e o local onde poderá ser obtido, para a adoção das providências cabíveis.

---

55 http://s.conjur.com.br/dl/acordo-delacao-premiada-paulo-roberto.pdf Acesso em 30/10/2016.

A rescisão pode se dar, ainda: e) se ficar provado que, após a celebração do acordo, o colaborador sonegou, adulterou, destruiu ou suprimiu provas que tinha em seu poder ou sob sua disponibilidade; f) se o colaborador vier a praticar qualquer outro crime doloso da mesma natureza dos fatos em apuração após a homologação judicial do presente acordo; g) se o colaborador fugir ou tentar furtar-se à ação da Justiça Criminal; h) se o sigilo a respeito deste acordo for quebrado por parte do colaborador ou de sua defesa; i) se o colaborador, direta ou indiretamente, impugnar os termos deste acordo.

Diferentemente dos casos de retratação, em que as provas autoincriminatórias produzidas pelo colaborador não poderão ser utilizadas exclusivamente em seu desfavor, nos casos de rescisão imputável ao colaborador, ele perderá todos os benefícios concedidos, permanecendo hígidas e válidas todas as provas produzidas, inclusive depoimentos que houver prestado e documentos que houver apresentado.

Isso porque, conforme ensina Pedro Augustin Adamy, o fato de poder voltar atrás a qualquer tempo com relação à decisão de renúncia a direito fundamental (no caso, a garantia contra a autoincriminação), não exime o titular do direito de arcar com as consequências da opção primeiramente escolhida:

> Em caso de renúncia, o indivíduo protegido pelo direito fundamental permanece na titularidade desse mesmo direito. Em função disso pode revogar a declaração da renúncia – seja de maneira expressa ou tácita – mas por estar juridicamente vinculado em razão da declaração de vontade anterior, pode ser responsabilizado por quebra do compromisso com o ente público, mas sempre retornando imediatamente à plenitude de suas competências ou às hipóteses de proteção.[56]

Nos acordos da Operação Lava Jato, como já dito, tem sido prevista cláusula expressa nesses termos, que vem sendo homolo-

56 ADAMY, Pedro Augustin. **Renúncia a Direito Fundamental**. São Paulo: Malheiros Editores, 2011. P. 114.

gada sem ressalvas pelo Poder Judiciário, tanto em primeiro grau, como pelo Supremo Tribunal Federal. Na prática, se o colaborador der causa à rescisão, perde os benefícios até então concedidos e, além disso, o inquérito policial, procedimento investigatório ou processo penal prosseguem normalmente, com a permanência de todas as provas já produzidas em seus escaninhos.

Se o feito já houver sido sentenciado, como já dito no item 3.5 do presente trabalho, o descumprimento do acordo de colaboração premiada por parte do réu ensejará a perda dos benefícios negociados e a aplicação da pena concretamente dosada na sentença condenatória, como ocorre nos casos de descumprimento de pena restritiva de direitos substitutiva da pena privativa de liberdade.

O Ministério Público também pode ser o causador da rescisão. Nos acordos da Operação Lava Jato tem sido prevista a hipótese de rescisão por culpa do Ministério Público nos seguintes casos: a) se o Ministério Público Federal não pleitear em favor do colaborador os benefícios legais aqui acordados; b) se o sigilo a respeito deste acordo for quebrado por parte do Ministério Público Federal; c) se não forem assegurados ao colaborador os direitos previstos no art. 5º da Lei 12.850/2013.

Nesses casos, há cláusula prevendo que o colaborador poderá, a seu critério, fazer cessar a cooperação, assegurada a manutenção dos benefícios já concedidos e as provas já produzidas.

4.8 DIREITO AO SIGILO DO TEOR DA COLABORAÇÃO

De acordo com o artigo 7º da Lei nº 12.850/13, o pedido de homologação do acordo de colaboração premiada deverá ser sigilosamente distribuído, contendo apenas informações que não possam identificar o colaborador e o seu objeto. O parágrafo primeiro garante que, apenas após a distribuição as informações pormenorizadas da colaboração serão dirigidas diretamente ao juiz competente, que deverá decidir no prazo de 48 (quarenta e oito) horas.

O acesso aos autos será restrito ao juiz, ao Ministério Público e ao delegado de polícia, como forma de garantir o êxito das investigações, assegurando-se ao defensor, no interesse do representado, amplo acesso aos elementos de prova que digam respeito ao exercício do direito de defesa, devidamente precedido de autorização judicial, ressalvados os referentes às diligências em andamento (art. 7º § 2º da nova Lei de combate ao crime organizado). Nos termos do subsequente parágrafo terceiro, o acordo de colaboração premiada deixa de ser sigiloso assim que recebida a denúncia, observado o disposto no artigo 5º.

Assim, tem o réu colaborador direito ao sigilo do acordo até o recebimento da denúncia, de modo que o contraditório, com relação ao delatado, será diferido para o período da instrução criminal. Segundo Alfredo Carlos Gonzaga Falcão Junior:

> Não há violação ao princípio da publicidade quando o Ministério Público e o acusado celebram acordo secreto e submetem-no ao juiz, como guardião dos preceitos fundamentais do processo, sem prejuízo do contraditório, como dito acima. É de repetir, a mitigação da publicidade se justifica em face do bem jurídico comunitário que se busca salvaguardar.[57]

A Corte Especial do STJ, no julgamento da Ação Penal nº 707, decidiu que "tendo sido formulado o acordo de delação premiada no curso do inquérito policial, em razão do sigilo necessário, não há falar em violação ao princípio do contraditório".[58]

Do mesmo modo tem entendido o STF, como se vê do julgamento do *Habeas Corpus* nº 127.483 – PR, em que restou decidido, dentre outras questões, que o sigilo do acordo não fere o devido processo legal, eis que vigora, no caso, o enunciado da Sú-

---

57 FALCÃO JÚNIOR, Alfredo Carlos Gonzaga. O perfil constitucional: material da delação premiada como meio de prova. *In* ANJOS FILHO, Robério Nunes dos (Org.). **Capacitar, VII Curso de Ingresso e Vitaliciamento para Procuradores da República**. Brasília: ESMPU, 2011. P. 25.

58 STJ – APn 707 – DF (2009/0188666-5). Corte Especial. Rel. Min. Arnaldo Esteves Lima. Data do julgamento: 07/05/2014.

mula Vinculante nº 14 da Suprema Corte, ou seja, o investigado e seu advogado passam a ter direito de acesso aos elementos de informação constantes dos autos, já formalmente documentados, em face do princípio da comunhão da prova.[59]

Assim, após o recebimento da denúncia, juntando-se o termo de colaboração aos autos, o contraditório diferido é efetivado, passando o delatado e seu defensor a acessar toda a prova previamente produzida, desde que com autorização judicial, a fim de preservar a efetividade das investigações ainda em curso.

Importante lembrar que o Supremo Tribunal Federal admite o levantamento do sigilo de colaboração premiada até antes do recebimento da peça acusatória, desde que isso não prejudique o êxito das investigações. O bem jurídico maior é a publicidade dos atos processuais.

Assim ocorreu nas determinações de abertura de investigações em face de autoridades com prerrogativa de foro no caso que ficou popularmente conhecido como "a Lista de Janot". Conforme lembra Vladimir Netto, "O ministro disse que, embora a lei afirme que o sigilo deve ser mantido até o recebimento da denúncia, não há mais razão para as delações permanecerem em segredo, uma vez que o êxito das investigações está garantido".[60]

Nos acordos da Operação Lava Jato é prevista uma "cláusula de sigilo", por meio da qual as partes se comprometem a preservar o sigilo da avença, seus anexos, depoimentos e provas obtidas durante a sua execução. As partes saem cientes de que o sigilo somente pode ser levantado por decisão do juízo competente, através de provocação do Ministério Público Federal, sempre de acordo com a conveniência das persecuções penais e o interesse público subjacente ao princípio da publicidade.

---

59 STF, Tribunal Pleno, HC 127.483/PR, Rel. Min. DIAS TOFFOLI. Julgamento: 27/08/2015. Publicação: DJe-021 DIVULG. 03/02/2016 PUBLIC 04/02/2016.

60 NETTO, Vladimir. **Lava Jato: O Juiz Sergio Moro e os bastidores da operação que abalou o Brasil.** Rio de Janeiro: Primeira Pessoa, 2016. P. 150.

Para fins de preservação do sigilo do acordo, dispõe-se no termo que apenas os advogados que subscreveram a colaboração poderão ter acesso aos seus termos, ressalvando-se o caso de advogados com substabelecimento expresso para esse fim.

4.9 DIREITO DE PROTEÇÃO AO RÉU COLABORADOR

O artigo 5º da Lei nº 12.850/13 dispõe que são direitos do réu colaborador: I - usufruir das medidas de proteção previstas na legislação específica; II - ter nome, qualificação, imagem e demais informações pessoais preservados; III - ser conduzido, em juízo, separadamente dos demais coautores e partícipes; IV - participar das audiências sem contato visual com os outros acusados; V - não ter sua identidade revelada pelos meios de comunicação; VI - cumprir pena em estabelecimento penal diverso dos demais corréus ou condenados.

São medidas que visam à proteção física e psíquica do réu cooperante e de sua família. As medidas previstas no inciso I são as dispostas na Lei nº 9.807/99, que estabelece normas para a organização e a manutenção de programas especiais de proteção a vítimas e a testemunhas ameaçadas, institui o Programa Federal de Assistência a Vítimas e a Testemunhas Ameaçadas e dispõe sobre a proteção de acusados ou condenados que tenham voluntariamente prestado efetiva colaboração à investigação policial e ao processo criminal.

Tal lei tem em vista a proteção de vítimas, testemunhas e réus colaboradores que estejam sendo coagidos ou expostos a graves ameaças em razão de colaborarem com a investigação ou o processo criminal. Segundo José Raimundo Leite Filho:

> Na sua grande maioria, veiculam instrumentos extraprocessuais de proteção, física e financeira, à pessoa ameaçada. Extraprocessuais porque, embora possam vir a ser concedidas no curso de uma relação processual penal, projetam pouco ou nenhum

> impacto na formação e qualidade da prova, limitando-se a prover assistência administrativa de variada ordem à testemunha.[61]

São medidas concedidas sempre com a anuência da pessoa protegida ou do seu representante legal (art. 2º, § 3º da Lei nº 8.807/99), podendo ser estendidas ao cônjuge, companheiro, ascendentes e dependentes que tenham convivência habitual com a vítima ou testemunha.

A proteção não pode ser concedida a pessoas presas, podendo-se apenas adotar medidas de preservação de sua integridade física por parte dos órgãos de segurança pública (artigo 2º, § 2º da Lei nº 9.807/99). Quando se trata, porém, especificamente de réus colaboradores, o artigo 15 da referida lei garante que sejam aplicadas em seu benefício, na prisão ou fora dela, medidas especiais de segurança e proteção a sua integridade física, considerando ameaça ou coação eventual ou efetiva.[62]

A proteção conferida pela Lei nº 9.807/99 consiste, nos termos do seu artigo 7º, na adoção das seguintes providências: I – segurança na residência, incluindo o controle de telecomunicações; II – escolta e segurança nos deslocamentos da residência, inclusive para fins de trabalho ou para a prestação de depoimentos; III – transferência de residência ou acomodação provisória em local compatível com a proteção; IV – preservação da identidade, imagem e dados pessoais; V – ajuda financeira mensal para prover as despesas necessárias à subsistência individual ou familiar, no caso

61 LEITE FILHO, José Raimundo. Testemunhas sem Rosto: Anotações ao Regime estabelecido na Lei 9.807/99. **A Prova no Enfrentamento à Macrocriminalidade.** *In* SALGADO, Daniel de Resende; QUEIROZ, Ronaldo Pinheiro de (Org.). Salvador: Juspodium, 2015. P. 187.

62 Assim dispõe o texto legal: "§ 1º Estando sob prisão temporária, preventiva ou em decorrência de flagrante delito, o colaborador será custodiado em dependência separada dos demais presos. § 2º Durante a instrução criminal, poderá o juiz competente determinar em favor do colaborador qualquer das medidas previstas no art. 8º desta Lei. § 3º No caso de cumprimento da pena em regime fechado, poderá o juiz criminal determinar medidas especiais que proporcionem a segurança do colaborador em relação aos demais apenados".

de a pessoa protegida estar impossibilitada de desenvolver trabalho regular ou de inexistência de qualquer fonte de renda; VI - suspensão temporária das atividades funcionais, sem prejuízo dos respectivos vencimentos ou vantagens, quando servidor público ou militar; VII - apoio e assistência social, médica e psicológica; VIII - sigilo em relação aos atos praticados em virtude da proteção concedida; IX - apoio do órgão executor do programa para o cumprimento de obrigações civis e administrativas que exijam o comparecimento pessoal.

Quando entender necessário, poderá o Conselho Deliberativo do *Provita* (Programa de Proteção a vítimas, testemunhas e réus colaboradores) solicitar ao Ministério Público que requeira ao juiz a concessão de medidas cautelares direta ou indiretamente relacionadas com a eficácia da proteção, nos termos do artigo 8º da referida lei.

É possível, a depender do caso, inclusive, a alteração judicial do nome completo da testemunha ou do réu colaborador: "Em casos excepcionais e considerando as características e gravidade da coação ou ameaça, poderá o conselho deliberativo encaminhar requerimento da pessoa protegida ao juiz competente para registros públicos objetivando a alteração de nome completo", medida que pode ser estendida aos familiares, inclusive filhos menores, tomando-se as providências necessárias ao resguardo de direitos de terceiros (art. 9º, caput e § 1º da citada lei).

Nesses casos, o Conselho Deliberativo, resguardado o sigilo das informações, manterá controle sobre a localização do protegido cujo nome tenha sido alterado. Cessada a coação ou ameaça que deu causa à alteração, ficará facultado ao protegido solicitar ao juiz competente o retorno à situação anterior, com a alteração para o nome original, em petição que será encaminhada pelo Conselho Deliberativo e terá manifestação prévia do Ministério Público.

Os incisos II e V tratam da preservação da identidade e da imagem do réu colaborador. A Lei nº 12.850/2013, visando dar eficácia a tal proteção, previu em seu artigo 18 que "Revelar a identidade, fotografar ou filmar o colaborador, sem sua prévia autorização por escrito" consiste em crime punido com reclusão de 1 (um) a 3 (três) anos, e multa.

4.10 PRIORIDADE NA TRAMITAÇÃO DO PROCESSO E DEPOIMENTO ANTECIPADO

O art. 19-A da Lei nº 9.807/99, incluído pela Lei nº 12.483/2011, garante prioridade na tramitação do inquérito e do processo criminal em que figure indiciado, acusado, vítima ou réu colaboradores, vítima ou testemunha protegidas pelos programas de proteção referidos na Lei nº 9.807/99. Há, ainda, a previsão, no parágrafo único, de tomada de depoimento antecipado:

> Parágrafo único. Qualquer que seja o rito processual criminal, o juiz, após a citação, tomará antecipadamente o depoimento das pessoas incluídas nos programas de proteção previstos nesta Lei, devendo justificar a eventual impossibilidade de fazê-lo no caso concreto ou o possível prejuízo que a oitiva antecipada traria para a instrução criminal.

Walter Nunes da Silva Júnior critica a inversão do interrogatório do réu colaborador inserida pelo artigo 19-A, ressaltando que: "Essa oitiva antecipada, quando adotada em relação ao acusado colaborador, será bastante prejudicial a ele, que não terá o direito de ser interrogado após tomar conhecimento de todas as provas produzidas contra si".[63]

De fato, não obstante o depoimento do réu colaborador deva anteceder os interrogatórios dos demais réus, se ele figurar, também como réu no mesmo processo, deverá ser ouvido antes dos corréus, porém após as testemunhas.

---

63 SILVA JÚNIOR, Walter Nunes da. **Curso de direito processual penal: teoria (constitucional) do processo penal.** 2 ed. Natal: OWL Editora Jurídica, 2015. P. 521.

4.11 PRESERVAÇÃO DE SUA IDENTIDADE NOS AUTOS

Como visto, o artigo 7º, inciso IV da Lei de Proteção a vítimas, testemunhas e réus colaboradores prevê a possibilidade de preservação da identidade, imagem e dados pessoais da pessoa ameaçada, introduzindo-se no processo penal brasileiro a figura da "testemunha sem rosto".[64]

Para José Raimundo Leite Filho:

> O impacto da adoção deste especial meio de prova no processo penal confina-se ao contraditório, numa dupla vertente: (a) pela impossibilidade de a defesa fazer uso da argüição de parcialidade, ou contradita; e (b) a depender do modo como realizada a oitiva, pelas limitações à verificação da sua fiabilidade, pela dificuldade em avaliar as reações da testemunha.[65]

Pela gravidade da medida, em termos de restrições impostas aos direitos do réu delatado, o citado autor entende que ela:

> Deve ficar restrita aos casos estritamente necessários, relacionados com a criminalidade grave, violenta ou organizada, parâmetro este inclusive levado em conta pelo TEDH na aferição da compatibilidade do direito interno europeu com a CEDH.[66]

Citando o precedente do Tribunal Europeu de Direitos Humanos (TEDH), do caso *Ellis, Simms e Martin v. Reino Unido*, o autor acrescenta que o juiz deve se convencer "de que a prova é suficientemente relevante e importante, a ponto de configurar injustiça obrigar o Ministério Público a prosseguir a acusação sem a referida prova".[67]

---

64 LEITE FILHO, José Raimundo. Testemunhas sem Rosto: Anotações ao Regime estabelecido na Lei 9.807/99. **A Prova no Enfrentamento à Macrocriminalidade**. *In* SALGADO, Daniel de Resende; QUEIROZ, Ronaldo Pinheiro de (Org.). Salvador: Juspodium, 2015. P. 190.

65 LEITE FILHO, José Raimundo. Op. cit. P. 190.

66 LEITE FILHO, José Raimundo. Op. cit. P. 195.

67 LEITE FILHO, José Raimundo. Op. cit. P. 195.

De fato, o Tribunal Europeu de Direitos Humanos (TEDH) tem aceito a figura da "testemunha sem rosto", ressalvando a necessidade de confirmação do depoimento por meio de outras provas *(corroborative evidence)*, podendo ser citados os casos *Lüdi v. Suíça e Kok v. Holanda*, em que se admitiu a valoração de depoimentos policiais prestados anonimamente.

A segunda Turma do Supremo Tribunal, em decisão de 02 de setembro de 2008, cuja Relatora foi a então Ministra Ellen Gracie, decidiu, à unanimidade, como legítima a providência adotada pelo magistrado de negar ao réu - mas não aos seus advogados - o acesso à identidade de uma das testemunhas, admitindo, assim, a possibilidade de proteção da identidade da testemunha (ou de réu colaborador, conforme a ementa), nos casos de criminalidade violenta.[68]

---

68 "EMENTA: DIREITO PROCESSUAL PENAL. *HABEAS CORPUS*. NULIDADE DO INTERROGATÓRIO. SIGILO NA QUALIFICAÇÃO DE TESTEMUNHA. PROGRAMA DE PROTEÇÃO À TESTEMUNHA. ACESSO RESTRITO À INFORMAÇÃO. CRIMINALIDADE VIOLENTA. ALEGAÇÕES NÃO APRESENTADAS NO STJ. ORDEM DENEGADA NA PARTE CONHECIDA. 1. A tese de nulidade do ato do interrogatório do paciente devido ao sigilo das informações acerca da qualificação de uma das testemunhas arroladas na denúncia não deve ser acolhida. 2. No caso concreto, há indicações claras de que houve a preservação do sigilo quanto à identidade de uma das testemunhas devido ao temor de represálias, sendo que sua qualificação foi anotada fora dos autos com acesso restrito aos juízes de direito, promotores de justiça e advogados constituídos e nomeados. Fatos imputados ao paciente foram de formação de quadrilha armada, da prática de dois latrocínios e de porte ilegal de armas. 3. Legitimidade da providência adotada pelo magistrado com base nas medidas de proteção à testemunha (Lei nº 9.807/99). Devido ao incremento da criminalidade violenta e organizada, o legislador passou a instrumentalizar o juiz em medidas e providências tendentes a, simultaneamente, permitir a prática dos atos processuais e assegurar a integridade físico-mental e a vida das pessoas e das testemunhas e de co-autores ou partícipes que se oferecem para fazer a delação premiada. 4. *Habeas corpus* parcialmente conhecido e, nesta parte, denegado". (HC nº 90.321-5 - São Paulo, Segunda Turma, Rel. Min. Ellen Gracie, Decisão de 02/09/2008).

Recentemente, porém, no julgamento do *Habeas Corpus* nº 127.483 - PR (Relator Ministro Dias Toffoli), o Ministro Celso de Mello foi enfático no sentido de que deve ser garantido ao réu o acesso pleno a todas as provas dos autos, inclusive a identidade do réu colaborador:

> O fato irrecusável, no exame da questão do acesso a procedimentos estatais em regime de sigilo - especialmente naqueles casos em que o Estado se vale do instituto da colaboração premiada -, é um só: o delatado (...) tem, constitucionalmente, o direito de confrontar, em sede processual, o colaborador ou delator em razão da prerrogativa do contraditório, assegurada, em juízo, a quem sofre imputação penal deduzida pelo Estado.[69]

Em tal decisão não se enfrentou, contudo, caso concreto de réu colaborador ameaçado - quando então o tema certamente será aprofundado pela Suprema Corte -, de modo que é certo dizer que o Supremo Tribunal Federal garante o pleno acesso, sem qualquer restrição, a toda e qualquer informação constante do processo, inclusive o conhecimento, por parte do delatado, da identidade do acusado cooperante.

4.12 DIREITO SUBJETIVO?

Preenchidos os requisitos legais, pode o réu defender que tem verdadeiro direito subjetivo à realização de acordo de colaboração premiada, com todos os benefícios dele decorrentes? Para o Superior Tribunal de Justiça, "preenchidos os requisitos da de-

69 STF, Tribunal Pleno, HC 127.483/PR, Rel. Min. DIAS TOFFOLI. Julgamento: 27/08/2015. Publicação: DJe-021 DIVULG. 03/02/2016 PUBLIC 04/02/2016.

lação premiada, sua incidência é obrigatória" (*Habeas Corpus* nº 84.609[70] e nº 26.325[71]).

Também alguns doutrinadores, como, por exemplo, Marcos Paulo Dutra Santos, defendem que os benefícios decorrentes da colaboração premiada devem ser concedidos *ex officio*, ainda que o Ministério Público não formalize o acordo com o réu. Para tal autor, o formato negocial não é imprescindível à obtenção dos benefícios por parte do acusado cooperante.[72]

Parte da doutrina diverge. No entender de Rogério Sanches Cunha e Ronaldo Batista Pinto, não há que se falar em concessão de benefícios *ex officio*. Trata-se, o acordo de colaboração premiada, na visão de tais autores, de "mera faculdade conferida ao 'parquet', pelo que não se deve cogitar de nenhum direito subjetivo do agente a não ser denunciado".[73] E utilizam o precedente do Supremo Tribunal Federal consolidado na Súmula 696[74], que impede o juiz de aplicar, *ex officio*, a suspensão condicional do processo, no caso de negativa ou omissão do Ministério Público, cabendo à autoridade judicial tão somente aplicar, por analogia, o artigo 28 do Código de Processo Penal.

Argumentam os dois autores que:

> Ora, se para crimes de menor gravidade, cuja pena mínima não supera um ano, se entendeu que a proposta de suspensão condicional do processo encerra mera faculdade conferida ao

---

70 STJ, HC 84.609 (2007/0132410-0). 5ª Turma. Rel. Min. Laurita Vaz. Data do julgamento: 04/02/2010.

71 STJ, HC 26.325 (2003/0000257-7). 5ª Turma. Rel. Min. Gilson Dipp. Data do julgamento: 24/06/2003.

72 SANTOS, Marcos Paulo Dutra. Op. cit. P. 124.

73 CUNHA, Rogério Sanches; PINTO, Ronaldo Batista. **Crime Organizado. Comentários à nova lei sobre o Crime Organizado (Lei nº 12.850/13).** 3ª ed. Salvador: JusPodium, 2014. P. 62.

74 Súmula 696 do STF: Reunidos os pressupostos legais permissivos da suspensão condicional do processo, mas se recusando o promotor de justiça a propô-la, o juiz, dissentindo, remeterá a questão ao procurador-geral, aplicando-se, por analogia o art. 28 do Código de Processo Penal.

> Ministério Público, com muito mais razão deve prevalecer essa compreensão para os delitos que envolvam organizações criminosas, cujas sanções são consideravelmente mais severas.[75]

Nesse mesmo sentido é o entendimento de Andrey Borges de Mendonça, para quem "não se trata de direito subjetivo do investigado/imputado/condenado realizar o acordo e receber os benefícios"[76], citando a previsão expressa do Manual do ENCCLA sobre colaboração premiada, que prevê que "a autoridade policial e o Ministério Público não são obrigados a propor ou a aceitar a oferta de colaboração quando julgarem, pela circunstância do caso, que ela não é necessária".[77]

Desse modo, o acusado não pode pleitear os benefícios da colaboração premiada ao juiz, e este não pode concedê-los *ex officio*, se não houver a anuência expressa do Ministério Público. Isso decorre da própria natureza negociada da colaboração: só ocorre quando há consenso entre acusação e defesa. Nenhuma das duas pode ser impelida a realizar o acordo, especialmente o Ministério Público, titular da ação penal e regido pelo princípio da obrigatoriedade. A colaboração deve ser excepcional, e fruto de um acordo entre partes. Não pode ser imposta à acusação pelo réu ou pelo julgador.

Para David Teixeira de Azevedo não há um direito ao perdão, mas um merecimento do benefício, a ser analisado em cada caso concreto:

---

75 CUNHA, Rogério Sanches; PINTO, Ronaldo Batista. Op. cit. P. 63.

76 MENDONÇA, Andrey Borges de. A Colaboração Premiada e a nova lei do crime organizado. In: **Custos Legis: a Revista Eletrônica do Ministério Público Federal,** Vol. 4, 2013. Disponível em <http://www.prrj.mpf.mp.br/sala-de-imprensa/publicacoes/custos-legis/a-colaboracao-premiada-e-a-nova-lei-do-crime-organizado-lei-12.850-2013/view> Acesso em 05/09/2016.

77 Manual Colaboração Premiada. **ENCCLA 2013**. Versão de 24-09-2013. Aprovado pela Ação nº 9. MENDONÇA, Andrey Borges de. Op. cit. Acesso em 05.09.2016.

> Não se cuida de puro direito subjetivo do acusado, como se tem apregoado, porquanto não há por parte deste a possibilidade de pretender e exigir garantidamente aquilo que a norma lhe atribui, com um correspondente dever por parte do Estado. Ao contrário, preenchidos os requisitos de ordem objetiva, postos expressamente em lei, há dados de natureza subjetiva.[78]

E após firmado o acordo com o Ministério Público, tem o réu colaborador direito à homologação judicial? O artigo 14, em seu § 8º dispõe que "O juiz poderá recusar homologação à proposta que não atender aos requisitos legais, ou adequá-la ao caso concreto". Ao que parece, a lei quis reservar ao juiz o poder de controlar formalmente o teor do acordo: preenchidos os requisitos de ordem objetiva e subjetiva, não poderá o juiz negar-se à homologação.

Como bem aponta Walter Nunes da Silva Júnior:

> Tendo como linha de entendimento que a colaboração premiada representa, igualmente, exercício do direito de defesa, os benefícios propostos ao agente colaborador pelo Ministério Público, quando manifestada a aceitação e prestado o consequente depoimento, assumem a condição de direito subjetivo, de maneira que o magistrado, salvo situação excepcional, não deve deixar de homologar o acordo, máxime no cenário de um processo penal de modelo acusatório, no qual o parquet é o dominus litis da ação penal.[79]

De fato, o processo adversarial resguarda para o juiz uma postura imparcial e equidistante das partes, não podendo, sob pena de reacender reminiscências inquisitoriais incompatíveis com a Constituição Federal, agir sem pedido expresso da parte.

Também no sentido de que, firmado o acordo e cumpridas as suas condições, passa a ostentar o réu cooperante direito subjetivo, veja-se a lição de José Alexandre Marson Guidi:

---

78 AZEVEDO, David Teixeira de. Colaboração Premiada num Direito Ético. **Revista dos Tribunais.** V. 771/2000. Jan/2000. DTR/2000/120. P. 450.

79 SILVA JÚNIOR, Walter Nunes da. Op. cit. P. 543.

> Em que pese o entendimento de alguns de que a colaboração cria apenas uma expectativa de direitos à obtenção de um dos benefícios acima tratados, deve ser afastado esse entendimento, tendo em vista que, com a colaboração do co-réu e preenchidos todos os requisitos objetivos e subjetivos necessários, surgirá um direito subjetivo do réu, ficando o juiz obrigado a aplicar os benefícios na medida da eficácia das narrações, resultados obtidos, bem como do delito praticado e as consequências.[80]

Este é o entendimento consagrado pelo STF ao julgar o *Habeas Corpus* nº 127.483 – PR, Relator Ministro Dias Toffoli: "Caso a colaboração seja efetiva e produza os resultados almejados, há que se reconhecer o direito subjetivo do colaborador à aplicação das sanções premiais estabelecidas no acordo, inclusive de natureza patrimonial".[81]

4.13 CLÁUSULAS (OU CONTEÚDO): O QUE PODE SER NEGOCIADO

A falta de regramento da colaboração premiada pela lei brasileira deixava um vácuo que autorizava acordos verbais, registrados em termos de audiência judicial, ou acordos escritos vagos e que não garantiam minuciosamente os direitos e as obrigações do réu colaborador. Com o advento da Lei nº 12.850/2013, há a exigência de que o acordo seja escrito (art. 4º, § 7º) para fins de homologação judicial (art. 4º, § 1º).

A necessidade de que seja escrito o acordo parece ser senso comum. O juiz americano Stephen Trott aconselha os promotores a assim agirem: "Coloque o acordo inteiro por escrito, mas antes que o faça, leia *United States v. Bailey*. Esse caso contém uma dis-

---

80 GUIDI, José Alexandre Marson. **Delação premiada no combate ao crime organizado**. São Paulo: Lemos Cruz, 2006. P. 173.

81 STF, Tribunal Pleno, HC 127.483/PR, Rel. Min. DIAS TOFFOLI. Julgamento: 27/08/2015. Publicação: DJe-021 DIVULG. 03/02/2016 PUBLIC 04/02/2016.

cussão educativa sobre o que um acordo de colaboração pode e não pode ter".[82] No caso do Brasil, a nova lei de combate ao crime organizado consagrou, como já dito, os modelos de acordos utilizados na Operação Banestado, com cláusulas claras e expressas, em acordos escritos homologados judicialmente.

De acordo com o artigo 4º da Lei nº 12.850/2013, os benefícios passíveis de negociação entre acusação e defesa são: perdão judicial, redução de pena em até 2/3 (dois terços) e substituição da pena privativa de liberdade por restritiva de direitos. Nos casos de investigado que não for líder da organização criminosa ou for o primeiro a prestar efetiva colaboração, pode-se negociar a imunidade plena, deixando o Ministério Público de oferecer a denúncia. Por fim, na hipótese de réu condenado, poderá ser negociada a redução de pena até a metade ou a progressão do regime, ainda que ausentes os requisitos objetivos.

Tomando por base os termos de acordo de colaboração premiada da Operação Lava Jato[83], tem-se que as avenças dividem-se normalmente com cerca de doze partes, cada qual abordando um dos seguintes assuntos: Parte I - Base Jurídica; Parte II - Proposta do Ministério Público Federal; Parte III - Condições da Proposta; Parte IV - Validade da Prova; Parte V - Garantia contra a autoincriminação, direito ao silêncio e direito a recurso; Parte VI - Imprescindibilidade da Defesa Técnica; Parte VII - Cláusula de Sigilo; Parte VIII - Ratificação do Procurador-geral da República; Parte IX - Homologação Judicial; Parte X - Rescisão; Parte XI - Duração Temporal; e Parte XII - Declaração de Aceitação.

Cada parte divide-se em cláusulas, cujo conteúdo tem que ter sido previamente negociado entre as partes. Assim, somente consta do documento o consenso final das negociações. A base jurí-

82 TROTT, Stephen. O uso de um criminoso como testemunha: um problema especial. Tradução: Sergio Fernando Moro. **Revista CEJ.** Centro de Estudos Judiciários do Conselho da Justiça Federal. V. 11, n. 37. Abr/Jun 2007. P. 82.

83 http://s.conjur.com.br/dl/acordo-delacao-premiada-paulo-roberto.pdf Acesso em 30/10/2016.

dica dos acordos consiste no artigo 129, inciso I da Constituição Federal, artigos 13 a 15 da Lei nº 9.807/99, artigo 1º, § 5º da Lei nº 9.613/98, artigo 26 da Convenção de Palermo, art. 37 da Convenção de Mérida e artigos 4º a 8º da Lei nº 12.850/2013, constando, ainda, cláusula que explica como o interesse público é atendido com a realização do acordo.

A parte da proposta do Ministério Público narra sucintamente os fatos e elenca os benefícios ao colaborador, no caso de haver efetivamente a colaboração. Assim, há a previsão de cláusulas com o compromisso de o Ministério Público pleitear judicialmente as vantagens negociadas.

A cláusula 5ª do termo de acordo de colaboração premiada firmado com Paulo Roberto Costa (já tornado público, eis que levantado judicialmente o seu sigilo), réu nas ações penais nº 5026212-82.2014.404.7000 e nº 5025676-71.2014.404.7000, em trâmite na 13ª Vara Federal Criminal da Subseção Judiciária de Curitiba/PR, por exemplo, prevê benefícios como compromisso de o Ministério Público pleitear prisão domiciliar com uso de tornozeleira pelo prazo de 01 (um) ano, em seguida, cumprimento de pena em regime semiaberto (na eventualidade de que adviesse, de fato, sentença condenatória) em período máximo de 02 (dois) anos, seguido de cumprimento de pena em regime aberto pelo restante da pena.

Além disso, o Ministério Público se comprometeu a arquivar outros procedimentos decorrentes de fatos novos confessados, bem como a propor acordo de colaboração premiada acessório a cada parente do réu envolvido nos fatos. Houve, ainda, o compromisso de garantia da segurança do acusado e de sua família, nos termos da Lei nº 9.807/99, se por eles viesse a ser solicitada.

Assim, essa segunda parte do acordo é, sem dúvida, a mais importante na ótica do colaborador, eis que trata de todos os benefícios que poderão advir do negócio jurídico. Como já dito, a nova lei de combate ao crime organizado prevê a possibilidade de concessão de inúmeros benefícios, desde o cumprimento de pena em regime mais benéfico até a imunidade plena. Esse conteúdo dependerá de cada negociação, ou seja, vai variar de acordo com o caso concreto.

O item seguinte do acordo trata das condições da proposta e abrangem, em regra, as perdas do réu colaborador. Normalmente tratam da reparação do dano, devolução de tudo que foi adquirido ilicitamente com a prática delituosa, liberação de sigilos bancário e fiscal e indenização cível (multa compensatória) pelos danos reconhecidamente praticados. Cuidam, ainda, de bens dados em garantia por parte do réu colaborador.

A parte da *validade da prova* trata da possibilidade de uso da prova obtida mediante o acordo de colaboração premiada na instrução de inquéritos policiais, procedimentos administrativos criminais, ações penais, ações cíveis, inquéritos civis e ações de improbidade administrativa, podendo ser ainda compartilhada com outros ramos do Ministério Público e com órgãos nacionais e entidades estrangeiras, para fins de investigação.

Nos acordos o réu renuncia, como já dito, em cláusula própria, à garantia contra a autoincriminação e o direito ao silêncio, sem jamais abrir mão da assistência de advogado, cuja aceitação do acordo em conjunto com seu cliente, inclusive, é prevista no termo como requisito de validade da avença.

O compromisso de manutenção do sigilo é firmado por ambas as partes, que prometem preservá-lo até, no mínimo, o recebimento da denúncia, nos termos da lei, ou até quando o Ministério Público entender que a publicidade não prejudicará a efetividade das investigações.

Nos casos da Operação Lava Jato, garante-se ao réu colaborador, mediante cláusula expressa, que o Procurador-Geral da República ratificará o termo de acordo firmado em primeira instância caso a colaboração venha a implicar autoridades que gozam de prerrogativa de foro perante os tribunais superiores. Se o foro privilegiado for de outros tribunais, há cláusula prevendo que os Procuradores da República "gestionarão buscando a adesão dos outros membros do Ministério Público aos termos do presente acordo".

Nos termos de colaboração premiada, como nos negócios jurídicos em geral, há cláusula prevendo as hipóteses de rescisão e suas consequências, de modo a cientificar de forma plena o réu colaborador de seus direitos e de suas obrigações.

Após cláusula expressa de aceitação do réu colaborador e de seu advogado, inclusive com menção de que partiu deles a iniciativa da negociação (assim tem sido feito na Operação Lava Jato), o termo é assinado por todos e o Ministério Público Federal protocola o pedido buscando sua homologação judicial.

Quanto às cláusulas, no julgamento do *Habeas Corpus* nº 127.483 - PR, o Relator Ministro Dias Toffoli entendeu pela possibilidade de o acordo de colaboração premiada dispor sobre os efeitos extrapenais de natureza patrimonial da condenação, entendendo que tais benefícios se inserem nas "medidas adequadas" previstas no artigo 26 da Convenção de Palermo e na "mitigação de pena" do artigo 37.1 da Convenção de Mérida.[84]

Esse abrandamento das consequências do crime se coadunam com as referidas Convenções e seriam admitidas pelo nosso ordenamento jurídico. Assim, é possível que a avença contemple cláusulas prevendo, por exemplo, a liberação de imóveis em favor de parentes do colaborador, como ocorreu concretamente no caso do *Habeas Corpus* acima citado.

O Ministro Dias Toffoli entendeu, ainda, no mesmo julgamento, que:

> Se um dos objetivos do programa de proteção é conferir meios de subsistência ao colaborador e a sua família, impondo ao Estado o dever de fornecer-lhe residência e ajuda financeira mensal, possibilitar-lhe que o colaborador permaneça com determinados bens ou valores mostra-se congruente com os mencionados fins, inclusive por desonerar o Estado daquela obrigação. Em suma, não soa desarrazoado que o Estado-Administração,

84 STF, Tribunal Pleno, HC 127.483/PR, Rel. Min. DIAS TOFFOLI. Julgamento: 27/08/2015. Publicação: DJe-021 DIVULG. 03/02/2016 PUBLIC 04/02/2016.

> representado pelo titular da ação penal pública, possa dispor, no acordo de colaboração, sobre questões de natureza patrimonial, ressalvado o direito de terceiros de boa-fé. Ademais, essa cláusula patrimonial somente produzirá efeitos se o agente colaborador cumprir integralmente a obrigação por ele assumida no acordo, quando então terá direito subjetivo à sua aplicação.[85]

Desse modo, é amplo o leque de opções nas negociações, abrangendo não apenas os aspectos penais, mas envolvendo também questões de ordem patrimonial.

4.14 POSSIBILIDADE DE UM NOVO ACORDO: RÉU COLABORADOR REINCIDENTE

No julgamento do *Habeas Corpus* nº 127.483 – PR, o Relator Ministro Dias Toffoli entendeu pela possibilidade de realização de acordo de colaboração premiada com réu que descumpriu acordo anterior, diante da ausência de qualquer impeditivo legal nesse sentido.

Em seu voto, o Relator esclareceu que a personalidade do colaborador não é impeditiva de acordo, mas deve apenas nortear a sanção premial a ser a ele atribuída. Assim, o fato de ter o cooperante descumprido acordo anterior não é fato impeditivo de novo acordo:

> Irrelevante, também, que Alberto Youssef tenha descumprido anterior acordo de colaboração homologado por aquele juízo federal, uma vez que esse inadimplemento cingiu-se àquele negócio jurídico processual, sem o condão de contaminar, a priori, futuros acordos de mesma natureza.[86]

---

85 STF, Tribunal Pleno, HC 127.483/PR, Rel. Min. DIAS TOFFOLI. Julgamento: 27/08/2015. Publicação: DJe-021 DIVULG. 03/02/2016 PUBLIC 04/02/2016.

86 STF, Tribunal Pleno, HC 127.483/PR, Rel. Min. DIAS TOFFOLI. Julgamento: 27/08/2015. Publicação: DJe-021 DIVULG. 03/02/2016 PUBLIC 04/02/2016.

Como ensina Vladimir Aras:

> Um colaborador que tenha firmado e descumprido um acordo de delação premiada pode ser novamente beneficiado pelo mesmo instituto, num segundo acordo? A resposta é sim. E é semelhante à que se daria a quem perguntasse se uma testemunha mendaz – que tenha prestado falso testemunho num processo – poderia ser chamada a depor em juízo noutro caso sobre outros fatos. A resposta também seria sim. Não há esse tipo de interdição na legislação processual. Obviamente, uma testemunha mentirosa perde credibilidade. E quem tenha descumprido um primeiro acordo de colaboração deve suportar as consequências da inadimplência, previstas no primeiro termo, e tem de submeter-se a condições mais rigorosas numa eventual nova avença.[87]

Desse modo, nada impede que um réu colaborador que descumpriu um acordo anterior possa firmar nova avença, desde que as informações novas sejam relevantes e as condições para o acordo sejam, nesse segundo momento, mais duras.

Vistos os direitos e garantias do réu colaborador, passa-se, em seguida, a analisar os direitos e garantias da pessoa delatada.

---

87 ARAS, Vladimir. **O Colaborador Reincidente.** <https://blogdovladimir.wordpress.com/2015/08/31/o-colaborador-reincidente/> Acesso em 24/04/2016.

5
DIREITOS E GARANTIAS DO DELATADO

5.1 CONTRADITÓRIO E AMPLA DEFESA: O DIREITO AO DEVIDO PROCESSO LEGAL

A pessoa mencionada em acordo de colaboração premiada ostenta, por óbvio, todos os direitos e garantias conferidos pela Constituição Federal de 1988 aos investigados e acusados em geral: tem o direito de conhecer as provas contra si produzidas, bem como se defender dos atos que lhe forem atribuídos, tudo em conformidade com os princípios da presunção da não-culpabilidade, contraditório, ampla defesa e devido processo legal.

Desse modo, vigora a total presunção de não-culpabilidade em relação à pessoa mencionada em acordo de colaboração premiada. Investigado, terá acesso aos autos do Inquérito Policial se o mesmo não for sigiloso. Ocorre que, conforme o disposto no artigo 7º da Lei nº 12.850/13, o pedido de homologação do acordo de colaboração premiada deverá ser sigilosamente distribuído, contendo apenas informações que não possam identificar o colaborador e o seu objeto. O parágrafo primeiro garante que, apenas após a distribuição as informações pormenorizadas da colaboração serão dirigidas diretamente ao juiz competente, que deverá decidir no prazo de 48 (quarenta e oito) horas.

Desse modo, enquanto estiver sob o manto do sigilo, é certo que o delatado e seu advogado não poderão ter acesso aos termos do acordo de colaboração premiada, uma vez que este será restrito ao juiz, ao Ministério Público e ao delegado de polícia, como forma de garantir o êxito das investigações. O contraditório será, portanto, diferido. Somente poderá ser garantido o acesso após o levantamento do sigilo pelo julgador, o que normalmente ocorrerá com o recebimento da peça acusatória, conforme artigo 7º, § 3º da nova lei de combate ao crime organizado.

É certo que o artigo 23 da Lei nº 12.850/2013 prevê que "O sigilo da investigação poderá ser decretado pela autoridade judicial competente, para garantia da celeridade e da eficácia das diligências investigatórias, assegurando-se ao defensor, no interesse do representado, amplo acesso aos elementos de prova que digam respeito ao exercício do direito de defesa, devidamente precedido de autorização judicial, ressalvados os referentes às diligências em andamento".

A norma repete o teor da Súmula vinculante nº 14, do Supremo Tribunal Federal, que dispõe que "É direito do defensor, no interesse do representado, ter acesso amplo aos elementos de prova que, já documentados em procedimento investigatório realizado por órgão com competência de polícia judiciária, digam respeito ao exercício do direito de defesa".

O próprio Supremo Tribunal Federal esclareceu o alcance da Súmula, em sede de embargos declaratórios no *Habeas Corpus* nº 94.387:

> O alcance da ordem concedida refere-se ao direito assegurado ao indiciado (bem como ao seu defensor) de acesso aos elementos constantes em procedimento investigatório que lhe digam respeito e que já se encontrem documentados nos autos, não abrangendo, por óbvio, as informações concernentes à decretação e à realização das diligências investigatórias pendentes, em especial as que digam respeito a terceiros eventualmente envolvidos.[1]

1 STF. HC nº 94.387-0/RS. 1ª Turma. Rel. Min. Ricardo Lewandowski. Data do julgamento: 18/11/2008.

Se o feito é sigiloso, o advogado do representado não terá como saber de sua existência, a menos que tenha havido "vazamento". Assim, se o advogado pede vista de feito sigiloso, ensejará a instauração de investigação criminal para apurar a prática do crime tipificado no artigo 153, § 1º-A do Código Penal, a fim de que se descubra quem deu azo à quebra indevida do sigilo ("Divulgar, sem justa causa, informações sigilosas ou reservadas, assim definidas em lei, contidas ou não nos sistemas de informações ou banco de dados da Administração Pública – Detenção de 1 a 4 anos, e multa").[2] Pode, ainda, a quebra do sigilo configurar o crime do artigo 18 da Lei nº 12.850/2013, que dispõe ser crime apenado com reclusão, de um a três anos, e multa, a conduta de "Revelar a identidade, fotografar ou filmar o colaborador, sem sua prévia autorização por escrito".

Para que o representado ou seu advogado tenham acesso ao depoimento do réu colaborador, ao teor do acordo e às provas porventura juntadas, quando tudo ainda está sob sigilo, é necessário que obtenha autorização judicial. Como a lei é clara vedando o acesso a terceiros quanto ao conteúdo do acordo antes do recebimento da peça acusatória, o indeferimento do pedido é medida previsível. Em verdade, se o advogado peticionar, além do indeferimento, correrá o risco, como já dito, de ver instaurada investigação a fim de apurar a forma pela qual obteve a informação acerca do trâmite de processo sigiloso.

Assim, o delatado não tem direito de acesso ao teor do acordo de colaboração premiada enquanto estiver sob sigilo, tratando-se, então, de hipótese de contraditório diferido. Alfredo Carlos Gonzaga Falcão Junior lembra que, nesse caso:

> Não há violação ao princípio da publicidade quando o Ministério Público e o acusado celebram acordo secreto e submetem-no ao juiz, como guardião dos preceitos fundamentais do processo,

2 ROMANO, Rogério Tadeu. **O vazamento do acordo de delação premiada.** https://jus.com.br/artigos/50706/o-vazamento-de-acordo-de-delacao-premiada/ Acesso em 02/09/2016.

> sem prejuízo do contraditório, como dito acima. É de repetir, a mitigação da publicidade se justifica em face do bem jurídico comunitário que se busca salvaguardar.[3]

Nesse sentido decidiu a Corte Especial do STJ, no julgamento da Ação Penal (APn) nº 707: "tendo sido formulado o acordo de delação premiada no curso do inquérito policial, em razão do sigilo necessário, não há falar em violação ao princípio do contraditório".[4]

Do mesmo modo tem entendido o STF, como se vê do julgamento do *Habeas Corpus* nº 127.483 – PR, em que restou decidido, dentre outras questões, que o sigilo do acordo não fere o devido processo legal, eis que vigora, no caso, o enunciado da Súmula Vinculante nº 14 da Suprema Corte, ou seja, o investigado e seu advogado passam a ter direito de acesso aos elementos de informação constantes dos autos, já formalmente documentados, em face do princípio da comunhão da prova, desde que judicialmente autorizados.[5]

Se a autoridade policial e o Ministério Público entenderem ser o caso de oitiva da pessoa delatada nos autos do Inquérito Policial, a lei prevê que o advogado terá acesso prévio aos autos. Com efeito, no caso de oitiva do delatado, é garantido acesso ao seu advogado por meio do parágrafo único do artigo 23 da Lei nº 12.850/2013, quando prevê que:

> Determinado o depoimento do investigado, seu defensor terá assegurada a prévia vista dos autos, ainda que classificados como sigilosos, no prazo mínimo de 3 (três) dias que antecedem

---

3 FALCÃO JUNIOR, Alfredo Carlos Gonzaga. O perfil constitucional: material da delação premiada como meio de prova. In: ANJOS FILHO, Robério Nunes dos (Org.). **Capacitar, VII Curso de Ingresso e Vitaliciamento para Procuradores da República**. Brasília: ESMPU, 2011. P. 25.

4 APN 707 – DF (2009/01886660-5). Rel. Min. Arnaldo Esteves Lima. Data da publicação: 07/05/2014.

5 STF, Tribunal Pleno, HC 127.483/PR, Rel. Min. DIAS TOFFOLI. Julgamento: 27/08/2015. Publicação: DJe-021 DIVULG. 03/02/2016 PUBLIC 04/02/2016.

> ao ato, podendo ser ampliado, a critério da autoridade responsável pela investigação.

Desse modo, ainda que em autos sigilosos, é possível que o advogado da pessoa delatada tenha acesso ao feito, desde que tenha sido determinada a oitiva de seu cliente.

A depender das investigações, a pessoa delatada poderá ser denunciada, passando a figurar como acusada, quando então lhe são conferidas todas as garantias plenas do devido processo legal, contraditório e ampla defesa. Assim, após o recebimento da denúncia o delatado tem amplo direito de conhecer o processo penal em trâmite, em sua integralidade, o que inclui a identidade e as menções feitas pelo réu colaborador.

Para tanto, o artigo 4º, § 12 da Lei nº 12.850/2013 prevê que:

> Sempre que possível, o registro dos atos de colaboração será feito pelos meios ou recursos de gravação magnética, estenotipia, digital ou técnica similar, inclusive audiovisual, destinados a obter maior fidelidade das informações.

Assim, ao acessar os depoimentos do réu colaborador, a pessoa ali mencionada poderá aquilatar a gravidade das afirmações contra si levantadas, inclusive a firmeza e a convicção por parte do cooperante, bem como os meios de prova que o colaborador indica como corroboração ao que alega. No mais, a pessoa delatada tem amplo direito ao contraditório e ampla defesa, podendo refutar todas as afirmações do colaborador.

É possível, a depender do caso concreto (criminalidade violenta e organizada), que o réu colaborador tenha sua identidade preservada nos autos, nos termos do artigo 7º, inciso IV da Lei de Proteção a vítimas, testemunhas e réus colaboradores, conforme já exposto no item 4.11 do presente trabalho. Nesses casos, de acordo com precedente da Segunda Turma do Supremo Tribunal Federal (*Habeas Corpus* nº 90.321-5 – São Paulo, Rel. Min, Ellen Gracie, decisão de 02/09/2008), o acesso à identidade do colaborador é restrito ao juiz, membro do Ministério Público e advogado, não tendo o delatado direito de conhecer quem contra ele depõe.

Tal precedente se coaduna com decisões do Tribunal Europeu de Direitos Humanos, como nos casos *Ellis, Simms e Martin v. Reino Unido, Lüdi v. Suíça* e *Kok v. Holanda*, nos quais se aceitou a figura da "testemunha sem rosto", desde que seu depoimento seja confirmado por meio de outras provas *(corroborative evidence).*

Recentemente, porém, no julgamento do *Habeas Corpus* nº 127.483 - PR (Relator Ministro Dias Toffoli), o Ministro Celso de Mello foi enfático no sentido de que deve ser garantido ao réu o acesso pleno a todas as provas dos autos, inclusive a identidade do réu colaborador.[6]

Em tal decisão não se enfrentou, contudo, caso concreto de réu colaborador ameaçado - quando então o tema certamente será aprofundado. No geral, é certo dizer que o Supremo Tribunal Federal garante o pleno acesso, sem qualquer restrição, a toda e qualquer informação constante do processo, inclusive o conhecimento, por parte do delatado, da identidade do acusado cooperante.

Tendo tomado conhecimento do acordo de colaboração premiada, a pessoa delatada e sua defesa tenderão a encontrar falhas na avença. Quanto a isso, importante ressaltar que o Supremo Tribunal Federal decidiu, no julgamento do já referido *Habeas Corpus* nº 127.483-PR, que a pessoa delatada não tem legitimidade para impugnar o acordo de colaboração. O Ministro Relator Dias Toffoli assim se pronunciou a respeito:

> Assim, a homologação do acordo de colaboração, por si só, não produz nenhum efeito jurídico na esfera do delatado, uma vez que não é o acordo propriamente dito que poderá atingi-la, mas sim as imputações constantes dos depoimentos do colaborador ou as medidas restritivas de direitos fundamentais que vierem a ser adotadas com base nesses depoimentos e nas provas por ele

6 STF, Tribunal Pleno, HC 127.483/PR, Rel. Min. DIAS TOFFOLI. Julgamento: 27/08/2015. Publicação: DJe-021 DIVULG. 03/02/2016 PUBLIC 04/02/2016.

indicadas ou apresentadas – o que, aliás, poderia ocorrer antes, ou mesmo independentemente, de um acordo de colaboração.[7]

Conclui o Ministro Dias Toffoli que:

> Em suma, nos procedimentos em que figurarem como imputados, os coautores ou partícipes delatados terão legitimidade para confrontar, em juízo, as afirmações sobre fatos relevantes feitas pelo colaborador e as provas por ele indicadas, bem como para impugnar, a qualquer tempo, as medidas restritivas de direitos fundamentais eventualmente adotadas em seu desfavor com base naquelas declarações e provas, inclusive sustentando sua inidoneidade para servir de plataforma indiciária para a decretação daquelas medidas – mas não, repita-se, para impugnar os termos do acordo de colaboração feito por terceiro.[8]

A 5ª Turma do Superior Tribunal de Justiça decidiu recentemente no mesmo sentido, nos autos do Recurso ordinário em *Habeas Corpus* nº 69.988/RJ, Relator Ministro Reynaldo da Fonseca, quando negou acesso de pessoa delatada a acordo de colaboração premiada.[9]

Consolidado o entendimento de que a pessoa delatada ostenta a garantia constitucional do devido processo legal, com todos

---

7 STF, Tribunal Pleno, HC 127.483/PR, Rel. Min. DIAS TOFFOLI. Julgamento: 27/08/2015. Publicação: DJe-021 DIVULG. 03/02/2016 PUBLIC 04/02/2016.

8 STF, Tribunal Pleno, HC 127.483/PR, Rel. Min. DIAS TOFFOLI. Julgamento: 27/08/2015. Publicação: DJe-021 DIVULG. 03/02/2016 PUBLIC 04/02/2016.

9 STJ. Recurso ordinário em *Habeas Corpus* nº 69.988/RJ (2016/0105405-0). 5ª Turma. Relator Ministro Reynaldo Soares da Fonseca. Data do julgamento: 25/10/2016. Data da Publicação: 07/11/2016. Segue trecho da ementa: "A colaboração premiada é uma técnica especial de investigação, meio de obtenção de prova advindo de um negócio jurídico processual personalíssimo, que gera obrigações e direitos entre as partes celebrantes (Ministério Público e colaborador), não possuindo o condão de, por si só, interferir na esfera jurídica de terceiros, ainda que citados quando das declarações prestadas, faltando, pois, interesse dos delatados no questionamento quanto à validade do acordo de colaboração premiada celebrado por outrem."

os seus corolários, cabe avaliar se pode vir a ser condenada com base apenas na palavra do réu colaborador. É o que se analisa no item adiante.

5.2 VALOR PROBATÓRIO DO ACORDO DE COLABORAÇÃO PREMIADA E PRESUNÇÃO DE INOCÊNCIA: *CORROBORATIVE EVIDENCE*

Talvez a mais importante garantia da pessoa mencionada em acordo de colaboração premiada seja a de que ela não pode ser condenada apenas com base nas palavras do réu colaborador: o Estado-acusador precisa corroborar as alegações do réu cooperante por meio de outras provas, sejam documentais, testemunhais ou periciais. Daí a importância do que o direito americano denomina de *corroborative evidence*, ou seja, prova de corroboração.

Nos Estados Unidos, quando o caso é julgado por meio do Grande Júri, é possível a condenação com base apenas na palavra do réu colaborador, em razão da soberania de seus vereditos, porém o Juiz togado alerta os jurados sobre o perigo de uma decisão nesses moldes, por meio do *warning*.[10]

Lá, as legislações dos Estados normalmente fazem a exigência dessa advertência do juiz aos jurados, não havendo tal exigência na legislação federal. Segundo Frederico Valdez Pereira, sobre colaboração premiada nos tribunais federais americanos, "há recentes decisões admitindo que o testemunho de colaborador pode constitucionalmente fornecer fundamento exclusivo para a condenação".[11]

---

10 TROTT, Stephen. O uso de um criminoso como testemunha: um problema especial. Tradução: Sergio Fernando Moro. **Revista CEJ.** Centro de Estudos Judiciários do Conselho da Justiça Federal. V. 11. N. 37. Abr/Jun 2007. P. 80.

11 PEREIRA, Frederico Valdez. Valor probatório da colaboração processual (delação premiada). **Revista Brasileira de Ciências Criminais**. Vol. 77/2009. P. 175-201. Mar - Abr/2009. P. 177.

A orientação dada aos *prosecutors* americanos é, todavia, que sempre busquem validar os depoimentos dos colaboradores por meio de outras provas, para evitar que os jurados absolvam o delatado em razão da não corroboração. Assim ocorreu, por exemplo, no caso do julgamento de Frank James, irmão de Jesse James, em 1883, pelo crime de homicídio. No caso, o Promotor William H. Wallace convocou Dick Lidill, membro da organização criminosa de Jesse James, para depor. Era a única prova do caso: o resultado foi a absolvição.[12]

Na Inglaterra considera-se que, a depender do caso concreto, o depoimento do colaborador pode servir, por si só, como prova apta a respaldar um decreto condenatório. Como bem diz Frederico Valdez Pereira:

> O processo penal inglês, reconhecendo que a valoração das provas é matéria reservada aos jurados, passou a não mais infirmar a validade da sentença condenatória embasada em colaboração de co-réu despida de elementos de confirmação.[13]

Como nos Estados Unidos, a matéria referente à valoração da prova é tida como de competência exclusiva dos jurados, soberanos para conferir o peso que entenderem cabível, no caso concreto, às palavras do cúmplice colaborador.

Na Itália é imprescindível prova de corroboração para condenação. É a *chiamata di correo vestita* ("chamada de corréu vestida"). Malgrado divergências doutrinárias e jurisprudenciais, até o advento do artigo 192, § 3º do novo Código de Processo Penal italiano, de 1988, admitia-se a pura e simples *chiamata di correo*, ou seja, a chamada de corréu sem outras provas a corroborar o depoimento do *pentito*. A nova previsão legislativa dispõe que as declarações realizadas pelo colaborador devem ser valoradas em conjunto com outros elementos de prova.

---

12 TROTT, Stephen. Op. cit. P. 80.

13 PEREIRA, Frederico Valdez. Op. cit. P. 177.

No julgamento do "maxiprocesso" contra a Máfia siciliana – anterior ao novo Processo Penal italiano – quando os depoimentos dos réus colaboradores foram reforçados por provas de corroboração as condenações ocorreram; quando não, a absolvição se impôs. A propósito, ensina Alessandra Dino:

> Um substancial equilíbrio das penas impostas (338 condenações, 19 prisões perpétuas, 2.665 anos e 6 meses de reclusão, 114 absolvições) confirma também que as declarações dos colaboradores foram utilizadas apenas quando plenamente confirmadas pelos resultados das investigações judiciárias.[14]

No Brasil não é possível uma condenação com base apenas na palavra de quem acusa, nos termos do artigo 4º, § 16 da Lei nº 12.850/2013: "Nenhuma sentença condenatória será proferida com fundamento apenas nas declarações do agente colaborador". Essa previsão foi reforçada em decisões das Cortes Superiores como, por exemplo, no julgamento do *Habeas Corpus* nº 127.483 – PR, por meio do qual o Supremo Tribunal Federal dirimiu quaisquer dúvidas sobre a necessidade de prova de corroboração para fins de condenação.

Em seu voto, o Relator Ministro Dias Toffoli disse que a colaboração premiada é um meio de obtenção de prova, donde se conclui que, sozinha, não é apta a lastrear uma sentença condenatória: "o Supremo Tribunal Federal, há muito, assentou o entendimento de que 'a delação, de forma isolada, não respalda condenação' (HC nº 75.226/MS, Segunda Turma, Relator o Ministro Marco Aurélio, DJ de 19/9/97)".[15]

No mesmo julgamento o Ministro Celso de Mello reforçou, em seu voto, a imprescindibilidade da *corroborative evidence* para condenação da pessoa delatada:

---

14 DINO, Alessandra. **Os últimos chefões: investigação sobre o governo da Cosa Nostra**. Tradução: Valéria Pereira da Silva. 1ª ed. São Paulo: Editora Unesp, 2013. P. 75.

15 STF, Tribunal Pleno, HC 127.483/PR, Rel. Min. DIAS TOFFOLI. Julgamento: 27/08/2015. Publicação: DJe-021 DIVULG. 03/02/2016 PUBLIC 04/02/2016.

> O Supremo Tribunal Federal tem admitido a utilização do instituto da colaboração premiada (cujo *nomen juris* anterior era o de delação premiada), ressalvando, no entanto, bem antes do advento da Lei nº 12.850/2013 (art. 4º, § 16), que nenhuma condenação penal poderá ter por único fundamento as declarações incriminadoras do agente colaborador (HC 94.034/SP, Rel. Min. Cármen Lúcia - RE 213.937/PA (...).[16]

De fato, o colaborador deverá indicar provas independentes para confirmar suas alegações, que sozinhas não tem suporte para condenar o delatado. É necessário que o réu cooperante aponte, por exemplo, endereços, contas, pessoas, bem como apresente documentos, *e-mails* e mensagens telefônicas que possam respaldar o que diz.

É recomendado que indique testemunhas imparciais que possam confirmar o que alega, eis que o Supremo Tribunal Federal tende a descartar, como *corroborative evidence*, depoimento de outro réu colaborador. Com efeito, nas palavras do Ministro Celso de Mello no julgamento do *Habeas Corpus* nº 127.483/PR:

> O Estado não poderá utilizar-se da denominada 'corroboração recíproca ou cruzada', ou seja, não poderá impor condenação ao réu pelo fato de contra este existir, unicamente, depoimento de agente colaborador que tenha sido confirmado, por sua vez, por outros delatores (...).[17]

Ainda sobre as provas e indícios a serem fornecidos pelo agente colaborador, é possível que permaneça, de modo infiltrado, na organização criminosa a que pertencia, para colher mais provas, inclusive portando gravador e câmera escondidos. Nesse sentido, Vladimir Aras:

---

16 STF, Tribunal Pleno, HC 127.483/PR, Rel. Min. DIAS TOFFOLI. Julgamento: 27/08/2015. Publicação: DJe-021 DIVULG. 03/02/2016 PUBLIC 04/02/2016.

17 STF, Tribunal Pleno, HC 127.483/PR, Rel. Min. DIAS TOFFOLI. Julgamento: 27/08/2015. Publicação: DJe-021 DIVULG. 03/02/2016 PUBLIC 04/02/2016.

> A combinação da técnica do colaborador como método de escuta ambiental foi tida como legítima no caso Alan vs. Reino Unido, julgado pela Corte Europeia de Direitos Humanos em 2002. O colaborador levava consigo uma videocâmera e um gravador.[18]

Não obstante a prova de corroboração seja necessária apenas no momento da sentença, já no oferecimento da denúncia é importante que o Ministério Público traga ao menos a indicação dos meios de prova corroborativa, para reforçar a justa causa para a ação penal.

No caso da Operação Lava Jato, já nos anexos o investigado colaborador tem que, em princípio, indicar como pretende provar suas alegações. Foi assim, por exemplo, no caso da colaboração premiada de Alberto Youssef:

> Foram abertas dezenas de investigações a partir do que o doleiro revelou. Youssef trouxe também documentos para provar o que dizia, explicou como era feito o desvio, como funcionava a engrenagem do esquema de propina.[19]

Do mesmo modo podem ser citadas as colaborações de Júlio Gerin de Almeida Camargo e Augusto Ribeiro de Mendonça Neto, que não apenas narram fatos mas:

> Indicam contas bancárias, datam as transações, especificam locais de encontros, descrevem os meios utilizados, os telefones de contato e indicam demais documentos, alguns fictícios, empregados para acobertar os crimes perpetrados. (...) materializam, provam, demonstram todos os fatos descritos em seus depoimentos, confessando, inclusive, as suas respectivas participações.[20]

---

18 ARAS, Vladimir. **A Técnica de Colaboração Premiada.** <https://blogdovladimir.wordpress.com/2015/01/07/a-tecnica-de-colaboracao-premiada/> Acesso em 11.09.2016.

19 NETTO, Vladimir. **O Juiz Sergio Moro e os bastidores da operação que abalou o Brasil.** Rio de Janeiro: Primeira Pessoa, 2016. P. 69.

20 NETTO, Vladimir. Op. cit. P. 97.

Como bem alerta Alfredo Carlos Gonzaga Falcão Júnior, o meio mais prudente de se admitir a colaboração premiada na descoberta da verdade processual é tratar o colaborador como informante (há uma força probatória de indícios em suas palavras):

> Devendo as informações prestadas serem confirmadas por amplo conjunto probatório, o qual, repise-se, deverá ter passado pelo crivo do contraditório e da ampla defesa. (...) É a observância do princípio da inocência, sem que os réus se tornem objeto de uma política processual de violência pura.[21]

Firmada a premissa de que a pessoa delatada não pode ser condenada apenas com base no depoimento do réu colaborador, mas considerado o conjunto probatório, impende verificar se as provas podem ser compartilhadas em outros processos envolvendo o delatado. É o que se fará a seguir.

5.3 A QUESTÃO DA PROVA EMPRESTADA E COMPARTILHAMENTO DE INFORMAÇÕES

O acordo de colaboração premiada e as provas dele decorrentes poderão repercutir em outras searas, que não a criminal, como as da improbidade administrativa, tributária e cível em geral.

De fato, a Lei nº 12.850/2013 estimula, em seu artigo 3º, inciso VIII, para o combate ao crime organizado, a "cooperação entre instituições e órgãos federais, distritais, estaduais e municipais na busca de provas e informações de interesse da investigação e da instrução criminal".

Essa previsão atende ao disposto no artigo 7º, item "b" da Convenção de Palermo, que dispõe que cada Estado-parte garan-

21 FALCÃO JUNIOR, Alfredo Carlos Gonzaga. **O perfil constitucional: material da delação premiada como meio de prova.** *In* ANJOS FILHO, Robério Nunes dos (Org.). Capacitar, VII Curso de Ingresso e Vitaliciamento para Procuradores da República. Brasília: ESMPU, 2011. P. 29.

tirá que as autoridades responsáveis pela administração, regulamentação, detecção e repressão e outras autoridades responsáveis pelo combate à lavagem de dinheiro (incluindo, quando tal esteja previsto no seu direito interno, as autoridades judiciais), tenham a capacidade de cooperar e trocar informações em âmbito nacional e internacional, em conformidade com as condições prescritas no direito interno, e, para esse fim, considerará a possibilidade de criar um serviço de informação financeira que funcione como centro nacional de coleta, análise e difusão de informação relativa a eventuais atividades de lavagem de dinheiro.

Desse modo, a prova produzida a partir do acordo de colaboração premiada poderá ser usada não apenas no processo penal ali referido, mas também em outras instâncias judiciais e administrativas. Nesse sentido a lição de Nicolao Dino:

> A colaboração premiada e os elementos dela decorrentes, na investigação criminal ou na instrução processual penal, podem ser transplantados para o âmbito da persecução referente à improbidade administrativa, viabilizando, de igual sorte, as medidas de responsabilização com base na Lei nº 8.429/92.[22]

Também assim entende Marcos Paulo Dutra Santos, quando diz que a colaboração premiada:

> À semelhança da interceptação telefônica, há de ser genuinamente determinada para fins penais, mas, a partir daí, nada impede que o acervo probatório carreado seja compartilhado para fins não penais, desde que correlatos – ação civil pública, ação de improbidade administrativa, procedimento administrativo disciplinar etc.[23]

22 DINO, Nicolao. A Colaboração Premiada na Improbidade Administrativa: Possibilidade e Repercussão Probatória. *In* SALGADO, Daniel de Resende; QUEIROZ, Ronaldo Pinheiro de (Org.) **A Prova no Enfrentamento à Macrocriminalidade.** Salvador: JusPodium, 2015. P. 455.

23 SANTOS, Marcos Paulo Dutra. **Colaboração (Delação) Premiada.** Salvador: JusPodium, 2016. P. 167.

Isto vem sendo previsto, inclusive, nos termos de acordo da Operação Lava Jato, e devidamente homologados pelo Poder Judiciário. Com efeito, em tais acordos prevê-se um item sobre "Validade da Prova", contendo cláusulas que dispõem que a prova obtida mediante o acordo, após a devida homologação, poderá ser utilizada validamente para a instrução de inquéritos policiais, procedimentos administrativos criminais, ações penais, ações cíveis, ações de improbidade administrativa e inquéritos civis.

A prova poderá ser emprestada também ao Ministério Público dos Estados, à Receita Federal, à Procuradoria da Fazenda Nacional, ao Banco Central do Brasil e a outros órgãos, nacionais e estrangeiros, para a instrução de procedimentos e ações fiscais, cíveis, administrativas, inclusive disciplinares, bem como qualquer outro procedimento público de apuração dos fatos, mesmo nos casos de rescisão do acordo, salvo se essa se der por descumprimento de exclusiva responsabilidade do Ministério Público Federal.

Nos acordos há a garantia que o Ministério Público Federal somente prestará cooperação jurídica internacional de qualquer natureza que envolva acesso a informação ou elemento de prova diretamente resultante da colaboração, bem como ao próprio colaborador, se a autoridade estrangeira celebrar com este acordo ou lhe fizer proposta formal de acordo cujo efeito exoneratório seja, no mínimo, equivalente ao da avença realizada no Brasil, a menos que a autoridade estrangeira se comprometa, por escrito, de forma válida segundo a lei brasileira, a respeitar integralmente os termos do acordo brasileiro.

É de ver que não há direito absoluto de acesso, por parte das demais instituições, ao termo de acordo e as provas dele decorrentes. É necessário que o Poder Judiciário analise, sempre a pedido do Ministério Público, se o compartilhamento das informações, em determinado momento, pode ou não atrapalhar o curso das investigações, mormente se ainda sigilosas. Para o Supremo Tribunal Federal o sigilo do acordo é oponível a outros órgãos investigatórios, como as Comissões Parlamentares de Inquérito, antes do recebimento da denúncia. É o que restou decidido no Mandado de Segurança nº 33.278-DF (decisão de 18/12/2014).[24]

Analisada a possibilidade de compartilhamento de informações dos acordos de colaboração premiada, cumpre averiguar, no item seguinte, quais as consequências criminais e cíveis nos casos de réus que, a pretexto de colaborarem, fornecem informações falsas ao Ministério Público e à Justiça.

24 Ementa: MANDADO DE SEGURANÇA. ATO JURISDICIONAL. COLABORAÇÃO PREMIADA. SIGILO. OPONIBILIDADE A CPMI. AUSÊNCIA DE TERATOLOGIA. 1. Não cabe mandado de segurança contra ato jurisdicional, a não ser que se trate de decisão teratológica, o que não é o caso. 2. É plausível a tese segundo a qual, antes do recebimento da denúncia, o acesso aos depoimentos colhidos em regime de colaboração premiada é restrito ao juiz, ao membro do Ministério Público, ao delegado de polícia e aos defensores que atuam nos autos, excluindo-se outras autoridades, ainda que com hierarquia e poderes semelhantes (art. 7º da Lei nº 12.850/2013). 3. *Writ* a que se nega seguimento. (...) 16. O sigilo previsto no art. 7º da Lei nº 12.850/2013, portanto, é instituído "como forma de garantir o êxito das investigações" (§ 2º), e, por isso mesmo, vale apenas temporariamente, até o recebimento da denúncia (§ 3º). Como se percebe, o sigilo é da essência da investigação. 17. Portanto, está longe de ser teratológica a interpretação segundo a qual, até o recebimento da denúncia, o acesso aos depoimentos colhidos em regime de colaboração premiada é restrito ao juiz, ao membro do Ministério Público, ao delegado de polícia e aos defensores que atuam nos respectivos autos. Isto porque a divulgação de dados durante o período crítico que antecede o recebimento da denúncia – ainda que para autoridades com hierarquia e poderes semelhantes – poderia comprometer o sucesso das apurações, bem como o conteúdo dos depoimentos ainda a serem colhidos e a decisão de eventuais envolvidos em colaborar ou não com a Justiça.

5.4 RESPONSABILIZAÇÃO CRIMINAL E CÍVEL DO COLABORADOR CALUNIADOR: CRIME DE FALSA COLABORAÇÃO E DANOS MORAIS

É preciso evitar que o instituto da colaboração premiada seja utilizado com a finalidade de vingança entre desafetos. Para tanto, a lei veda a condenação do delatado com base, apenas, na palavra do réu colaborador, exigindo a *corroborative evidence* que confirme as suas alegações.

Além disso, a lei pune expressamente aquele que imputa a outrem a prática de crime, sabendo ser falsa a imputação. De acordo com o artigo 19 da Lei nº 12.850/2013, é crime:

> Imputar falsamente, sob pretexto de colaboração com a Justiça, a prática de infração penal a pessoa que sabe ser inocente, ou revelar informações sobre a estrutura de organização criminosa que sabe inverídicas:
> Pena – reclusão, de 1 (um) a 4 (quatro) anos, e multa.

É o crime de Falsa Colaboração. A pena é baixa para a gravidade da conduta. Ser mencionado num acordo de colaboração premiada muitas vezes significa uma mancha indelével na reputação da pessoa delatada, ainda que se comprove a falsidade da imputação tempos depois, sobretudo em tempos de mídias sociais, com informações fluidas e julgamentos populares impiedosos.

A pena mínima de 1 (um) ano de reclusão, para além de gerar prescrição de forma rápida, não pune adequadamente a irresponsabilidade de quem imputa falsa e dolosamente a prática de crime a outrem. De qualquer sorte, a pessoa injustamente delatada poderá sempre valer-se de ação de indenização contra o réu colaborador para obter a reparação de seus danos morais.

Para Marcos Paulo Dutra Santos, se a imputação der causa à instauração de investigação policial, de processo judicial, investigação administrativa, inquérito civil ou ação de improbidade administrativa, incide aí não mais o crime do artigo 19 da Lei nº 12.850/2013, mas o crime de denunciação caluniosa (artigo 339 do Código Penal[25]), cuja pena é o dobro da anterior: dois a oito anos de reclusão, e multa.[26]

Nos termos de acordo da Operação Lava Jato há cláusula expressa prevendo que o colaborador fica ciente de que caso venha a imputar falsamente, sob pretexto da colaboração pactuada, a prática de infração penal a pessoa que sabe inocente, ou revelar informações sobre a estrutura de organização criminosa que sabe inverídicas, poderá ser responsabilizado pelo crime previsto no artigo 19 da Lei nº 12.850/2013, além da rescisão do acordo. Tal cláusula serve para cientificar o colaborador acerca da seriedade das informações prestadas e da imprescindibilidade acerca de sua veracidade, inibindo aventureiros que desejem se utilizar do instituto da colaboração premiada como mecanismo de vindita pessoal.

Explicitados o conceito de colaboração premiada, seu procedimento conforme a legislação brasileira, bem como dos direitos e garantias do réu colaborador e da pessoa delatada, resta investigar se vale a pena, para o acusado, colaborar. Do mesmo modo, há que se saber se compensa, para a sociedade, atenuar a pena do réu colaborador. Esta investigação será feita no capítulo a seguir, a partir da ótica da análise econômica do direito.

---

25 **Art. 339.** Dar causa à instauração de investigação policial, de processo judicial, instauração de investigação administrativa, inquérito civil ou ação de improbidade administrativa contra alguém, imputando-lhe crime de que o sabe inocente: Pena - reclusão, de dois a oito anos, e multa. **§ 1º** - A pena é aumentada de sexta parte, se o agente se serve de anonimato ou de nome suposto. **§ 2º** - A pena é diminuída de metade, se a imputação é de prática de contravenção.

26 SANTOS, Marcos Paulo Dutra. Op. cit. P. 126.

6
ANÁLISE ECONÔMICA DA COLABORAÇÃO PREMIADA

É momento de analisar se vale a pena, para a sociedade, que o Ministério Público firme com o acusado um acordo de colaboração premiada, sopesando-se os custos e benefícios de aceitar a palavra de um criminoso - e suas provas corroborativas - para punir os demais e desmantelar a organização criminosa.

É hora de ver, ainda, se compensa, para o membro de organização, descumprir o pacto de silêncio, com todos os riscos dele decorrentes, e aceitar colaborar com o *law enforcement* para desbaratar a organização.

No caso do presente trabalho, a análise será focada nos casos de colaboração premiada realizada em investigações de organizações criminosas que praticam crimes de corrupção, verificando-se se, nesses casos específicos, compensa para o acusado colaborador confessar e desfazer-se do patrimônio ilicitamente adquirido em troca de benefícios processuais e penais.

6.1 CORRUPÇÃO E RECUPERAÇÃO DO PRODUTO DO CRIME

A Lei nº 12.850/2013 previu, em seu artigo 4º, que a colaboração premiada será possível desde que dela advenham no mínimo um dentre os seguintes resultados: a) identificação dos demais coautores e partícipes e dos crimes por ele praticados; b) o esclarecimento da hierarquia da organização; c) a prevenção de crimes decorrentes das atividades da organização criminosa; d) a localização de eventual vítima viva; e e) a recuperação total ou parcial do produto ou do proveito dos crimes praticados pela organização delituosa.

A lei elenca hipóteses alternativas, de modo que é possível que a recuperação do produto do crime não ocorra em um acordo de colaboração premiada. Assim, na hipótese de crime de sequestro, por exemplo, pode-se pensar em conceder benefícios decorrentes da colaboração feita por um dos comparsas que aponta o local do cativeiro, mas que não sabe indicar onde está o dinheiro que foi entregue a outro coautor. Nesse caso, os bens jurídicos "vida" e "liberdade" se sobrepõem ao bem jurídico "patrimônio".

Contudo, em crimes de corrupção, peculato, crimes praticados por Prefeitos (previstos no Decreto-Lei 201/1967) e crimes contra a Administração Pública em geral, em que há, sempre, dano ao erário, não é recomendável, pela natureza do bem jurídico protegido, a realização de acordo de colaboração premiada sem que haja o retorno, aos cofres públicos, dos recursos desviados.

O próprio Código Penal prevê, em seu artigo 91, a título de efeitos da condenação, tanto a obrigação de indenizar o dano causado pelo crime, como a perda em favor da União, ressalvado o direito do lesado ou de terceiro de boa-fé, do produto do crime ou de qualquer bem ou valor que constitua proveito auferido pelo agente com a prática do fato criminoso. Assim, o confisco ou perdimento de bens que sejam produto ou proveito de atividades criminosas é um efeito automático da condenação criminal. Não poderia ser diferente, sob pena de consagração do enriquecimento ilícito.

A preocupação com a reparação do dano veio prevista, ainda, na reforma do Código de Processo Penal, quando foi inserido o inciso IV ao artigo 387, permitindo ao juiz, quando da prolação da sentença condenatória, fixar valor mínimo para reparação dos danos causados pela infração, considerando os prejuízos sofridos pelo ofendido, tornando minimamente líquida a sentença penal condenatória.

Assim, a condenação através de um processo penal clássico por crime de corrupção acarreta, para o réu, invariavelmente, a obrigação de reparar o dano causado ao erário, não podendo, portanto, o Ministério Público, em um acordo de colaboração premiada, abrir mão da recuperação dos valores desviados em troca de informações. Assim tem sido feito no Brasil, tanto no caso do Banestado como no caso da Operação Lava Jato: todos os acordos estipulam a devolução, por parte do réu colaborador, do produto do crime, inclusive o que foi objeto de crime de lavagem de dinheiro (patrimônio ilícito do colaborador), tudo isso além da multa aplicada (decorrente, esta, do patrimônio lícito do colaborador).

Essa busca pela reparação do dano se coaduna com a vertente do Direito denominada "Justiça Restaurativa", preconizada por Howard Zehr, em contraposição à Justiça Criminal meramente retributiva. A chamada Justiça Restaurativa parte da premissa de que:

> O crime é uma violação de pessoas e relacionamentos. Ele cria a obrigação de corrigir os erros. A justiça envolve a vítima, o ofensor e a comunidade na busca de soluções que promovam reparação, reconciliação e segurança.[1]

A reparação do dano é a tendência absoluta quando se fala de colaboração premiada, principalmente quando se trata de crimes de corrupção e similares praticados por organizações criminosas. A evolução das leis no Brasil se deu nesse sentido, uma vez que as primeiras normas que previram a redução de pena para o réu colaborador se satisfaziam apenas com o auxílio para esclarecimento do crime e identificação dos coautores.

As leis mais recentes, porém, ressaltam que o acordo de colaboração premiada deve auxiliar na localização e recuperação do produto do crime. Do mesmo modo no ambiente internacional: a Convenção de Mérida, por exemplo, é expressa ao prever, em seu artigo 37, que a colaboração deve "contribuir a privar os criminosos do produto do delito, assim como recuperar esse produto".

---

1 ZEHR, Howard. **Trocando as lentes: um novo foco sobre o crime e a justiça**. São Paulo: Palas Athena, 2008. P. 171.

E essa deve ser, de fato, a maior preocupação no que concerne aos delitos de corrupção e similares: a recuperação do produto do crime. São conhecidos por todos os males provocados pela corrupção: ela amplia a exclusão social, deteriora os serviços públicos e vitima uma clientela que não pode se socorrer nos serviços privados ou no livre mercado.[2]

Nos países onde há corrupção elevada os níveis de investimento e crescimento econômico diminuem, já que aumenta custos e a incerteza quanto a eles, e tais custos sociais vitimam especialmente as camadas mais pobres da população. De acordo com Paolo Mauro, evidências empíricas sugerem que a corrupção diminui investimentos e retarda o crescimento econômico, além de diminuir a qualidade da infraestrutura e dos serviços públicos.[3]

No caso da Operação Mãos Limpas, da Itália, estima-se que a massa monetária desviada da economia nacional para a corrupção, num lapso de doze anos, foi, segundo o Instituto Einaudi de Turim, em torno de dez (10) a vinte (20) bilhões de dólares.

De acordo com outro estudo, do Professor Franco Cassola, da Universidade de Florença, a cifra desviada teria sido muito maior: dez (10) bilhões de dólares anuais, desde 1980 até 1991, conta-

---

2 A Convenção das Nações Unidas contra a Corrupção externou, no seu prêambulo, a preocupação dos Estados partes sobre o tema: "Preocupados com a gravidade dos problemas e com as ameaças decorrentes da corrupção, para a estabilidade e a segurança das sociedades, ao enfraquecer as instituições e os valores da democracia, da ética e da justiça e ao comprometer o desenvolvimento sustentável e o Estado de Direito; preocupados, também, pelos vínculos entre a corrupção e outras formas de delinquência, em particular o crime organizado e a corrupção econômica, incluindo a lavagem de dinheiro; preocupados, ainda, pelos casos de corrupção que penetram diversos setores da sociedade, os quais podem comprometer uma proporção importante dos recursos dos Estados e que ameaçam a estabilidade política e o desenvolvimento sustentável dos mesmos; convencidos de que a corrupção deixou de ser um problema local para converter-se em um fenômeno transnacional que afeta todas as sociedades e economias, faz-se necessária a cooperação internacional para preveni-la e lutar contra ela: (...)"

3 MAURO, Paolo. **Why Worry About Corruption?** Washington, D.C.: International Monetary Fund, Economic issues, 1997, P. 6-7.

bilizando 120 (cento e vinte) bilhões de dólares "que saíram dos balanços negros das empresas para beneficiar políticos".[4] O jornalista financeiro italiano Giuseppi Turani, por seu turno, estimou que a corrupção nas décadas de oitenta e noventa na Itália lhe custou um trilhão de dólares.[5]

No Brasil não é diferente. Em 2010, um estudo da Federação das Indústrias do Estado de São Paulo apontou que o custo anual da corrupção no país é de 1,38% do PIB.[6] Como lembram Athayde Ribeiro Costa, Deltan Dallagnol e Roberson Pozzobon, "Os 200 bilhões desviados por ano no Brasil (estimativa da Organização das Nações Unidas) triplicariam o investimento federal em educação ou em saúde".[7]

Diante dos males à comunidade, à democracia e à saúde financeira do Estado, compreende-se por que se prima, hoje, pela recuperação do produto do crime de corrupção, seja pela via do processo penal clássico, seja pela via da colaboração premiada.

Partindo da premissa, então, de que acordos de colaboração premiada em casos de crimes de corrupção terão como cláusula a devolução, por parte do réu colaborador, de todos os bens e ativos que auferiu como produto do crime, questiona-se: qual o custo-benefício para a sociedade, ao contar com leis que prevejam e estimulem acordos de colaboração premiada visando à recuperação do produto do crime? E sob a ótica do investigado, quais os custos e benefícios ao aceitar o acordo de colaboração, condicionado à devolução do produto do crime?

Essas perguntas merecem ser iluminadas pelas ferramentas trazidas pela Análise Econômica do Direito. Vejamos do que se trata.

---

4 DEL ROIO, José Luiz. Op. cit. P. 14 e 90.

5 MORO, Sergio Fernando. Op. cit. P. 60.

6 Http://www.fiesp.com.br/indices-pesquisas-e-publicacoes/relatorio-corrupcao-custos-economicos-e-propostas-de-combate.

7 COSTA, Athayde Ribeiro; Dallagnol, Deltan; Pozzobon, Roberson. **A prisão dos réus da Lava Jato**. < http://www1.folha.uol.com.br/opiniao/2015/04/1611461-athayde-ribeiro-costa-deltan-dallagnol-e-roberson-pozzobon-a-prisao-dos-reus-da-lava-jato.shtml> Acesso em 11.09.20116.

6.2 COLABORAÇÃO PREMIADA E RECUPERAÇÃO DO PRODUTO DO CRIME: UMA ANÁLISE ECONÔMICA

A análise econômica do direito aproxima as duas ciências, Direito e Economia, de uma forma não tradicional, sendo considerada por muitos o movimento mais influente no meio jurídico após a segunda guerra mundial.[8] Foi a partir da década de sessenta, com a publicação dos artigos de Ronald H. Coase (*"The Problem of Social Cost")* e de Guido Calabresi (*"Some Thoughts on Risk Distribution and The Law of Torts")*, que houve uma expansão da análise econômica do direito, avançando com a obra *"Economic Analysis of Law"*, de Richard Posner, publicada em 1973.

Com o trabalho de Posner entendeu-se ser possível a realização de uma análise econômica para todo e qualquer ramo do direito utilizando-se o método da escolha racional para uma alocação eficiente de recursos escassos. Isto é, qualquer decisão (vender um carro, alugar um imóvel, confessar um crime ou firmar um acordo de colaboração premiada) pode ser analisada sob a ótica de uma escolha que maximize a utilidade de quem decide, desde que ele o faça premido por racionalidade. Assim, tudo se torna passível de ser estudado pela economia.

A consolidação da análise econômica do direito se deu quando os prêmios Nobel de Economia de 1991 e 1992 foram, seguidamente, fundadores dessa corrente (o mesmo Ronald H. Coase e Gary Becker). O artigo de Ronald H. Coase abordou as decisões judiciais nos casos de responsabilidade civil como um problema econômico de alocação de recursos, ou seja, foi realizada uma análise das consequências econômicas de aspectos jurídicos. Gary Becker, em 1968, publicou sua obra *"Crime and Punishment: an Economic Approach"*, tratando do fenômeno criminoso a partir da análise econômica.

---

8 SALAMA, Bruno Meyerhof. O que é pesquisa em direito e economia. **Cadernos Direito GV**, v. 5, nº 2, estudo nº 22, 2008. P. 8.

A análise econômica do direito envolve, assim, a utilização de conceitos e definições da economia aplicados ao direito. Para Ivo T. Gico Junior, esse estudo da economia e do direito compreende o:

> Campo do conhecimento humano que tem por objetivo empregar os variados ferramentais teóricos e empíricos econômicos e das ciências afins para expandir a compreensão e o alcance do direito e aperfeiçoar o desenvolvimento, a aplicação e a avaliação de normas jurídicas, principalmente com relação às suas consequências.[9]

É certo que o operador do direito, há séculos, se ocupa do valor justiça (distribuição e equidade), enquanto que o economista estuda "como o ser humano toma decisões e se comporta em um mundo de recursos escassos e suas consequências".[10] Destarte, de acordo com a análise econômica do direito, todas as atividades humanas, inclusive as que envolvem o direito, podem ser investigadas por meio dos métodos da economia.

Cooter e Ulen ensinam que:

> Para os economistas, as sanções se assemelham aos preços, e, presumivelmente, as pessoas reagem às sanções, em grande parte, da mesma maneira que reagem aos preços. As pessoas reagem a preços mais altos consumindo menos do produto mais caro; assim, supostamente, elas reagem a sanções legais mais duras praticando menos da atividade sancionada. A economia tem teorias matematicamente precisas (teoria do preço e teoria dos jogos) e métodos empiricamente sólidos (estatística e econometria) de análise dos efeitos dos preços sobre o comportamento.[11]

---

9 GICO JR, Ivo T. Introdução à análise econômica do direito. RIBEIRO, Marcia Carla Pereira; KLEIN, Vinícius (Coord.). **O que é análise econômica do direito: uma introdução**. Belo Horizonte: Fórum, 2011. P. 17.

10 GICO JR, Ivo T. Op. cit. P. 17.

11 COOTER, Robert; ULEN, Thomas. **Direito & Economia**. Ed. Bookman, 5ª Ed., 2010. P. 25.

Assim, a partir de uma análise econômica do direito é possível investigar como as pessoas reagem às leis, isto é, a incentivos e sanções, consagrando-se, desse modo, como uma verdadeira teoria científica do comportamento humano. Normas jurídicas passam a ser estudadas sob a ótica da eficiência, a partir de uma análise de custo-benefício, e são consideradas incentivos para alterar condutas (como se fossem preços implícitos).

Para que o estudioso do direito possa se utilizar das ferramentas da análise econômica do direito é preciso que saia da zona de conforto e passe a abordar as questões jurídicas a partir de noções de Teoria Microeconômica e da economia do bem-estar, compreendendo conceitos econômicos como maximização, equilíbrio, eficiência e teorias como a da escolha racional e a dos jogos.

Benjamin Tabak ensina que "A AED procura responder a algumas perguntas essenciais. Primeiramente, quais são os efeitos das regras jurídicas sobre as decisões dos agentes? Segundo, se esses efeitos são socialmente desejáveis".[12]

No presente trabalho pergunta-se quais são os efeitos da norma trazida pelo artigo 4º da Lei nº 12.850/2013 tanto para o Estado quanto para o investigado, bem como se esses efeitos são os desejados pela maioria da coletividade.

Há críticos, é certo, a essa ótica racional e econômica. Muitos se preocupam com uma espécie de idolatria da eficiência em prejuízo do valor "justiça". Todavia, como bem alerta Bruno Meyerhof Salama:

> A disciplina serve, antes de tudo, para iluminar problemas jurídicos e para apontar implicações das diversas possíveis escolhas normativas. Aqui me afasto tanto da visão do Direito e Economia como um conjunto de receitas de bolo (que é ridícula) quanto da visão de que a discussão sobre eficiência seja irrele-

---

12 TABAK, Benjamin Miranda. A Análise Econômica do Direito – Proposições Legislativas e políticas públicas. **Revista de Informação Legislativa / Senado Federal**, Subsecretaria de edições Técnicas – Ano 52, nº 205, janeiro/março – 2015. P. 321-345. P. 321.

vante para o Direito (o que é míope, porque a construção normativa não pode estar isolada de suas consequências práticas).[13]

Desse modo, menos a reverência absoluta à eficiência e mais uma preocupação sobre as consequências das leis e decisões no mundo real parece nortear os estudiosos de análise econômica do direito. Como diz Bruno Meyerlof Salama, "A questão não é substituir a discussão da justiça pela discussão da eficiência, mas sim enriquecer a gramática jurídica integrando a discussão da eficiência na discussão do justo".[14]

Assim sendo, sem a pretensão de trazer respostas absolutas à questão, o presente trabalho visa iluminar, a partir de uma análise econômica, o tema da recuperação do produto do crime por meio do acordo de colaboração premiada.

6.3 A ANÁLISE DE CUSTO-BENEFÍCIO DA COLABORAÇÃO PREMIADA PARA A SOCIEDADE: EQUILÍBRIO DE KALDOR-HICKS

Já foi dito que a Economia é a ciência das escolhas. Estas são guiadas por um critério de racionalidade, por meio do qual o indivíduo visa à maximização da utilidade em satisfazer seu interesse.[15] É preciso fazer escolhas, o tempo todo, diante da escassez: houvesse recursos infinitos e suficientes para atender a todas as demandas, não seria preciso ter que alocá-los. Pois bem, os agen-

---

13 SALAMA, Bruno Meyerhof. Op. cit. P. 2. O autor ainda ressalta que até um dos fundadores da Análise Econômica do Direito, Guido Calabresi,"já há muito observou, corretamente, que a hipótese de que o Direito e Economia possa dar as respostas definitivas para os dilemas normativos é "ridícula", citando seu artigo"Thoughts on the Future of Economics", publicado no **Journal of legal Education** (v. 33, 1983, p. 363).

14 SALAMA, Bruno Meyerlof. Op. cit. P. 3.

15 RIBEIRO, Márcia Carla Pereira; AGUSTINHO, Eduardo Oliveira. Economia Institucional e Nova Economia Institucional. RIBEIRO, Márcia Carla Pereira; KLEIN, Vinícius (Coord.). **O que é análise econômica do direito: uma introdução.** Belo Horizonte: Fórum, 2011. P. 121.

tes farão escolhas que atendam seus interesses próprios, por isso se diz que há uma maximização racional do seu bem-estar.

Essa ideia de maximização racional norteia toda a teoria econômica. Parte-se da premissa de que os indivíduos calculam custos e benefícios ao tomarem uma decisão, e optam, ao final, pelo que lhes traga mais benefícios que custos. Cooter e Ulen ensinam, a propósito, que:

> Os economistas geralmente supõem que cada agente econômico maximize algo: os consumidores maximizam a utilidade (isto é, a felicidade ou satisfação), as empresas maximizam os lucros, os políticos maximizam os votos, as burocracias maximizam as receitas, as organizações beneficentes maximizam o bem-estar social, e assim por diante. (...) Escolher a melhor alternativa que as restrições permitem pode ser descrito matematicamente como maximização.[16]

A eficiência consiste na melhor alocação com um mínimo de dispêndio[17], ou seja, maiores benefícios do que custos. A interação entre agentes racionais maximizadores que buscam essa eficiência tende a um equilíbrio.

Em seu trabalho intitulado "Manual de Economia Política", Vilfredo Pareto estudou o equilíbrio econômico, consagrando o que ficou conhecido como o "Ótimo de Pareto", "Equilíbrio de Pareto" ou "Eficiência de Pareto". Trata-se do equilíbrio em que nenhuma ação a ser feita melhora a condição dos agentes sem causar prejuízo a outros. Assim, a alteração poderá ser feita desde que a mudança a ser realizada beneficie uma pessoa sem prejudicar nenhuma outra.

Segundo o critério de Pareto, a eficiência econômica ocorre apenas quando for possível melhorar a situação de um agente (indivíduo, empresa, Estado ou sociedade) sem prejudicar outro.

---

16 COOTER, Robert; ULEN, Thomas. Op. cit. P. 36-37.

17 GALESKI JUNIOR, Irineu. Economia dos Contratos. RIBEIRO, Márcia Carla Pereira; KLEIN, Vinícius (Coord.). **O que é análise econômica do direito: uma introdução**. Belo Horizonte: Fórum, 2011. P. 135.

Quando resta impossível melhorar a situação do agente sem prejudicar terceiros, a situação passa a ser ineficiente, precisando de ajustes.

Benjamin Tabak ensina, a respeito do tema, que:

> O conceito de eficiência de Pareto é muito utilizado pelos economistas para denotar uma situação em que não é possível melhorar a situação de um agente sem piorar a situação de, pelo menos, outro agente. (...) Pode-se associar a eficiência de Pareto à unanimidade.[18]

Uma situação Pareto-eficiente é quase impossível em razão de a unanimidade, na prática, ser utópica. De fato:

> Pelo critério Paretiano, praticamente nenhuma mudança (por exemplo, uma mudança legislativa) será possível na ausência de unanimidade e isso é uma limitação prática muito séria à utilização da eficiência Paretiana como guia de políticas públicas.[19]

Para solucionar o impasse os economistas passaram a se utilizar de um critério de eficiência menos rígido, a "Melhoria Potencial de Pareto" ou "Eficiência de Kaldor-Hicks". Os estudos de Nicholas Kaldor e John Hicks, que ficaram conhecidos como o "Teorema de Kaldor-Hicks", admitem que mudanças sejam feitas ainda que haja agentes insatisfeitos, desde que exista a possibilidade de compensá-los por suas perdas.

Novamente Cooter e Ulen esclarecem:

> Insatisfeitos com o critério de Pareto, os economistas desenvolveram a noção de uma melhoria potencial de Pareto (às vezes chamada de eficiência de Kaldor-Hicks). (...) uma melhoria potencial de Pareto permite mudanças em que haja tanto ganhadores quanto perdedores, mas exige que os ganhadores ganhem mais do que os perdedores perdem. Se essa condição for cumprida, os ganhadores podem, em princípio, indenizar os perdedores e

---

18 TABAK, Benjamin Miranda. Op. cit. P. 324.

19 SALAMA, Bruno Meyerhof. Op. cit. P. 20.

> ainda ter um excedente que sobre para eles mesmos. Para uma melhoria potencial de Pareto, a indenização não precisa ser feita efetivamente, mas tem de ser possível, em princípio. Esta é, essencialmente, a técnica da análise de custo-benefício.[20]

Para Benjamin Tabak, ao estudar a eficiência de Kaldor-Hicks e a introdução de normas jurídicas no ordenamento:

> A introdução de uma norma jurídica gera benefícios para alguns agentes e custos para outros agentes. Caso o benefício total seja maior que o custo total da introdução de determinada norma, essa é eficiente no sentido de Kaldor-Hicks. Assim, a noção de eficiência está intimamente relacionada à maximização de bem-estar da sociedade. (...) Se a situação é eficiente no sentido de Kaldor-Hicks, os benefícios sociais são maiores que os custos sociais.[21]

Bruno Meyerhof Salama traz um elucidativo exemplo de equilíbrio de Kaldor-Hicks aplicado na prática:

> A prefeitura da cidade de São Paulo recentemente proibiu a colocação de grandes cartazes de propaganda na cidade. Houve "perdedores", e disso não resta dúvida porque várias pessoas perderam seus empregos e outras tantas perderam seus negócios. Por outro lado, o sólido apoio da população à nova legislação parece indicar que os ganhos do restante da população ("os ganhadores") excederam as perdas do grupo de "perdedores".[22]

É possível afirmar que a colaboração premiada pode ser eficiente sob o ponto de vista de Kaldor-Hicks. De fato, os benefícios para a sociedade (ainda que haja uma minoria que com eles não concorde) são superiores aos custos. Da mesma maneira, os benefícios para o colaborador, em determinadas situações, são maio-

20 COOTER, Robert; ULEN, Thomas. Op. cit. P. 64.

21 TABAK, Benjamin Miranda. Op. cit. P. 325.

22 SALAMA, Bruno Meyerhof. Op. cit. p. 21.

res que as perdas. Há um equilíbrio nessa interação, cada agente maximizando seu interesse, e aparentemente havendo custos que podem, em tese, ser compensados.

O corrupto gera um alto custo social, não apenas sob o aspecto dos recursos públicos subtraídos, mas também pelo exemplo nos casos de impunidade. Se o Direito é um indutor de comportamentos, é importante saber se acordos de colaboração premiada firmados com acusados de crimes de corrupção induzirão comportamentos desejáveis, ou seja, se evitará que as pessoas pratiquem novos crimes. Se a colaboração premiada tiver esse caráter dissuasivo *(deterrence)* estar-se-á diante de um claro benefício para a sociedade.

Pois bem. É correto afirmar que a colaboração é benéfica para a sociedade, uma vez que, a par de recuperar os recursos desviados, desincentiva as pessoas a se associarem em quadrilha ou comporem organização criminosa para os fins de cometer crimes contra a administração pública e corrupção de um modo geral.

Não se pode negar que o custo de se associar ao bando passa a ser alto quando se sabe que, se um dos membros for investigado ou processado, receberá do Estado proposta atraente para delatar a organização criminosa. É claro o efeito dissuasivo da colaboração, no sentido de evitar que as pessoas criem, componham ou mesmo auxiliem organizações criminosas.

Cesare Beccaria já no Século XVIII ressaltava a dissuasão decorrente da colaboração premiada:

> As vantagens consistem na prevenção dos delitos relevantes, que, por terem efeitos evidentes e autores ocultos, atemorizam o povo. Além disso, contribui para mostrar que quem não tem fé nas leis, isto é, no poder público, é provável que também não confie no particular. Parece-me que lei geral, que prometesse impunidade ao cúmplice delator de qualquer delito, seria preferível a uma declaração especial em caso particular, porque assim preveniria as uniões pelo temor recíproco que cada cúmplice

teria de expor-se e o tribunal não tornaria audaciosos os criminosos chamados a prestar socorro num caso particular.[23]

Em aprofundado estudo sobre a prevenção de novos crimes nos casos de Justiça Negociada, Yehonatan Givati diz que, na teoria, o *plea bargaining* ocasiona dois efeitos na dissuasão: por um lado, sentenças com penas mais baixas são impostas aos que confessam sua culpa, o que reduz a *deterrence*, isto é, valeria a pena cometer crimes e receber penas baixas ao negociar com a acusação.

Por outro lado, segundo Givati, quando o acordo entre Ministério Público e réu é utilizado não há necessidade de esperar um longo julgamento para obter uma condenação, de modo que com os mesmos recursos mais condenações podem advir, o que, em outras palavras, aumenta a probabilidade de condenações, e o aumento de condenações - isso é indiscutível - fatalmente aumenta a dissuasão.[24]

Frederico Valdez Pereira reconhece expressamente o efeito dissuasivo da colaboração premiada:

> A colaboração processual já não reforçaria apenas a tarefa estatal de esclarecimento de crimes graves, mas teria relevante efeito reflexo direcionado a refrear o prosseguimento da atuação associativa na prática desses delitos, elemento de discrímen importante na comparação com situações nas quais não se manifesta o papel de fragmentar estrutura orientada ao cometimento de crimes, por consequência, evitando-os.[25]

Assim, a colaboração premiada, ainda que associada à devolução da propina e dos valores públicos subtraídos, possui um caráter dissuasivo, o que é benéfico para a sociedade, por agir de forma a prevenir a prática de crimes por meio de organizações criminosas.

---

23 BECCARIA, Cesare. Op. cit. P. 129.

24 GIVATI, Yehonatan. The Comparative Law and Economics of Plea Bargaining: Theory and Evidence. Discussion Paper nº 39, **Harvard Law School**, Cambridge, MA 02138, 2011. Disponível em http://www.law.harvard.edu/programs/olin_center. P. 21.

25 PEREIRA, Frederico Valdez. Op. cit. P. 11.

Com efeito, a previsão em lei de possibilidade de acordo de colaboração premiada com um dos membros da organização reduz os incentivos do crime, aumentando, por consequência, os seus custos. Isso faz com que a criminalidade organizada tenda a diminuir, eis que se sabe que, ao ser pego, há chances de se perder tudo o que foi conquistado ilicitamente; e se não vier a ser pego, corre-se o risco de ser delatado pelo comparsa que porventura vier a ser processado.

Por outro lado, é indubitável que a recuperação célere e eficaz do produto do crime de corrupção, através de um acordo de colaboração premiada, traz benefícios para a sociedade, eis que a tradição jurídica brasileira, via de regra, só permite a perda dos bens ilícitos, em casos de corrupção, após o trânsito em julgado da sentença penal condenatória. Esta leva anos para acontecer – quando acontece – no Brasil.

Exceto nos raros casos de decretação de indisponibilidade cautelar dos bens, o acusado tem tempo de desfazer-se de seus bens e, caso venha ser definitivamente condenado, pode se apresentar para o cumprimento da pena sem qualquer patrimônio em seu nome. Os prejuízos ao Estado e à sociedade são patentes.

Sobre os benefícios da recuperação do produto do crime de corrupção, leciona Benjamin Tabak:

> A corrupção afeta negativamente tanto os custos diretos quanto os indiretos. Uma lei que beneficie os denunciantes mediante recompensa pode aumentar os benefícios privados, induzindo os agentes a denunciarem sempre que tiverem conhecimento de casos de corrupção. (...) Com uma lei desse tipo, as pessoas são induzidas a denunciar casos de corrupção, o que aumenta a chance de recuperação de recursos públicos desviados. (...) a sociedade recupera ao menos parcialmente os recursos desviados, e os denunciantes, que propiciaram essa recuperação, recebem uma recompensa pelo esforço.[26]

26 TABAK, Benjamin Miranda. Op. cit. P. 327.

Não obstante Tabak exemplifique com projeto de lei hipotético sobre denunciantes de crimes que deles não participaram, pode-se raciocinar do mesmo modo que o autor com relação à colaboração premiada. Assim, o Estado pode incentivar, por meio de leis, os coautores de crimes a confessá-los e a colaborar com o *law enforcement* buscando desbaratar organizações criminosas e ajudando a recuperar o produto do crime.

Fica claro que os benefícios para a sociedade superam os custos de firmar a colaboração. Com efeito, o maior custo para a sociedade, ao negociar com um criminoso, resume-se a abrir mão parcialmente do efeito retributivo da pena em prol do efeito restaurativo. Contudo, basta que se leve em conta a ineficiência do sistema prisional brasileiro na ressocialização para se admitir que ao Estado até interessa não impor longas penas privativas de liberdade.

Esclarecedora a lição de Fillipe Azevedo Rodrigues, ao abordar o tema do sistema penitenciário ótimo sob o prisma da análise econômica, quando diz que:

> Os problemas estruturais são muitos. A malversação dos recursos estatais é latente. Os orçamentos públicos apresentam despesas provisionadas em média de R$ 1.500,00 (mil e quinhentos reais) por preso, enquanto se vê uma realidade extremamente miserável nas unidades penitenciárias, bem distante do valor declarado. Coincidentemente, a pecha dada pela sociedade ao sistema penitenciário é de que ele se encontra falido, o que representa o interesse pela sua reorganização administrativa, possível sob o prisma de fundamentos econômicos.[27]

A tendência de reparar o dano em detrimento de encarcerar o criminoso foi, inclusive, defendida por Gary Becker, ao enfatizar que o bem-estar social é aumentado quando as multas são usadas sempre que possível, no lugar das penas privativas de liberdade:

---

27 RODRIGUES, Fillipe Azevedo. **Análise econômica da expansão do direito penal.** Belo Horizonte, Del Rey: 2014. P. 109-110.

> O bem-estar social é aumentado se multas são usadas sempre que possível. Em primeiro lugar, a liberdade condicional e a prisão usam recursos públicos, e as multas não, uma vez que estas são, basicamente, apenas uma transferência de pagamentos, enquanto que os demais usam recursos em forma de guardas, pessoal de supervisão, oficiais de condicional, além do próprio tempo dos presos.[28]

Quando se trata de crime de corrupção, porém, há autores que, com base em estudos da análise econômica do direito, concluem que sanções não monetárias, como a prisão, são por vezes única solução para sua efetiva dissuasão[29], devendo o Ministério Público, desse modo, ponderar, caso a caso, o custo-benefício de abrir mão do encarceramento do investigado por crime de corrupção.

Assim, o acordo de colaboração premiada com o agente de menor hierarquia na organização criminosa, implicando em uma pena leve, poderá trazer benefícios para a sociedade na medida em que desmantela a organização, recupera os recursos desviados e desvenda os líderes do grupo, a estes devendo ser aplicada, aí sim, a pena privativa de liberdade.

Essa análise de custo-benefício vem sendo realizada, caso a caso, pelos Procuradores da República com atuação na Operação Lava Jato. Na página da *internet* criada para manter os dados e

---

28 Texto livremente traduzido pela autora. Original: "Social welfare is increased if fines are used whenever feasible. In the first place, probation and institutionalization use up social resources, and fines do not, since the latter are basically just transfer payments, while the former use resources in the form of guards, supervisory personnel, probation officers, and the offenders 'own time.'" In BECKER, Gary Stanley. Crime and Punishment: An Economic Approach. **Journal Of Political Economy**, Vol. 76, No. 2 (Mar. - Apr., 1968). P. 28.

29 GAROUPA, Nuno; KLERMAN, Daniel. Corruption and The Optimal Use of Nonmonetary Sanctions. Los Angeles: University of Southern California Law School (**Cleo Research Paper Series Law & Economics Research Paper Series** - Paper nº C01-4 e 01-9. 2004), disponível em <http://papers.ssrn.com.abstract_id=276117> Acesso em 14/06/2015.

as informações sobre o caso disponíveis para a sociedade, consta expressamente que:

> Em cada acordo, muitas variáveis são consideradas, tais como informações novas sobre crimes e quem são os seus autores, provas que serão disponibilizadas, importância dos fatos e das provas prometidas no contexto da investigação, recuperação do proveito econômico auferido com os crimes, perspectiva de resultado positivo dos processos e das punições sem a colaboração, entre outras. Há uma criteriosa análise de custos e benefícios sociais que decorrerão do acordo de colaboração sempre por um conjunto de procuradores da República, ponderando-se diferentes pontos de vista. O acordo é feito apenas quando há concordância de que os benefícios superarão significativamente os custos para a sociedade.[30]

Ao que parece, até o presente momento os acordos de colaboração premiada firmados na Operação Lava Jato têm, de fato, trazido mais benefícios que custos à sociedade. Considerada a maior operação de combate à corrupção no Brasil[31], os números da Lava Jato são realmente impressionantes. Até o fechamento deste trabalho, já havia, na primeira instância, 46 (quarenta e seis) denúncias pela prática de crimes de corrupção, crimes contra o Sistema Financeiro Nacional, Tráfico Transnacional de Drogas, Formação de Organização Criminosa e Lavagem de Ativos, dentre outros delitos, contra 225 (duzentas e vinte e cinco) pessoas, envolvendo o valor de R$ 6,4 (seis vírgula quatro) bilhões a título de propina.

As ações penais, somadas a mais 07 (sete) ações de improbidade contra 38 (trinta e oito) pessoas físicas e 16 (dezesseis) empresas, visam ao ressarcimento (incluindo-se as multas) de R$ 38,1 bilhões. Apenas por meio dos acordos de colaboração premiada já foi possível recuperar R$ 3,6 (três vírgula seis) bilhões, sendo R$

---

30 http://www.lavajato.mpf.br/colaboracao-premiada.html. Acesso em 05/09/2016.

31 http://lavajato.mpf.mp.br/entenda-o-caso. Acesso em 05/09/2016.

746,1 (setecentos e quarenta e seis vírgula um) milhões objeto de repatriação e R$ 2,4 bilhões em bens bloqueados.[32]

É possível, portanto, que haja mais benefícios que custos para a sociedade ao efetivamente realizar acordo de colaboração premiada. Há um efeito dissuasivo do crime, além de ser possível a recuperação, ainda que parcial, do produto do crime, de uma forma célere, com a possibilidade de desbaratamento de organização criminosa.

Além disso, o colaborador – ainda que intimamente não se sinta arrependido do que fez, mas apenas de ter sido pego – passa a ter, obrigatoriamente, que se comportar como um ressocializado, de acordo com as leis do país.

6.4 A ANÁLISE DE CUSTO-BENEFÍCIO DA COLABORAÇÃO PREMIADA POR PARTE DO ACUSADO: A TEORIA DOS JOGOS

Já foi dito que a colaboração premiada se insere no espectro de possibilidades da ampla defesa, de modo que, ao ser investigado ou processado, o agente deverá, em seu raciocínio maximizador, realizar uma análise de custo-benefício.

Assim, ele deve ponderar que pode obter alguns benefícios (não ser processado, receber uma pena baixa, cumprir pena em seu domicílio, resguardar bens para o sustento de sua família, proteção do Estado etc.) e alguns custos (confessar, delatar os comparsas, angariar inimizades, perder os bens adquiridos ilicitamente e até, a depender da organização criminosa, correr risco de morte). Ele vai colaborar desde que isso valha a pena.

Um excelente incentivo ao comportamento colaborador é a anistia para o primeiro que colaborar com o Ministério Público,

32 http://lavajato.mpf.mp.br/atuacao-na-1a-instancia/resultados/a-lava-jato--em-numeros. Acesso em 05/09/2016.

trazida pela Lei nº 12.850/2013, em seu artigo 4º, § 4º, inciso II, que dispõe que "o Ministério Público poderá deixar de oferecer denúncia se o colaborador: (...) II – for o primeiro a prestar efetiva colaboração nos termos deste artigo". Nesse caso, o agente tem que computar como custo, ao integrar organização criminosa, o risco de que seu comparsa – também investigado – vai delatar antes que ele. Está-se, aqui diante do principal exemplo da Teoria dos Jogos: o Dilema do Prisioneiro.

Ferramenta muito utilizada na Economia, a Teoria dos Jogos é um método que auxilia a compreender o comportamento estratégico e não aleatório dos agentes que interagem entre si. O matemático Von Neumann primeiro escreveu sobre o assunto no artigo *"Zur Theorie der Gesellschfsspiele"*, de 1928, seguido da publicação da obra *"The Theory of Games and Economic Behavior"*, em coautoria com Oskar Morgenstern em 1944.

Tal obra se aplica a jogos de soma zero, de modo que se pode dizer que foi com os estudos de John Nash, John C. Harsanyi e Richard Selten, vencedores do Prêmio Nobel de Economia no ano de 1994, que a Teoria dos Jogos se consolidou com o conceito de equilíbrio.[33]

De acordo com a Teoria dos Jogos, "toda interação entre agentes racionais que se comportam estrategicamente pode ser conceituada como jogo"[34], contando com os seguintes pressupostos, de acordo com Cooter e Ulen: os jogadores, as estratégias de cada jogador e os *payoffs* (ganhos ou retornos) de cada jogador para cada estratégia.[35]

Richard H. McAdams, em seu artigo *"Beyond the Prisoners´ Dilemma: Coordination, Game Theory, and Law"*, elenca e analisa vários tipos de jogos, como *"The Assurance or Stag Hunt Game"*,

33 BECUE, Sabrina Maria Fadel. Teoria dos Jogos. RIBEIRO, Marcia Carla Pereira; KLEIN, Vinicius (Coord.). **O que é análise econômica do direito: uma introdução.** Belo Horizonte: Fórum, 2011. P. 112.

34 BECUE, Sabrina Maria Fadel. Op. Cit. P. 112.

35 COOTER, Robert; ULEN, Thomas. Op. cit. P. 56.

"*The Battle of The Sexes Game*" e "*The Hawk-Dove or Chicken Game*"[36], porém o mais famoso, por ser o mais utilizado, é o "*Prisoner's Dilemma*" (o Dilema do Prisioneiro).

De forma esclarecedora Cooter e Ulen explicam em que consiste o Dilema do Prisioneiro:

> Duas pessoas, o Suspeito 1 e o Suspeito 2, conspiram para cometer um crime. Eles são detidos pela polícia fora do local onde o crime foi cometido, levados à delegacia de polícia e colocados em salas separadas, de modo que não podem se comunicar. As autoridades os interrogam individualmente e tentam jogar um suspeito contra o outro. As provas existentes contra eles são circunstanciais - estavam simplesmente no lugar errado na hora errada. Se o promotor precisar ir para o julgamento só com essas provas, os suspeitos terão de ser acusados de uma transgressão de menor peso e receberão uma punição relativamente leve - digamos, 1 ano de prisão. O promotor preferiria que um dos suspeitos ou ambos confessassem o crime mais grave que se acredita tenham cometido. Especificamente, se um dos suspeitos confessar (e, com isso, implicar o outro) e o outro não, o não confessor receberá 7 anos de prisão, e, como recompensa por assistir o Estado, o confessor só receberá meio ano de prisão. Se ambos os suspeitos forem induzidos a confessar, cada um ficará 5 anos na prisão. O que cada suspeito deveria fazer - confessar ou ficar calado?[37]

Confessar ou ficar calado? Para Richard H. McAdams a resposta é: confessar é a melhor estratégia para ambos os jogadores; ser o primeiro a confessar é, acima de todas, a melhor estratégia. Com efeito, McAdams, ao analisar o Dilema do Prisioneiro, conclui, inexoravelmente, que é melhor, de fato, ser sempre o primeiro a confessar e colaborar com a Justiça: "No DP (Dilema dos

---

36 McADAMS, Richard H. Beyond the Prisoner's Dilemma: Coordination, Game Theory, and Law. 82 **Southern California Law Review,** 209 (2009).

37 COOTER, Robert; ULEN, Thomas. Op. cit. P. 56-57.

Prisioneiros), um prisioneiro sempre age melhor confessando e age melhor se for o único a confessar".[38]

Não há como contestar. Seja por meio da matriz de *payoffs*, seja por meio da árvore de decisão, a estratégia dominante (ou seja, a melhor decisão) sempre será confessar primeiro, pois isso sempre significará menos tempo de prisão:

		SUSPEITO 1	
		Confessar	**Ficar Calado**
SUSPEITO 2	**Confessar**	-5 -5	-7 -0,5
	Ficar Calado	-0,5 -7	-1 -1

Figura 3: Matriz de *payoffs*
Fonte: COOTER, Robert; ULEN, Thomas. Direito e Economia. 5 ed. Porto Alegre: Bookman, 2010. P. 57.

Não restam dúvidas de que a opção com o melhor *payoff* é a de ambos os suspeitos confessarem, sendo esta, então, a estratégia dominante. Conforme explicam Cooter e Ulen:

> O que o Suspeito 1 deveria fazer se o Suspeito 2 confessar? Se ele ficar calado quando o Suspeito 2 confessar, passará 7 anos na prisão. Se confessar quando o Suspeito 2 confessar, passará 5 anos na prisão. Portanto, se o Suspeito 2 confessar, está claro que a melhor coisa que o Suspeito 1 poderá fazer é confessar. Mas e se o Suspeito 2 adotar a estratégia alternativa de ficar calado?

38 Texto livremente traduzido pela autora. Original: "In PD (Prisoners' Dilemma), a prisoner always does better by confessing and does best by being the only one to confess". McADAMS, Richard H. Op. Cit. P. 224.

> Qual é a melhor coisa que o Suspeito 1 poderá fazer então? Se o Suspeito 2 ficar calado e o Suspeito 1 confessar, ele cumprirá só meio ano de prisão, se ficar calado quando o Suspeito 2 ficar calado, ficará 1 ano na prisão. Mais uma vez, a melhor coisa para o Suspeito 1 fazer se o outro suspeito ficar calado é confessar. Portanto, o Suspeito 1 sempre irá confessar. Independentemente do que o outro jogador fizer, confessar sempre significará menos tempo de prisão para ele.[39]

Está-se diante do "Equilíbrio de Nash", uma vez que nenhum jogador, sozinho, pode se sair melhor mudando seu comportamento desde que os outros jogadores não mudem o deles.[40]

Desse modo, no caso da colaboração premiada, o agente terá que ponderar se delata ou não o esquema de corrupção e a organização criminosa, sabendo que os demais comparsas estão ponderando, de igual forma, se colaboram ou não com o *law enforcement*. O agente deverá, ainda, levar em conta o fato de que, se um dos comparsas colaborar antes com o Ministério Público, poderá receber o desejado perdão judicial, causa extintiva da punibilidade, ou seja, não será considerado culpado, já que sequer terá contra si instaurado processo penal.

Assim, o Ministério Público deverá, sempre, desenhar um mecanismo bem claro de incentivos para que o investigado/acusado/condenado opte por colaborar, de preferência informando quantos anos a menos de pena privativa de liberdade para cada informação sobre nomes e bens, visando a atrair agentes que não cooperam (em tese, criminosos) para que passem a colaborar com o sistema de Justiça.

Como bem enfatiza Néfi Cordeiro:

> Os resultados de colaboração têm-se mostrado mais amplos e úteis se se sente o delator seguro do que foi acordado, das con-

---

39 COOTER, Robert; ULEN, Thomas. Op. cit. P. 57.

40 COOTER, Robert; ULEN, Thomas. Op. cit. P. 58.

dições estabelecidas para favores penais e processuais certos, de suas obrigações, dos resultados esperados e necessários para validade do acordo e da concordância dos agentes estatais quanto a esse acordo.[41]

Outro claro incentivo à decisão de realizar acordo de colaboração premiada consiste em saber que seu comparsa negocia acordo com o Ministério Público. Nesse caso, o agente precisa decidir se confessa e colabora com o Ministério Público, identificando os coautores e partícipes e indicando os bens e ativos produtos dos crimes praticados, sabendo que seu comparsa está sob o mesmo dilema, e que se ele decidir colaborar, inevitavelmente enredá-lo-á.

Esse incentivo explica, em parte, a tendência de aumento exponencial do número de colaboradores (quanto mais investigados colaboram, mais surgem novos investigados querendo colaborar), que aconteceu, inclusive, na Operação Lava Jato e na Operação Mãos Limpas, da Itália.

Além disso, esse fenômeno pode ser explicado, ainda, pelo viés cognitivo que a psicologia denomina de "Efeito adesão", que seria a tendência de fazer coisas porque muitas outras pessoas assim o fazem. Se todos estão falando, a melhor alternativa é cooperar também, uma vez que as provas vão ficando cada vez mais robustas e comprometedoras.

Como bem relatou Vladimir Netto, ao tratar dos acordos de colaboração premiada na Operação Lava Jato, "Se uma empreiteira fechasse, as outras temiam o pior cenário: ficar isoladas, sem ter o que oferecer em acordo".[42]

Um incentivo não raro à decisão de colaborar é o ser o agente abandonado pela organização ou associação que integra quando pego pelo sistema de Justiça. Assim ocorreu com o primeiro colaborador da Operação Mãos Limpas, da Itália, Mario Chiesa, quando foi chamado de "*mariuolo*" ("ladrãozinho sem importân-

41 CORDEIRO, Néfi. Op. cit. P. 294.

42 NETTO, Vladimir. Op. cit. P. 136.

cia") por parte do Primeiro-Ministro, chefe do Partido Socialista, Bettino Craxi.[43]

A sensação de ter sido abandonado pela agremiação parece ter sido, também, um incentivo à decisão de colaborar por parte do ex-Senador brasileiro Delcídio do Amaral, réu cooperante na Operação Lava Jato. Segundo Vladimir Netto, "No dia da prisão, o PT soltara uma nota contra Delcídio. (...) ela não deixava dúvidas de que o partido tinha acabado de abandonar um de seus principais líderes".[44]

Como já dito, para a análise econômica do direito o réu vai sopesar os custos e benefícios de realizar um acordo de colaboração premiada: os custos privados de não colaborar são altos para o acusado se este se encontrar preso preventivamente e forem robustas as provas contra si apresentadas.

Assim, ele deverá analisar se o benefício de ser colocado em prisão domiciliar, obter uma pena reduzida ou um melhor regime de cumprimento de pena supera os custos privados de delatar um esquema do qual participou, reconhecendo sua culpa, indicando seus bens ilícitos e apontando os comparsas.

Se o agente contar com altas possibilidades de ser solto em pouco tempo (via *Habeas Corpus*, por exemplo) ou de ser absolvido ao final do processo, certamente não considerará fazer a colaboração. Contudo, se as provas em seu desfavor forem incontestáveis, e se a previsão de uma condenação for a consequência lógica do processo, o réu pensará sim duas vezes antes de se descartar essa alternativa de pena negociada.

Nesse sentido é a opinião de Marcos Paulo Dutra Santos, quando diz que:

> A depender das provas carreadas pelo Estado contra o acusado, a tornar a condenação mais do que visível no horizonte, a de-

43 Ver, a propósito, item 1.3.2 do presente trabalho (Colaboração Premiada na Itália: o *pentitismo* e os *Collaboratori di Giustizia*).

44 NETTO, Vladimir. Op. cit. P. 311.

lação mostra-se a estratégia capaz de minorar a punição ou, a depender do caso, até evitá-la.[45]

No mesmo sentido Vladimir Netto, ao se referir à decisão de colaborar por parte do réu na Operação Lava Jato Ricardo Pessoa, quando inclusive já se encontrava solto: "No fim, diante da possibilidade de ser condenado a uma pena pesada, o empresário capitulou".[46]

De fato, a iminência da execução da pena constitui, por óbvio, um forte incentivo à decisão de colaborar. Recentemente o Supremo Tribunal consagrou mais um importante incentivo à decisão de colaborar, quando decidiu, por maioria, no julgamento dos pedidos de cautelar nas Ações Diretas de Constitucionalidade nºs 43 e 44[47], que o artigo 283 do Código de Processo Penal não impede o início da execução da pena após a condenação em segunda instância.

Isso significa que, condenado em primeiro grau, o réu deverá refletir sobre suas chances de absolvição no tribunal, eis que corre sério risco de que, confirmada a sentença condenatória, tenha que se submeter ao cumprimento da pena imposta, independentemente da interposição de Recursos Especial e Extraordinário. Assim, deverá sempre refletir sobre a possibilidade de realização de um acordo de colaboração premiada a fim de negociar benefícios que impeçam o cumprimento da pena que poderá em breve ser confirmada pelo tribunal.

No caso da Operação Lava Jato é possível analisar se colaborar compensou para os acusados que tomaram essa decisão. Na primeira sentença proferida[48], oito pessoas foram condenadas à

45 SANTOS, Marcos Paulo Dutra. Op. cit. P. 75.

46 NETTO, Vladimir. Op. cit. P. 192.

47 ADC 43/DF e ADC 44/DF. Relator Ministro Marco Aurélio. DJ 216, de 10/10/2016.

48 Ação Penal nº 5026212-82.2014.4.04.7000/PR, proferida em 22 de abril de 2015 pelo Juiz Federal Sergio Fernando Moro, titular da 13ª Vara da Seção Judiciária de Curitiba, Paraná. Inteiro teor da sentença no site http://lavajato.mpf.mp.br/atuacao-na-1a-instancia/decisoes-da-justica, acesso em 30/10/2016.

prisão, em um processo célere para os padrões da Justiça brasileira (cerca de um ano entre denúncia e sentença), sendo que seis desses réus foram condenados a pagar uma indenização de quase 19 (dezenove) milhões de reais à Petrobras para compensar os prejuízos sofridos por causa dos desvios de que foi vítima a companhia.

Foram aplicadas penas privativas de liberdade que variam de quatro a onze anos e seis meses de reclusão. Os primeiros réus colaboradores, Alberto Youssef e Paulo Roberto Costa, por sua vez, foram condenados, respectivamente - apenas nesse processo, eis que outros ainda serão julgados - a penas de nove anos e dois meses de prisão e sete anos e seis meses de prisão. O regime de pena acima de quatro anos impede a substituição por pena restritiva de direitos e a pena acima de oito anos tem que ser cumprida em regime inicialmente fechado.

Contudo, ambos os réus colaboradores cumprirão apenas as penas acertadas no acordo que firmaram com o Ministério Público: Alberto Youssef cumpre três anos de reclusão em regime fechado; e Paulo Roberto Costa cumpre um ano de prisão domiciliar e, em seguida, um ano recolhendo-se ao domicílio apenas nos finais de semana.

Em 06 de Maio de 2015 sobreveio a segunda sentença proferida pela 13ª Vara Federal de Curitiba na Operação Lava Jato[49], condenando, desta feita, quatro pessoas pelo crime de lavagem de dinheiro, dentre os quais o réu colaborador Alberto Youssef, que foi condenado à pena de cinco anos de reclusão, em regime fechado, reduzida para três anos em razão dos termos do acordo de colaboração premiada.

Segundo Vladimir Netto, o réu colaborador Paulo Roberto Costa:

> Chegou ao fim de 2015 em uma situação confortável, morando em Itaipava, região serrana do Rio. A pena foi de permanecer em prisão domiciliar até 1º de outubro de 2016, data marcada

---

49 Ação Penal nº 5047229-77.2014.4.04.7000/PR.

para a progressão para o regime aberto. Sua rotina é tranquila, a não ser pelas viagens para prestar depoimentos.[50]

O réu colaborador Pedro Barusco, condenado a 18 (dezoito) anos e 4 (quatro) meses por crime de corrupção, lavagem de dinheiro e associação criminosa, devolveu, em razão do acordo, o valor de 98 (noventa e oito) milhões de dólares aos cofres da Petrobras e:

> Apesar da pena alta, o regime fechado foi substituído pelo regime aberto diferenciado: ele tem autorização para sair de casa de dia, mas é obrigado a se recolher nos dias úteis, entre oito da noite e seis da manhã, e nos fins de semana. Além disso, tem que usar uma tornozeleira eletrônica pelo período de dois anos e prestar serviços à comunidade. O resto da pena será cumprido em regime aberto.[51]

De acordo com Vladimir Netto, o réu colaborador Ricardo Pessoa, também da Operação Lava Jato, sente-se "aliviado por ter feito a delação", pois:

> Agora sabe que, qualquer que seja a pena imposta pelo juiz Sergio Moro, cumprirá a sentença em prisão domiciliar e com grande redução no tempo da condenação. Sem a delação, acabaria pegando uma pena de pelo menos 20 anos de cadeia.[52]

A pena teria, de fato, sido em torno de tal patamar, como foi a aplicada ao então réu não cooperante Marcelo Odebrecht, em razão de crimes similares: 19 (dezenove) anos e 4 (meses) de prisão em um dos processos, encontrando-se ainda preso, por decisões das mais altas Cortes do país.

Como se vê, é possível afirmar que, na prática, os réus que colaboraram na Operação Lava Jato – ainda que abrindo mão dos bens e recursos adquiridos ilicitamente – estão em situação melhor do que os que não colaboraram. Colaborar foi, então, de fato, a melhor estratégia.

---

50 NETTO, Vladimir. Op. cit. P. 283.

51 NETTO, Vladimir. Op. cit. P. 258.

52 NETTO, Vladimir. Op. cit. P. 282.

6.5 O PESO DA PRISÃO PREVENTIVA COMO INCENTIVO À DECISÃO DE COLABORAR

É certo que os indivíduos respondem significativamente aos incentivos criados pelo sistema de justiça criminal.[53] Sendo assim, pergunta-se: é possível afirmar que a decretação da prisão preventiva é um incentivo desse sistema a estimular que o agente decida colaborar?

Alguns advogados argumentam que o acordo de colaboração premiada só se faz possível porque o Estado-Juiz determina a prisão preventiva de réus que, se estivessem soltos, não se sentiriam forçados a delatar seus comparsas e todo o esquema criminoso. Para eles, as prisões da Operação Lava Jato, por exemplo, são mecanismos de tortura usados, pura e simplesmente, para forçar delações.[54]

Veja-se, a propósito, o que diz Cezar Roberto Bitencourt sobre a Operação Lava Jato, ao prefaciar livro de Marcos Paulo Dutra Santos sobre colaboração premiada:

> Trata-se, a rigor, de uma refinada tortura psicológica, pois os investigados, presos preventivamente na carceragem da polícia federal, já sem forças e sem esperanças, e vendo resultados favoráveis de outros delatores, acabam "decidindo" também delatar alguém para minimizar sua condenação certa.[55]

Marcos Paulo Dutra Santos entende exagerada essa preocupa-

---

53 GAROUPA, Nuno. An economic analysis of criminal law. **Economic Analysis of Law: A European Perspective.** Ed.: Aristides Hatzis, 2004. P. 2.

54 "Em meados de janeiro (de 2016) mais de 100 advogados assinaram um manifesto intitulado 'Carta aberta em repúdio ao regime de supressão episódica de direitos e garantias verificados na Operação Lava Jato" (...) O autor da carta foi Nabor Bulhões, advogado de Marcelo Odebrecht na Lava Jato." (...) A carta dizia que (...) "É de todo inaceitável, numa Justiça que se pretenda democrática, que a prisão provisória seja indisfarçavelmente utilizada para forçar a celebração de acordos de delação premiada." NETTO, Vladimir. Op. Cit. P. 325/326.

55 Trecho extraído do prefácio do livro **Colaboração (Delação) Premiada**, de Marcos Paulo Dutra Santos. Salvador: JusPodium, 2016. P. 14.

ção que associa prisão preventiva à tortura para delatar, quando defende que:

> O fato de o delator encontrar-se cautelarmente preso, por ordem escrita e fundamentada, de juízo competente, não a compromete, mesmo porque nenhuma custódia cautelar pode ter como fundamento a obtenção de colaborações premiais.[56]

E arremata: "A pretender o contrário, retiraríamos essa benesse dos imputados presos, escalonando o direito de defesa, cujo exercício não se mostraria mais tão amplo, se comparado aos soltos, em descompasso com a isonomia".[57]

De fato, especificamente com relação às Operações Lava Jato e Mãos Limpas, o argumento de que as prisões preventivas foram usadas para forçar delações cai por terra quando os números retratam que a maioria dos réus colaboradores, em ambas as operações, estava solta quando decidiu cooperar.

No caso da Operação Lava Jato, 70% (setenta por cento) dos acordos foram firmados com réus soltos.[58] Para ser mais exato, 71,83% (setenta e um vírgula oitenta e três por cento) dos réus colaboradores da Lava Jato firmaram o acordo soltos. Com efeito, dos 71 (setenta e um) acordos firmados até o término do presente trabalho, 51 (cinquenta e um) foram realizados com réus soltos.[59] Na realidade, houve inclusive um acordo de colaboração premiada firmado *após* a saída do acusado da prisão: o caso do empresário Ricardo Pessoa, dono da UTC Engenharia.

---

56 Op. Cit. P. 132.

57 Op. cit. P. 132.

58 DALLAGNOL, Deltan. **Lava Jato não usa prisões para obter colaboração de réus.** <*http://noticias.uol.com.br/opiniao/coluna/2015/11/17/lava-jato-nao-usa-prisoes-para-obter-colaboracao-de-reus.htm* > Acesso em 08.09.2016.

59 Dados obtidos diretamente da Procuradoria da República em Curitiba, Paraná.

Os tribunais superiores têm confirmado a legalidade das prisões preventivas decretadas na Operação Lava Jato, em mais de uma centena de *Habeas Corpus* negados.[60] Com efeito, a Corte Suprema entende que o fato de o acordo de colaboração premiada ter sido firmado enquanto o réu estava preso em nada o deslegitima.

É o que expressamente disse o Ministro Ricardo Lewandowski em seu voto no já mencionado *Habeas Corpus* nº 127.483/PR:

> Se a delação foi feita durante o período em que o delator se encontra na prisão, seja temporária, seja preventiva, tal circunstância, por si só, não a anula necessariamente, por ela – a prisão, desde que legalmente decretada, não tem o condão de viciar sua vontade.

Na Operação Mãos Limpas, da Itália, muitos investigados soltos, "acabaram se apresentando espontaneamente aos investigadores para depor e delatar outros casos". [61] Foi o caso de Silvano Larini, bem como dos empresários Cesare Romitti (da Fiat), Calisto Tanzi (da Parmalat), De Benedetti (da Olivetti), dentre inúmeros outros. Como disse o Procurador Gherardo Colombo:

> As confissões ocorriam ou porque a pessoa submetida à investigação já havia se decidido por sua conta de fazê-las, ou por respeito ao princípio de não contradição, por exigência de respeitar a lógica: diante de tantas evidências não poderiam fazer outra coisa senão confessar.[62]

Ou seja, mesmo estando em liberdade, a depender da qualidade e quantidade de provas existentes, da crença de que o Estado não tolerará os crimes e já tendo alguém realizado acordo de colaboração premiada, as pessoas envolvidas podem se interessar em também colaborar com a Justiça.

---

60 COSTA, Athayde Ribeiro; DALLAGNOL, Deltan; POZZOBON, Roberson. Op. cit. Acesso em 11.09.20116.

61 GUIMARÃES, Rodrigo Régnier Chemim. Op. cit. Acesso em 05/07/2016.

62 GUIMARÃES, Rodrigo Régnier Chemim. Op. cit. Acesso em 05/07/2016.

É certo que não se pode utilizar prisões para forçar alguém a cooperar, afinal, o Estado não pode obrigar alguém a tomar essa decisão. Todas as normas a respeito da colaboração premiada falam em voluntariedade, e não poderia ser diferente em um Estado democrático de direito. A opção pela linha de defesa tem que ser livremente tomada pelo agente e seu defensor. Assim, não se pode usar a prisão preventiva para forçar alguém a falar; não se pode prender alguém buscando que colabore com o Ministério Público.

A prisão preventiva possui fundamentos especiais, previstos no artigo 312 do Código de Processo Penal, e somente pode ser decretada para garantia da ordem pública, da ordem econômica, por conveniência da instrução criminal ou para assegurar a aplicação da lei penal, sempre que houver prova da existência do crime e indícios suficientes de sua autoria.

Decide-se prender alguém antes de seu julgamento, de forma excepcional, apenas quando a sua liberdade gera um risco claro à sociedade: ou porque, solto, continuará a praticar crimes, ou porque é iminente a chance de se evadir ou, ainda, porque ameaça testemunhas ou apaga vestígios dos delitos praticados, atrapalhando a colheita de provas por parte do *law enforcement*.

Não há, por outro lado, qualquer necessidade de que os crimes objeto da apuração tenham sido praticados com violência para que se decrete a preventiva: crimes de corrupção e contra a administração pública em geral podem causar danos, por vezes, de maior dimensão do que uma lesão corporal leve.

Desse modo, a prisão preventiva pode ser decretada em casos de crimes financeiros, de colarinho branco, de corrupção, peculato, enfim, crimes que normalmente não são praticados mediante violência e ameaça, mas que admitem as hipóteses do artigo 312 do Código de Processo Penal, em que o acusado esconde provas, ameaça testemunhas, tenta se evadir e reitera na prática criminosa.

Assim, estando presentes os requisitos da prisão cautelar, esta deve ser decretada, e em tendo sido decretada, nada impede que o Estado-acusador firme com o investigado ou acusado preso o acordo. Do mesmo modo que o Juiz, em um interrogatório, deve lembrar ao acusado os benefícios de uma confissão, nada obsta que o Ministério Público ou a autoridade policial lembrem os benefícios de um acordo de colaboração premiada a um réu preso, cabendo a ele e ao seu defensor sopesar o custo-benefício de confessar e, no caso em questão, de colaborar com a Justiça.

Não se nega que o receio de ser ou de permanecer preso possa ser, no caso concreto, um incentivo à decisão de colaborar, principalmente em casos de pessoas com alto poder aquisitivo e que nunca se imaginaram privadas de liberdade e de acesso a bens de consumo de alto padrão, como pode ocorrer nos casos de crimes do colarinho branco.

A prisão preventiva de uma pessoa cujo valor "liberdade" é crucial, de fato pode estimulá-la a fazer concessões para sair do encarceramento, ou mesmo para evitá-lo. É uma análise de custo-benefício. Se já foi decretada a sua prisão preventiva, é porque há fortes provas acerca da materialidade e autoria (já que estes são pressupostos para a prisão cautelar).

Contudo, não necessariamente a colaboração significa uma imediata soltura: esta vai depender da presença ou não dos fundamentos previstos no artigo 312 do Código de Processo Penal. O que ocorre é que, normalmente, ao colaborar, o agente faz desaparecer as razões da decretação de sua preventiva. O Procurador italiano Gherardo Colombo, integrante do *pool* de Procuradores da Operação Mãos Limpas, em entrevista, justificou porque alguns réus, ao colaborar, eram soltos:

> Em seguida às confissões, ao contributo à reconstrução dos fatos, as exigências da prisão cautelar eram menores. Quem contava como foram feitas as coisas por um lado se tornava não confiável ao ambiente no qual o crime havia sido planejado, e elidia com isso o perigo que pudesse continuar a cometer crimes; eliminava o perigo da contaminação probatória, porque não se limitava a admitir os fatos, mas fornecia também os elementos de confirmação (a conta corrente na qual eram feitas as operações, por exemplo); removia o perigo de fuga porque o

comportamento no processo conduziria provavelmente a penas não particularmente graves.[63]

Esta é, também, a explicação dada por Marcos Paulo Dutra Santos:

> Ultimada a colaboração, desdobramento lógico, em regra, é a insubsistência da custódia, acompanhada ou não de cautelares diversas, afinal não se pode mais dizer que estaria comprometendo a instrução criminal ou frustrando a aplicação da lei penal.[64]

Todavia, no caso da Operação Lava Jato, o acordo de colaboração premiada não necessariamente significou a soltura de réus presos: dos 19 (dezenove) réus colaboradores da Lava Jato que realizaram o acordo quando se encontravam presos, 04 (quatro) permanecem presos preventivamente, e 10 (dez) se encontram presos em seu domicílio. Apenas 05 (cinco) réus colaboradores que firmaram seus acordos quando estavam presos foram soltos.[65]

Esses dados empíricos reforçam a tese acima defendida, no sentido de que a liberdade do réu colaborador preso vai depender da presença ou não dos fundamentos previstos no artigo 312 do Código de Processo Penal.

Pois bem. Já se disse que para o preso por corrupção ou crimes financeiros em geral, normalmente praticados "com a caneta", cuja execução é decidida, muitas vezes, nas mesas dos mais refinados restaurantes ou sofisticados escritórios, o custo de ficar preso quando já há provas robustas contra si é alto demais.

Talvez o custo de ficar preso seja baixo para um acusado pela prática de tráfico de entorpecentes, já custodiado várias vezes anteriormente, ostentando vasta lista de antecedentes criminais, e que possui condições de continuar a liderar sua organização cri-

63 GUIMARÃES, Rodrigo Régnier Chemim. Op. cit. Acesso em 05/07/2016.

64 SANTOS, Marcos Paulo Dutra. Op. cit. P. 132.

65 Dados obtidos diretamente da Procuradoria da República em Curitiba, Paraná.

minosa de dentro das paredes do presídio. Nesse caso, talvez seja melhor não delatar e manter seu patrimônio ilicitamente adquirido protegido.

O réu colaborador da Operação Mãos Limpas, Roberto Mongini, em entrevista a José Luiz Del Roio, perguntado sobre os motivos que levaram praticamente todos os presos da operação a falar, respondeu:

> Porque eram pessoas às quais nunca passou pela cabeça irem parar em San Vittore. Logo, o efeito é traumático. Este é o grande problema da prisão preventiva existente na operação Mani Pulite, se isso garante ou não os direitos do interrogado. Sempre disse que esses juízes usam a prisão preventiva de uma maneira muito forte, em alguns casos é excessiva, poderiam não aplicá-la. Mas a verdade é que a única maneira de demonstrar o podre que existia era o uso impiedoso deste método. Se tivéssemos apenas recebido um aviso de que estão indagando sobre nós, daríamos boas risadas. Mas indo para a cela, a gente começa a refletir: 'Mas por que continuar aqui?' (...) Foi o problema que me pus, nos dezessete dias que passei em San Vittore. Por duas semanas resisti, depois pensei: 'Mas quem defendo? Um sistema que está ruindo, chefes que são piores do que eu, defendo o que? Dou uma de herói por que?' Por isso, a pessoa tende a falar.[66]

Também se referindo ao exemplo da Operação Mãos Limpas, Sergio Fernando Moro argumenta que:

> A confissão ou delação premiada torna-se uma boa alternativa para o investigado apenas quando este se encontrar em uma situação difícil. De nada adianta esperar ato da espécie se não existem boas provas contra o acusado ou se este não tem motivos para acreditar na eficácia da persecução penal. A prisão pré-julgamento é uma forma de se destacar a seriedade do crime e evidenciar a eficácia da ação judicial, especialmente em sistemas

---

66 DEL ROIO, José Luiz. Op. cit. P. 106.

> judiciais morosos. Desde que presentes os seus pressupostos, não há óbice moral em submeter o investigado a ela.[67]

Para a juíza ex-presidente da Associação de Magistrados da Itália, Elena Paciotti, também entrevistada por Del Roio, as prisões preventivas ali decretadas foram procedimentos "legais, consentidos e realizados dentro da lei. São legítimos e é evidente que são eficazes, em confronto com uma criminalidade do poder. Perante as pessoas que não estão habituadas a sofrer sanções, a cadeia é um instrumento de dissuasão muito eficaz".[68]

Assim, de fato, o custo de perder a liberdade, para os criminosos de colarinho branco, é alto, e muito mais se essa perda é atual. Como ensina Tabak, nos casos de taxas de desconto hiperbólicas "o futuro tem peso pequeno comparado ao presente"[69], de modo que a ameaça de ser preso após um longo trâmite processual, em um sistema que leva anos para que ocorra o trânsito em julgado, é desconsiderada pelo agente, enquanto que a prisão preventiva, no presente, o induz o agente a tender a evitar, a qualquer preço, esse custo.

Pontue-se: não se está aqui a defender que se prendam pessoas para que colaborem com a Justiça. Porém, a partir de uma análise de custo-benefício, é correto afirmar que, em caso de crimes do colarinho branco, de corrupção, peculato, contra o sistema financeiro, praticados por organizações criminosas, o Estado deve analisar a hipótese de propor acordo de colaboração premiada ao investigado já preso, sem que isto configure qualquer ilegalidade ou inconstitucionalidade.

A proposta não pode ser obtida mediante coação e o devido processo legal sempre deve ser respeitado, garantindo-se ao preso o direito de não se autoincriminar, cabendo a ele e ao seu advogado realizar uma análise de custo-benefício, a partir das provas presentes nos autos, sobre a conveniência e oportunidade de colaboração com a Justiça.

---

67 MORO, Sergio Fernando. Op. cit. P. 58-59.

68 DEL ROIO, José Luiz. Op. cit. P. 119-120.

69 TABAK, Benjamin Miranda. Op. cit. P. 332.

6.6 INCENTIVO POSITIVO À DECISÃO DE COLABORAR: UM SISTEMA JUDICIÁRIO INDEPENDENTE, RÁPIDO E EFICIENTE

Tudo indica que menos o medo da prisão preventiva e mais o receio de ser processado e efetivamente condenado por um sistema judiciário[70] ágil, célere e independente constitui um incentivo positivo à decisão de colaborar. Afinal, se há dados concretos de réus soltos que decidiram cooperar, algo além da prisão preventiva, certamente, deve servir de estímulo a essa decisão.

Não há dúvida de que precedentes importam. Ao tratar da influência da História e da Cultura sobre os comportamentos, ensina Richard H. MacAdams que "Precedente se refere à história. O que é focal depende do que os indivíduos na situação acreditam sobre como eles ou outros que eles conhecem solucionaram situações análogas no passado".[71]

Assim, se o agente sabe que o sistema judiciário foi célere e eficaz ao punir casos similares ao seu, é certo que sopesará o custo de ser, também, condenado como nos casos anteriores. Por outro lado, se em casos idênticos o sistema não conseguiu efetivamente processar ou punir os agentes (em razão da prescrição ou de nulidades, por exemplo), obviamente valerá a pena, para o agente, correr o risco de ser processado diante da grande probabilidade de impunidade.

Nesse exato sentido é a lição de Yehonatan Givati, segundo o qual há estudos mostrando que se a Justiça Criminal for eficiente o acusado – se é de fato culpado – tende a aceitar acordos, como o *plea bargaining* do *Common Law*. É que, se o agente sabe que

---

70 Por sistema judiciário entenda-se o conjunto dos órgãos que atuam na persecução penal: Polícia, Ministério Público e o Poder Judiciário propriamente dito.

71 Texto livremente traduzido pela autora. Original: "Precedent referes to history. What is focal depends on what the individuals in the situation believe about how they or others they know have solved the same or analougus situations in the past." Op. cit. P. 232.

a probabilidade de ser condenado num processo célere é alta, é melhor fazer o acordo e receber uma pena menor.[72]

Diz Givati que:

> Se o *plea bargaining* é permitido o Estado oferece uma possibilidade de acordo a todos os indivíduos detectados como violadores da lei. Muitos indivíduos culpados aceitarão a oferta, desde que eles saibam que há apenas uma pequena possibilidade de a Justiça absolvê-lo, e um acordo permite que ele receba uma sentença mais leve.[73]

Givati lembra, ainda, que é imprescindível que o Judiciário não erre e absolva um culpado, pois isso estimula que os acusados de fato culpados não queiram fazer acordos apostando na sua impunidade: "quanto maior a probabilidade de a Justiça cometer um erro absolvendo um culpado, menores as chances de um réu culpado aceitar firmar o acordo".[74]

Assim, se o sistema de justiça for moroso e ineficiente, sem casos de efetiva punição, não haverá qualquer estímulo a que o agente decida colaborar: melhor se valer da lentidão e da ineficiência permitidas pelo sistema, calando-se e mantendo-se na organização criminosa.

Esse raciocínio é reforçado pelo argumento levantado por Sergio Fernando Moro, no sentido de que o pouco número de colaborações premiadas em nosso país (antes da Operação Lava Jato) pode se dever à tradicional ineficiência do processo penal brasileiro:

---

72 GIVATI, Yehonatan. Op. cit. Disponível em http://www.law.harvard.edu/programs/olin_center.

73 Texto livremente traduzido pela autora. Original: "If plea bargaining is permitted the agency offers a plea bargain to all individuals who it detected as violators of the law. Many guilty individuals take the offer, since they know there is only a small probability the court will find them innocent, and a plea bargain allows them to receive a more lenient sentence".

74 Texto livremente traduzido pela autora. Original: "(...) the higher the probability of the court making a mistake and finding the guilty individual innocent the less the guilty individuals are willing to take the plea bargain (...)". Op. cit. P. 3-8.

> A reduzida incidência de delações premiadas na prática judicial brasileira talvez tenha como uma de suas causas a relativa ineficiência da Justiça criminal. Não há motivo para o investigado confessar e tentar obter algum prêmio em decorrência disso se há poucas perspectivas de que será submetido no presente ou no futuro próximo, caso não confesse, a uma ação judicial eficaz.[75]

No Brasil, pode-se dizer que, a grosso modo, até o caso do "Mensalão" (Ação Penal 470) imperava o entendimento de que a impunidade para crimes de corrupção era a regra. Ocorre que os componentes dos braços publicitário e financeiro da organização criminosa, naquele processo, foram condenados pela mais alta Corte do país a penas altíssimas, que variam de 08 (oito) a 37 (trinta e sete) anos de reclusão, estando muitos dos condenados, até os dias atuais, efetivamente presos cumprindo sua pena.

Na operação de combate à corrupção subsequente, a Lava Jato, até o fechamento do presente trabalho, havia mais de 70 (setenta) acordos de colaboração premiada homologados na primeira instância e 41 (quarenta e um) homologados pelo Supremo Tribunal Federal. O que incentivou esses agentes a optar pela colaboração premiada, muitos deles soltos?

É certo que, de acordo com a Análise Econômica do Direito, o agente age racionalmente, analisando custos e benefícios e maximizando seus interesses privados. Todavia, autores da chamada economia comportamental tem mostrado que a racionalidade é afetada por vieses cognitivos, dentre os quais o viés da disponibilidade que, segundo Tabak[76], consiste no fato de as pessoas tenderem a acreditar que um evento de que recordam facilmente é mais provável de acontecer do que realmente é, como no caso de notícias recentes sobre quedas de aviões e – por que não? – condenações criminais recentes de pessoas antes tidas como impuníveis.

Quando a Polícia e o Ministério Público investigam eficientemente os casos de corrupção, e o Poder Judiciário decide pela

75 MORO, Sergio Fernando. Op. cit. P. 59.

76 TABAK, Benjamin Miranda. Op. cit. P. 334.

condenação de corruptos, independentemente de sua classe ou posição social, e isso é noticiado, os criminosos tendem a acreditar que, se forem flagrados, serão também condenados do mesmo modo. Parece ser o que aconteceu.

No processo do Mensalão, os particulares que não realizaram acordos de colaboração premiada foram condenados a altas penas privativas de liberdade. Posteriormente, na Lava Jato, os particulares tenderam a colaborar com o Ministério Público, ainda que muitos não tivessem sequer sido presos.

A boa e efetiva aplicação das penas, assim, é fundamental para estimular a realização de acordos de colaboração premiada, uma vez que o agente vai colaborar a depender do temor de ser descoberto e punido pelo aparato estatal. Afinal, segundo Gary Becker[77], não só aumentar pena, mas aumentar a probabilidade de aplicação da pena aumenta o custo do crime, e sendo alto o custo, a tendência é a dissuasão.

Tal entendimento vem desde o Marquês de Beccaria, quando escreveu que "Um dos maiores freios dos delitos não é a crueldade das penas, mas sua infalibidade", concluindo que:

> A certeza de um castigo, mesmo moderado, sempre causará mais intensa impressão do que o temor de outro mais severo, unido à esperança da impunidade, pois, os males, mesmo os menores, quando certos, sempre surpreendem os espíritos humanos.[78]

De fato, de acordo com a Teoria Econômica do Crime, o criminoso, por ser considerado um agente racional maximizador de seus interesses privados, analisa as variáveis de riscos decorrentes do crime (probabilidade de sua condenação e efeito dissuasivo da pena) em função dos benefícios que a prática do crime lhe traz.

---

77 De acordo com Becker, "offenders are more deterred by the probability of conviction than by the punishment when convicted". Op. Cit. P. 11.

78 BECCARIA, Cesare. **Dos delitos e das penas**. Tradução de J. Cretella Jr. e Agnes Cretella. 4ª ed. São Paulo: Editora Revista dos Tribunais, 2010. P. 94.

Assim, a probabilidade de condenação – mais que a quantidade de pena a ser aplicada – constitui um custo a ser considerado pelo agente, e esse fator é imanente à ideia de um sistema judiciário célere e eficiente.

Esse pensamento é compartilhado também por Marcos Paulo Dutra Santos, quando diz que: "A depender das provas carreadas pelo Estado contra o acusado, a tornar a condenação mais do que visível no horizonte, a delação mostra-se a estratégia capaz de minorar a punição ou, a depender do caso, até evitá-la.[79]

É o raciocínio acerca da probabilidade de condenação, diante do acervo probatório produzido, que serve de estímulo a que o agente considere a opção de revelar o que sabe, buscando os benefícios de um acordo. Como bem disse o Procurador italiano Gherardo Colombo, as colaborações da Operação Mãos Limpas aconteceram porque os réus, "diante de tantas evidências não poderiam fazer outra coisa senão confessar".[80]

No Brasil, os recentes casos das Ações Penais 470 ("Caso Mensalão"), 396 ("Caso Natan Donadon") e mais recentemente a já citada Operação Lava Jato são exemplos de que é possível uma persecução penal eficiente, visando ao enfraquecimento de esquemas de corrupção. No caso da Operação Lava Jato, em que são vários os processos criminais, já houve – até o término do presente trabalho – 106 (cento e seis) condenações, contabilizando um total de 1148 (mil, cento e quarenta e oito) anos, 11 (onze) meses e 11 (onze) dias de pena.[81]

Os Procuradores e Juízes dos processos da Operação *Mani Pulite*, da Itália, também foram extremamente eficientes. Em dois anos de Operação:

> 2.993 mandados de prisão haviam sido expedidos, 6.059 pessoas estavam sob investigação, incluindo 872 empresários, 1.978

79 SANTOS, Marcos Paulo Dutra. Op. cit. P. 75.

80 GUIMARÃES, Rodrigo Régnier Chemim. Op. cit. Acesso em 05.07.2016.

81 <www.lavajato.mpf.mp.br> Acesso em 11.09.2016.

administradores locais[82] e 438 parlamentares, dos quais 04 haviam sido primeiros-ministros.[83]

Segundo Sergio Fernando Moro, sobre a Operação Mãos Limpas:

> Foi importante a renovação da magistratura e a própria imagem positiva dos juízes diante da opinião pública, conquistada com duras perdas, principalmente na luta contra a máfia e o terrorismo: Um tipo diferente de juiz ingressou na magistratura (nas décadas de setenta e oitenta). (...) A coragem de muitos juízes, que ocasionalmente pagaram com suas vidas para a defesa da democracia italiana, era contrastado com as conspirações de uma classe política dividida e a magistratura ganhou uma espécie de legitimidade direta da opinião pública.[84]

E conclui o citado autor que:

> Uma nova geração dos assim chamados "giudicci ragazzini" (jovens juízes), sem qualquer senso de deferência em relação ao poder político (e, ao invés, consciente do nível de aliança entre os políticos e o crime organizado), iniciou uma série de investigações sobre a má-conduta administrativa e política.[85]

Assim, a Operação Mãos Limpas, na Itália, com inúmeros acordos de colaboração premiada, somente foi possível a partir do senso comum de que o Poder Judiciário (que lá inclui Juízes e Procuradores) era independente, sem qualquer condescendência para com a corrupção e não dependia das benesses e trocas de favores de políticos.

---

82 Similares aos prefeitos no Brasil.

83 MORO, Sergio Fernando. Op. cit. P. 57.

84 MORO, Sérgio Fernando, Op. Cit. P. 57-58. Citando PORTA, Donatella Della; VANNUCCI, Alberto. **Corrupt Exchanges: actors, resources, and mechanisms of political corruption**. New York: Aldine de Gruyter, 1999. P. 141-142.

85 MORO, Sérgio Fernando, Op. Cit. P. 57-58. Citando PORTA, Donatella Della; VANNUCCI, Alberto. **Corrupt Exchanges: actors, resources, and mechanisms of political corruption**. New York: Aldine de Gruyter, 1999. P. 141-142.

O apoio da população aos juízes e Procuradores italianos tidos como incorruptíveis foi determinante, aliás, para o efetivo combate às organizações criminosas na Itália. De acordo com Alessandra Dino, "Esse clima de forte mobilização política e civil contribui para pressionar as instituições a apoiar a atividade dos investigadores e dos magistrados mais comprometidos no combate às organizações mafiosas".[86]

Desse modo, o maior incentivo à decisão de colaborar parece ser, de fato, a crença generalizada de que o sistema judiciário é imparcial, célere e eficiente no que diz respeito à efetiva aplicação das penas.

---

86 DINO, Alessandra. Op. cit. P. 66.

CONSIDERAÇÕES FINAIS

O presente trabalho apresentou uma abordagem econômica ao tema da colaboração premiada no direito brasileiro, e para tanto realizou um prévio exame do conteúdo da colaboração premiada no Brasil, com foco em seus aspectos procedimentais.

Num primeiro momento, conceituou-se organização criminosa, narrando-se os modernos instrumentos estatais de seu combate, dentre os quais se insere a colaboração premiada. Estudou-se, ainda, a colaboração premiada na Itália e nos Estados Unidos da América, para entrar na conceituação do instituto no direito brasileiro. Foram analisados aspectos de ordem ética, bem como sua constitucionalidade, para então traçar um histórico de evolução no ordenamento jurídico brasileiro.

Em seguida, foram expostos aspectos procedimentais para a formalização do acordo, bem como elencados os direitos e garantias renunciáveis e irrenunciáveis do réu colaborador e do delatado, comprovando-se que o acordo de colaboração premiada não fere a ética do Estado, é constitucional, e efetiva, concretamente, os princípios constitucionais do contraditório e ampla defesa, equilibrando a efetividade do processo penal, os direitos e garantias processuais do réu colaborador e a busca da verdade real, compensando a dificuldade de obtenção da prova nas hipóteses de crimes praticados por organizações criminosas.

Passou-se, assim, à explanação acerca do que é a análise econômica do direito e seus principais conceitos. Na sequência, foram discutidos aspectos da colaboração premiada sob o ponto de vista da análise econômica do direito, buscando analisar os custos e benefícios decorrentes da realização do acordo tanto para a sociedade quanto para o investigado.

Inferiu-se que a colaboração premiada compensa, tanto para a sociedade, quanto para o investigado, a depender dos incentivos. De fato, constatou-se a presença de mais benefícios do que custos para a sociedade ao propor e efetivamente realizar acordo de colaboração premiada, em razão do efeito dissuasivo do crime, da recuperação, ainda que parcial, do produto da prática delituosa, de uma forma célere, além da possibilidade de efetivo desbaratamento da organização criminosa.

Ainda, foi possível concluir que o acordo de colaboração premiada pode ser mais vantajoso também para o investigado – especialmente para o que primeiro colabora com o *law enforcement* – mesmo com a exigência de devolução do produto do crime, diante da possibilidade de não ser denunciado, de obter o perdão judicial e de não ter contra si aplicada a pena privativa de liberdade. Por fim, analisou-se o papel da prisão preventiva e de um sistema de justiça criminal independente, célere e eficiente como incentivos à realização do acordo de colaboração premiada.

REFERÊNCIAS

ABADE, Denise Neves. **Garantias do processo penal acusatório: o novo papel do Ministério Público no processo penal de partes**. Rio de Janeiro: Renovar, 2005.

ADAMY, Pedro Augustin. **Renúncia a direito fundamental**. São Paulo: Malheiros Editores, 2011.

AGUIAR, Julio. O direito como sistema de contingências sociais. **Revista da Faculdade de Direito da UFG**, volume 37, número 02, 2013, p. 164-193.

ALENCAR, Paulo Wunder de. **Justiça Penal Negociada: o processo penal pelas partes.** Dissertação (Mestrado) - Escola de Direito do Rio de Janeiro da Fundação Getúlio Vargas - FGV, Rio de Janeiro/RJ, 2016. Disponível em <https://bibliotecadigital.fgv.br/dspace/bitstream/handle/10438/16455/Disserta%C3%A7%C3%A3o%20Mestrado%20FGV%20-%20vers%C3%A3o%20final%20protocolada.pdf?sequence=1&isAllowed=y >Acesso em 05/09/2016.

ALEXY, Robert. **Teoria da argumentação jurídica**. 2ª. ed. São Paulo: Landy, 2005.

______. **Teoria dos Direitos Fundamentais**. Suhrkamp Verlag, 1986. Tradução da 5ª edição alemã (2006): Virgílio Afonso da Silva. São Paulo: Malheiros Editores Ltda., 2008.

AMARAL, Thiago Bottino do. **Ponderação de normas em matéria penal**. Rio de Janeiro: Lumen Juris, 2007. 180 p.

ARAS, Vladimir. Direito Probatório e Cooperação Jurídica Internacional. In: SALGADO, Daniel de Resende; QUEIROZ, Ronaldo Pinheiro de (Org.). **A Prova no Enfrentamento à Macrocriminalidade**. Salvador: Juspodium, 2015. p. 241-308.

______. Técnicas especiais de investigação. In: DE CARLI, Carla Veríssimo (Org.). **Lavagem de dinheiro: prevenção e controle penal**. Porto Alegre: Verbo Jurídico, 2011. p. 403-460.

______. **Sexta Crítica: direitos processuais do acusado são ilegalmente suprimidos nos acordos de colaboração premiada.** https://blogdovladimir.wordpress.com/2015/05/13/sexta-critica-direitos-processuais-do-acusado-sao-ilegalmente-suprimidos-nos-acordos-de-colaboracao-premiada/ Acesso em 25/04/2016.

______. **O colaborador "reincidente".** Disponível em <https://blogdovladimir.wordpress.com/2015/08/31/o-colaborador-reincidente/>. Acesso em 25/04/2016.

______. **A Técnica de Colaboração Premiada.** Disponível em <https://blogdovladimir.wordpress.com/2015/01/07/a-tecnica-de-colaboracao-premiada/> Acesso em 11/09/2016.

______. **Renúncia ao Julgamento pelo Júri no Processo Penal brasileiro.** Disponível em <http://www.prrj.mpf.mp.br/custoslegis/revista_2010/2010/aprovados/2010_Dir_Penl_Vladimir.pdf>. Acesso em 05/09/2016.

______; Dallagnol, Deltan. **Pelo MP: As Provas da Suíça**. Disponível em <http://jota.uol.com.br/pelo-mp-as-provas-da-suica>. Acesso em 17/08/2016.

AZEVEDO, David Teixeira de. Colaboração Premiada num Direito ético. **Revista dos Tribunais**. v. 771/2000. p. 448-453. Jan /2000. DTR/2000/120.

BARBACETTO, Gianni; GOMEZ, Peter; TRAVAGLIO, Marco. Operação Mãos Limpas: a verdade sobre a Operação italiana que inspirou a Lava Jato. Porto Alegre: CDG, 2016.

BALTAZAR JUNIOR, José Paulo. **Crime Organizado e Proibição de Insuficiência.** Porto Alegre: Livraria do Advogado Editora, 2010.

BARROS, Felipe Luiz Machado. **Colaboração Premiada e direito à não autoincriminação: (in) constitucionalidade da renúncia do direito ao silêncio prevista na Lei 12.850/2013**. Dissertação (Mestrado em Direito) – Universidade Federal do Rio Grande do Norte – Natal/RN, 2016. Disponível em <https://repositorio.ufrn.br/jspui/bitstream/123456789/21318/1/FelipeLuizMachadoBarros_DISSERT.pdf>. Acesso em 28/09/2016.

BARROSO, Luís Roberto. **A dignidade da pessoa humana no direito constitucional contemporâneo: a construção de um conceito jurídico à luz da jurisprudência mundial.** Belo Horizonte: Fórum, 2012.

BECCARIA, Cesare. **Dos delitos e das penas**. Tradução de J. Cretella Jr. e Agnes Cretella. 4. ed. São Paulo: Revista dos Tribunais, 2010.

BECKER, Gary Stanley. Crime and Punishment: An Economic Approach. **Journal Of Political Economy**, Vol. 76, No. 2 (Mar. - Apr., 1968), p. 169-217.

BEDÊ JÚNIOR, Américo; SENNA, Gustavo. **Princípios do processo penal: entre o garantismo e a efetividade da sanção**. São Paulo: Editora Revista dos Tribunais, 2009.

BITTAR, Walter Barbosa. **Delação Premiada: direito estrangeiro, doutrina e jurisprudência.** Rio de Janeiro: Lumen Juris, 2011.

______. Delação Premiada no Brasil e na Itália: Uma análise comparativa. **Revista Brasileira de Ciências Criminais**. Vol. 88/2011. p. 225-269. Jan-Fev/2011. DTR/2011/1098.

BITENCOURT, Cezar Roberto. Princípios Garantistas e a Delinqüência do Colarinho Branco. **Revista Brasileira de Ciências Criminai**s, a. 3, v. 11, São Paulo, 1995.

BONFIM, Edilson Mougenot. **Curso de Processo Penal**. 10ª ed. São Paulo: Saraiva, 2015.

BRINDEIRO, Geraldo. Delação premiada e "plea bargain agreement". 2016. Disponível em <http://opiniao.estadao.com.br/noticias/geral,delacao-premiada-e-plea-bargain-agreement,10000015508>. Acesso em 16/02/2016.

CAAMANO, Francisco. **La Garantía Constitucional de la Inocencia.** Valencia: Tirant 10 Blanch, 2003.

CALABRICH, Bruno. **Investigação criminal pelo Ministério Público: fundamentos e limites constitucionais.** São Paulo: Editora Revista dos Tribunais, 2007.

CARLUCCI, Antonio. **1992: l´anno che cambiò tutto.** Milano: Baldini & Castoldi, 2015.

CARVALHO, Marcia Dometila Lima de. **Fundamentação Constitucional do Direito Penal.** Porto Alegre: Fabris, 1992.

CARVALHO, Salo de. **Pena e Garantias**. 3. ed. Rio de Janeiro, Lumen Juris, 2008.

CARVALHO, Amilton Bueno; CARVALHO, Salo de. **Aplicação da pena e garantismo**. 4. ed. Rio de Janeiro: Lumen Juris, 2008.

CARVALHO, Natália Oliveira de. **A delação premiada no Brasil**. Rio de Janeiro: Lumen Juris, 2009.

CAWTHORNE, Nigel. **A História da Máfia**. Tradução: Guilherme Miranda. São Paulo: Madras, 2012.

CHOUKR, Fauzi Hassan. **Garantias constitucionais na investigação penal**. 3ª ed. Rio de Janeiro: Lumen Iuris, 2006.

COLOMBO, Gherardo. **Lettera a un figlio su Mani Pulite.** Milano: Garzanti, 2015.

CONSERINO, Cassio Roberto. **Crime organizado e institutos correlatos**. São Paulo: Atlas, 2011.

COOTER, Robert; ULEN, Thomas. **Direito e Economia**. 5. ed. Porto Alegre: Bookman, 2010.

CORDEIRO, Néfi. Delação premiada na legislação brasileira. **Revista da Ajuris**, vol. 37, 2010. p. 273-296.

______. **Tráfico internacional de entorpecentes**. Tese apresentada ao Curso de pós-graduação em Direito Público, do Setor de Ciências Jurídicas e Sociais da Universidade Federal do Paraná, como requisito final à obtenção do grau de Doutor. Curitiba, 2000.

CORRÊA FILHO, Helio Telho. Improbidade Administrativa e a Prova Emprestada de Outras Esferas de Responsabilidade. In: SALGADO, Daniel de Resende; QUEIROZ, Ronaldo Pinheiro de (Org.). **A Prova no Enfrentamento à Macrocriminalidade**. Salvador: Juspodium, 2015. p. 479-494.

COSTA, Leonardo Luiz de Figueiredo. **Limites Constitucionais do Direito Penal**. Rio de Janeiro: Lumen Juris, 2007.

COSTA, Pedro Jorge do Nascimento. Silêncio e Mentira como Prova: a Proteção às Organizações Criminosas. In: SALGADO, Daniel de Resende; QUEIROZ, Ronaldo Pinheiro de (Org.). **A Prova no Enfrentamento à Macrocriminalidade**. Salvador: Juspodium, 2015. p. 163-186.

COSTA, Athayde Ribeiro; DALLAGNOL, Deltan; POZZOBON, Roberson. **A prisão dos réus da Lava Jato**. Disponível em < http://www1.folha.uol.com.br/opiniao/2015/04/1611461-athayde-ribeiro-costa-deltan-dallagnol-e-roberson-pozzobon-a-prisao-dos-reus-da-lava-jato.shtml> Acesso em 11/09/2016.

COUTINHO, Jacinto Nelson de Miranda; CARVALHO, Edward Rocha. Acordos de delação premiada e o conteúdo ético mínimo do Estado. In:

SCHMIDT, Andrei Zekner (org.). **Novos rumos do Direito Penal contemporâneo**. Rio de Janeiro, Lumen Iuris: 2006.

CUNHA, Maria da Conceição Ferreira da. **Constituição e crime: uma perspectiva da criminalização e da descriminalização**. Porto: Universidade Católica Portuguesa, 1995.

CUNHA, Rogério Sanches; PINTO, Ronaldo Batista. **Crime Organizado. Comentários à nova lei sobre o Crime Organizado (Lei nº 12.850/13)**. 3ª ed. Salvador: JusPodium, 2014.

D´AMICO, Silvio. **Il Collaboratore della giustizia**. Roma: Laurus Robuffo, 1995.

DALLAGNOL, Deltan Martinazzo. A visão moderna da prova indício. In: SALGADO, Daniel de Resende; QUEIROZ, Ronaldo Pinheiro de (Org.). **A Prova no Enfrentamento à Macrocriminalidade**. Salvador: Juspodium, 2015. p. 99-122.

______; CÂMARA, Juliana de Azevedo Santa Rosa. A Cadeia de Custódia da Prova. In: SALGADO, Daniel de Resende; QUEIROZ, Ronaldo Pinheiro de (Org.). **A Prova no Enfrentamento à Macrocriminalidade**. Salvador: Juspodium, 2015. p. 359-396.

______. **Lava Jato não usa prisões para obter colaboração de réus**. Disponível em <http://noticias.uol.com.br/opiniao/coluna/2015/11/17/lava-jato-nao-usa-prisoes-para-obter-colaboracao-de-reus.htm > Acesso em 08/09/2016.

DE SANCTIS, Fausto Martin. **Crime Organizado e Lavagem de Dinheiro: destinação de bens apreendidos, delação premiada e responsabilidade social.** 2ª ed. São Paulo: Saraiva, 2015.

DEL ROIO, José Luiz. **Itália: Operação Mãos Limpas. E no Brasil: quando?** São Paulo: Ícone, 1993.

DINO, Nicolao. A Colaboração Premiada na Improbidade Administrativa: Possibilidade e Repercussão Probatória. In: SALGADO, Daniel de Resende; QUEIROZ, Ronaldo Pinheiro de (Org.). **A Prova no Enfrentamento à Macrocriminalidade**. Salvador: Juspodium, 2015. p. 439-460.

DINO, Alessandra; MAIEROVITCH, Wálter Fanganiello (org.). Tradução: Doris Cavallari; Letizia Zini. **Novas tendências da criminalidade transnacional mafiosa**. São Paulo: Ed. Unesp, 2010.

DINO, Alessandra. **Os últimos chefões: investigação sobre o governo da Cosa Nostra.** Tradução: Valéria Pereira da Silva. 1ª ed. São Paulo: Editora Unesp, 2013.

DOOMEN, Jasper. Rationality in Law and Economics. **EALR (Economic Analysis of Law Review)**, V.2, nº 2, p. 230-243, Jul-Dez, 2011.

DWORKIN, Ronald. **Levando os Direitos a sério**. 2. ed. São Paulo: Marins Fontes, 2007, 568 p.

ESSADO, Tiago Cintra. Delação Premiada e idoneidade probatória. **Revista Brasileira de Ciências** Criminais. V. 101/2013. P. 203-227. mar - Abr/2013. DTR/2013/2653.

FALCÃO JUNIOR, Alfredo Carlos Gonzaga. O perfil constitucional: material da delação premiada como meio de prova. In: ANJOS FILHO, Robério Nunes dos (Org.). **Capacitar, VII Curso de Ingresso e Vitaliciamento para Procuradores da República**. Brasília: ESMPU, 2011.

FALCONE, Giovanni; PADOVANI, Marcelle. **Cose di cosa nostra**. Milano: Bur Saggi, 2009.

FELDENS, Luciano. **Direitos fundamentais e direito penal: garantismo, deveres de proteção, princípio da proporcionalidade, jurisprudência constitucional penal, jurisprudência dos tribunais de direitos humanos.** Porto Alegre: Livraria do Advogado Editora, 2008.

______. **Tutela Penal de Interesses Difusos e Crimes do Colarinho Branco**. Porto Alegre: Livraria do Advogado Editora, 2002.

______. **A Constituição Penal - A Dupla Face da Proporcionalidade em Matéria Penal**. Porto Alegre: Livraria do Advogado Editora, 2005.

FERRAJOLI, Luigi. **Direito e razão: teoria do garantismo penal**. 2. ed. São Paulo: Revista dos Tribunais, 2006.

FIESP - Federação das Indústrias do Estado de São Paulo. **Relatório Corrupção: custos econômicos e propostas de combate**. 2010. Disponível em <http://www.fiesp.com.br/indices-pesquisas-e-publicacoes/relatorio-corrupcao-custos-economicos-e-propostas-de-combate> Acesso em 14/06/2015.

FOCHEZATTO, Adelar. Gestão Pública no Poder Judiciário: análise da eficiência relativa dos tribunais estaduais usando o método DEA. **EALR (Economic Analysis of Law Review)**, V. 4, nº 2, p. 377-390, Jul-Dez, 2013.

FONSECA, Cibele Benevides Guedes da. Sobre a delação premiada. **Jornal Tribuna do Norte**, Natal, 07 ago. 2007. Disponível em <http://www.tribunadonorte.com.br/noticia/sobre-a-delacao-premiada/49154> Acesso em 28 set. 2016.

______; TABAK, Benjamin Miranda; AGUIAR, Julio Cesar de. A Colaboração Premiada Compensa? In: TABAK, Benjamin Miranda; AGUIAR, Julio Cesar de. Curitiba (Org.). **O Ministério Público e os desafios do século XXI: uma abordagem juseconômica.** Curitiba: CRV, 2015. p. 19-53.

FRANCO, Alberto Silva. **Crimes Hediondos**. 3ª ed. São Paulo: Editora Revista dos Tribunais, 1994.

GAROUPA, Nuno. An economic analysis of criminal law. In: **Economic Analysis of Law: A European Perspective**. Ed.: Aristides Hatzis, 2004.

______; KLERMAN, Daniel. Corruption and The Optimal Use of Nonmonetary Sanctions. Los Angeles: University of Southern California Law School (**Cleo Research Paper Series Law & Economics Research Paper Series** - Paper nº C01-4 e 01-9. 2004), disponível em <http://papers.ssrn.com.abstract_id=276117>. Acesso em 14 jun. 2015.

______; STEPHEN, Frank. Why Plea-Bargaining Fails to Achieve Results in So Many Criminal Justice Systems: A New Framework for Assessment. Maastricht: **Maastricht Journal of European and Comparative Law**: 2008, vol. 15.3, p. 319-354.

GICO JÚNIOR, Ivo T.; SILVA JÚNIOR, Gilson G. O voo do Escaravelho. **Economic Analysis of Law Review**. v. 1, nº 1. p. 1-3, Jan-Jun, 2010.

GIVATI, Yehonatan. The Comparative Law and Economics of Plea Bargaining: Theory and Evidence. **Discussion Paper nº 39**, Harvard Law School, Cambridge, MA 02138, 2011. Disponível em http://www.law.harvard.edu/programs/olin_center.

GNEEZY Uri; RUSTICHINI, Aldo. A fine is a price. **Journal of Legal Studies**, 29 (2000), Volume 29, Issue 1, p. 1-17.

GOMES, Luiz Flávio. Corrupção Política e delação premiada. **Revista Síntese de Direito Penal e Processual Penal**, v. 6, n. 34, nov/2005.

______. **Lei de Lavagem de Capitais: Delação Premiada e aspectos processuais penais.** São Paulo: Editora Revista dos Tribunais, 1998.

GRIMM, Dieter. A Função Protetiva do Estado. In: SOUZA NETO, Cláudio Pereira; SARMENTO, Daniel. **A Constitucionalização do Di-**

reito: Fundamentos Teóricos e Aplicações Específicas. Rio de Janeiro: Lumen Juris, 2007. p. 1010.

GRINOVER, Ada Pellegrini. O crime organizado no sistema italiano. **Revista Brasileira de Ciências Criminais.** Vol. 12/1995. P. 76-86. Out - Dez /1995.

GUIDI, José Alexandre Marson. **Delação premiada no combate ao crime organizado.** São Paulo: Lemos Cruz, 2006.

GUIMARÃES, Rodrigo Régnier Chemim. **Déjà vu: diálogos possíveis entre a Operação "Mãos Limpas" italiana e a realidade brasileira.** Disponível em <http://www.mpf.mp.br/regiao3/sala-de-imprensa/docs/2016/artigo-rodrigochemim-maoslimpaserealidadebrasileira.pdf> Acesso em 28 set. 2016.

JESUS, Damásio de. Delação Premiada. **Revista Justilex.** Brasília, ano IV, n. 50, p. 26-27, fev/2006.

______. **Estágio atual da "delação premiada" no direito penal brasileiro.** Jus navigandi, Teresina, ano 10, n. 854, 4 nov/2005. Disponível em <http://jus2.uol.com.br/doutrina/texto.asp?id=7551>. Acesso em 10/11/2014.

KOBREN, Juliana Conter Pereira. **Apontamentos críticas à delação premiada no direito brasileiro.** Disponível em <http://jus.com.br/revista/texto/8105/apontamentosecriticasadelacao-premiada-no-direito-brasileiro/4>. Acesso em 10/11/2014.

LEAL, Celso Costa Lima Verde. Aspectos Procedimentais da Delação Premiada e a nova lei de lavagem de dinheiro. ANJOS FILHO, Robério Nunes dos (Coord.). **Capacitar, VII Curso de Ingresso e Vitaliciamento para Procuradores da República.** Brasília: ESMPU, 2011.

______. **Valor probatório da delação premiada no Brasil e no direito comparado.** Disponível em <http://jus.com.br/artigos/17390/valor-probatorio-da-delacao-premiada-no-brasileno-direito-comparado>. Acesso em 10/11/2014.

LEITE FILHO, José Raimundo. Testemunhas sem Rosto: Anotações ao Regime estabelecido na Lei 9.807/99. In: SALGADO, Daniel de Resende; QUEIROZ, Ronaldo Pinheiro de (Org.). **A Prova no Enfrentamento à Macrocriminalidade.** Salvador: Juspodium, 2015. p. 187-204.

LIMA, Francisco Gérson Marques de. **Fundamentos constitucionais do processo: sob a perspectiva da eficácia dos direitos e garantias fundamentais.** São Paulo: Malheiros, 2002.

LIMA, Camille Eltz de; CARVALHO, Salo. Delação Premiada e confissão: filtros constitucionais e adequação sistemática. **Revista Jurídica.** v. 57, n. 385, nov/2009.

LIMA, Márcio Barra. **Análise teórica e crítica do Acordo de colaboração premiada no direito processual penal brasileiro** (Dissertação de Mestrado, UFRJ).

LIN, Chung-cheng.; YANG, C.C. Fine enough or don´t fine at all. **Journal of Economic Behavior & Organization**, 2006, vol. 59 (2), p. 195-213.

LUPO, Salvatore. **História da Máfia: das origens aos nossos dias**. Tradução: Álvaro Lorencini. São Paulo: Editora UNESP, 2002.

MA, Yue. Explorando as origens da ação penal pública na Europa e nos Estados Unidos. Tradução: Adauto Villela. Revisão e Adaptação: Bruno Amaral Machado. **MODELOS DE MINISTÉRIO PÚBLICO**. Revista do CNMP, nº 1. Brasília, CNMP. 2011. p. 11-41.

______. A discricionariedade do Promotor de Justiça e a transação penal nos Estados Unidos, França, Alemanha e Itália: uma perspectiva comparada. Tradução: Adauto Villela. Revisão e Adaptação: Bruno Amaral Machado. **MODELOS DE MINISTÉRIO PÚBLICO**. Revista do CNMP, nº 1. Brasília, CNMP. 2011. p. 191-229.

MAIEROVITCH, Walter Fanganiello. A matriz terrorista do crime organizado. In: PENTEADO, Jaques de Camargo (Coord.). **Justiça Penal, críticas e sugestões. O crime organizado (Itália e Brasil): a modernização da lei penal**. São Paulo: Editora Revista dos Tribunais, 1995. p. 95-96.

MATOS, Mafalda. **O Direito Premial no Combate ao Crime de Corrupção**. Trabalho final de Mestrado na Faculdade de Direito da Universidade Católica Portuguesa, Lisboa. Disponível em <http://repositorio.ucp.pt/bitstream/10400.14/16884/1/Trabalho%20Final%20de%20Mestrado.pdf> Acesso em 28/03/2016.

MARCÃO, Renato. Delação Premiada. **Revista Jurídica Notadez.** v. 53, n. 335, Set/2005.

MARINUCCI, Giorgio; DOLCINI, Emilio. Derecho Penal Mínimo y Nuevas Formas de Criminalidad. **Revista de Derecho Penal y Criminologia**, 2a época, nº 9, 2002.

MAURO, Paolo. **Why Worry About Corruption?** Washington, D.C: International Monetary Fund, Economic Issues, 1997.

McADAMS, Richard H. Beyond the Prisoner´s Dilemma: Coordination, Game Theory, and Law. **82 Southern California Law Review** 209 (2009).

MENDRONI, Marcelo Batlouni. **Crime Organizado. Aspectos gerais e mecanismos legais.** 3. ed. São Paulo: Atlas, 2009.

MENDONÇA, Andrey Borges de. A Colaboração Premiada e a nova lei do crime organizado. In: **Custos Legis: a Revista Eletrônica do Ministério Público Federal,** Vol. 4, 2013. Disponível em <http://www.prrj.mpf.mp.br/sala-de-imprensa/publicacoes/custos-legis/a-colaboracao-premiada-e-a-nova-lei-do-crime-organizado-lei-12.850-2013/view> Acesso em 05/09/2016.

MENEGUIN, Fernando B.; BUGARIN, Maurício S.; BUGARIN, Tomás T. S. Execução Provisória de Sentença: uma análise econômica do processo penal. **EALR (Economic Analysis of Law Review)**, V. 2, nº 2, p. 204-229, Jul-Dez, 2011.

MIRABETE, Julio Fabbrini; FABBRINI, Renato N. **Código Penal Interpretado**. 8. ed. São Paulo: Atlas, 2013.

MIRANDA, Gustavo Senna. Obstáculos contemporâneos ao combate às organizações criminosas. **Revista dos Tribunais**, a.97, abr/2008, v. 870.

MITTERMAYER, C.J.A. **Tratado da prova em matéria criminal**. 5. ed. São Paulo: Bookseller, 2008.

MONTE, Vanise Röhrig. A necessária interpretação do instituto da delação premiada, previsto na Lei 9.807/99, à luz dos princípios constitucionais. **Revista da Ajuris**, v. XXVI, n. 82, tomo I, jun/2001.

MORAES, Alexandre de. **Direito constitucional**. 25. ed. São Paulo: Atlas, 2010.

MOREIRA, José Carlos Barbosa. O processo penal norte-americano e sua influência. **Revista de Processo**, vol. 103, julho-setembro 2001.

MORO, Sergio Fernando. Considerações sobre a Operação Mani Pulite. **R. CEJ**. Brasília, n. 26., p. 56-62, jul./set. 2004.

NETTO, Vladimir. **Lava Jato: O Juiz Sergio Moro e os bastidores da operação que abalou o Brasil**. Rio de Janeiro: Primeira Pessoa, 2016.

NOVAIS, Jorge Reis. **As Restrições aos Direitos Fundamentais não expressamente autorizadas pela Constituição.** Coimbra: Coimbra Editora, 2003.

______. **Direitos Fundamentais: trunfos contra a maioria.** Coimbra: Coimbra Editora, 2006.

NUCCI, Guilherme de Souza. **Manual de processo penal e execução penal.** 8. ed. São Paulo: RT, 2011.

OLIVEIRA, Eugênio Pacceli de. **Processo e Hermenêutica na Tutela Penal dos Direitos Fundamentais.** Belo Horizonte: Del Rey, 2004.

ONU - ORGANIZAÇÃO DAS NAÇÕES UNIDAS. **Normas e Princípios das Nações Unidas sobre Prevenção ao Crime e Justiça Criminal.** Disponível em <https://www.unodc.org/documents/justice-and-prison-reform/projects/UN_Standards_and_Norms_CPCJ_-_Portuguese1.pdf> Acesso em 12/07/2016.

PALAZZO, Francesco C. **Valores constitucionais e direito penal.** Tradução de Gerson Pereira dos Santos. Porto Alegre: Fabris, 1989.

PALMA, Maria Fernanda. **Direito Constitucional Penal.** Coimbra: Almedina, 2006.

PASTRE, Diogo Willian Likes. O instituto da delação premiada no direito processual penal. **Revista IOB de Direito Penal e Processual Penal,** v. 9, n. 53, dez/jan 2008.

PEREIRA, Frederico Valdez. Valor probatório da colaboração processual (delação premiada). **Revista Brasileira de Ciências Criminais,** v. 77/2009. p. 175-201. Mar - Abr/2009.

______. Compatibilização constitucional da colaboração premiada. **Revista dos Tribunais,** v. 929/2013. p. 319. mar/2013. DTR/2013/585.

POSNER, Richard A. **Law, pragmatism and democracy**. Cambridge, MA: Harvard University Press, 2003.

______. **Economic analysis of law**. Nova Iorque: Aspen Publishers, 2010.

PRADO, Geraldo. **Sistema acusatório - A conformidade constitucional das leis processuais penais**. 4. ed. Rio de Janeiro: Lumen Juris, 2006.

QUEIROZ, Ronaldo Pinheiro de. A Eficácia Probatória do Inquérito Civil no Processo Judicial de Combate à Corrupção. In: SALGADO, Daniel de Resende; QUEIROZ, Ronaldo Pinheiro de (Org.). **A Prova no Enfrentamento à Macrocriminalidade**. Salvador: Juspodium, 2015. p. 417-438.

ROXIN, Claus. **A proteção de bens jurídicos como função do Direito Penal**. Porto Alegre: Livraria do Advogado, 2006.

ROCHA JÚNIOR, Francisco de Assis do Rêgo Monteiro. A expansão do direito penal colhendo seus frutos: uma análise da delação premiada no sistema jurídico brasileiro. **Cadernos da Escola de Direito e Relações Internacionais da UniBrasil.** Complexo de Ensino Superior do Brasil. n. 5, jan/dez 2005.

RODRIGUES, Fillipe Azevedo. **Análise econômica da expansão do direito penal.** Belo Horizonte: Del Rey, 2014.

ROMANO, Rogério Tadeu. **O vazamento do acordo de delação premiada**. Disponível em <https://jus.com.br/artigos/50706/o-vazamento--de-acordo-de-delacao-premiada/> Acesso em 02 set. 2016.

RIBEIRO, Marcia Carla Pereira; KLEIN, Vinicius (Coord.). **O que é análise econômica do direito: uma introdução**. Belo Horizonte: Fórum, 2011.

SALAMA, Bruno Meyerhof. O que é pesquisa em direito e economia. **Cadernos direitoGV**, v. 5, nº 2, estudo nº 22, 2008.

______. De que forma a economia auxilia o profissional e o estudioso do direito? **EALR (Economic Analysis of Law Review)**, V. 1, nº 1, p. 4-6, Jan-Jun, 2010.

SAVIANO, Roberto. Gomorra. **A história real de um jornalista infiltrado na violenta máfia napolitana.** Tradução: Elaine Niccolai. 6. ed. Rio de Janeiro: Bertrand Brasil, 2009.

______. **A Máquina da Lama: Histórias da Itália de hoje**. Tradução: Joana Angélica d´Avila Melo. 1. ed. São Paulo: Companhia das Letras, 2012.

SÁNCHEZ, Jesús-Maria Silva. **Eficiência e direito penal**. Barueri: Manole, 2004.

SANTOS, Marcos Paulo Dutra. **Colaboração (Delação) Premiada**. Salvador: JusPodium, 2016.

SILVA, Eduardo Araújo da. **Crime Organizado: procedimento probatório**. São Paulo: Atlas, 2003.

SILVA, Juary C. **A macrocriminalidade**. São Paulo: Editora Revista dos Tribunais, 1980.

SILVA JÚNIOR, Walter Nunes da. **Curso de direito processual penal: teoria (constitucional) do processo penal**. 2. ed. Natal: OWL Editora Jurídica, 2015.

SILVEIRA, José Braz da. **Proteção à testemunha e o crime organizado no Brasil**. Curitiba: Juruá, 2010.

SIMON, Pedro (Coord.). **Operação "Mãos Limpas": audiência pública com magistrados italianos**. Brasília: Senado Federal, 1998.

SMITH, Jo Durden. **A História da Máfia**. Tradução: Beatriz Medina. São Paulo: M. Books do Brasil, 2015.

SOUTHWELL, David. **A História do Crime Organizado**. Tradução Ciro Mioranza. São Paulo: Escala, 2013.

SOUZA, Rodrigo Telles de. **Investigação criminal e vedação ao anonimato no Sistema Jurídico brasileiro**. Curitiba: Juruá Editora, 2013.

TABAK, Benjamin Miranda. A Análise Econômica do Direito - Proposições Legislativas e políticas públicas. **Revista de Informação Legislativa / Senado Federal**, Subsecretaria de edições Técnicas - Ano 52, nº 205, janeiro/março - 2015.

TAVARES, André Ramos. **Curso de Direito Constitucional**. São Paulo: Saraiva, 2002.

TIMM, Luciano Benetti (org.). **Direito e Economia no Brasil**. São Paulo: Atlas, 2012.

TREVISAN, Antoninho Marmo. et al. **O combate à corrupção nas prefeituras do Brasil**. 2. ed. Cotia: Ateliê Editorial, 2003.

TROTT, Stephen. O uso de um criminoso como testemunha: um problema especial. Tradução: Sergio Fernando Moro. **Revista CEJ**. Centro de Estudos Judiciários do Conselho da Justiça Federal. V. 11, n. 37, abr/jun 2007.

WROBLESKI, Henry M.; HESS, Kären M. **Introduction to Law Enforcement and Criminal Justice.** 8 ed. Belmont, CA: Wadsworth Publishing, 2005.

ZEHR, Howard. **Trocando as lentes: um novo foco sobre o crime e a justiça**. São Paulo: Palas Athena, 2008.